Cristãos, muçulmanos e judeus adoram o mesmo Deus?
Quatro visões

Cristãos, muçulmanos e judeus adoram o mesmo Deus?
Quatro visões

WILLIAM ANDREW SCHWARTZ • JOHN B. COBB JR.
FRANCIS J. BECKWITH • GERALD R. MCDERMOTT
JERRY L. WALLS • JOSEPH L. CUMMING • DAVID W. SHENK

RONNIE P. CAMPBELL E CHRISTOPHER GNANAKAN, *ORGANIZADORES*

TRADUÇÃO
MARCUS BRAGA

Título original: *Do Christians, Muslims, and Jews worship the same God? Four views*
Copyright ©2019, de Ronnie P. Campbell, Christopher Gnanakan, William Andrew Schwartz,
John B. Cobb Jr., Francis J. Beckwith, Gerald R. McDermott e Jerry L. Walls.
Edição original de Zondervan Academic. Todos os direitos reservados.

Copyright da tradução ©2022, de Vida Melhor Editora LTDA.
Todos os direitos desta publicação são reservados por Vida Melhor Editora LTDA.

As citações bíblicas são da Nova Versão Internacional (NVI),
da Bíblica, Inc., a menos que seja especificada outra versão da Bíblia Sagrada.

Os pontos de vista desta obra são de responsabilidade de seus autores e colaboradores
diretos, não refletindo necessariamente a posição da Thomas Nelson Brasil,
da HarperCollins Christian Publishing ou de sua equipe editorial.

Publisher	*Samuel Coto*
Editor	*André Lodos Tangerino*
Produção editorial	*Fabiano Silveira Medeiros*
Preparação	*Leandro Bachega* e *Virginia Neumann*
Revisão	*Bruno E. Saadi* e *Gabriel Braz*
Indexação	*Iago Barrios Medeiros*
Diagramação	*Sonia Peticov*
Capa	*Rafael Brum*

Dados Internacionais de Catalogação na Publicação (CIP)
(BENITEZ Catalogação Ass. Editorial, MS, Brasil)

C951   Cristãos, mulçumanos e judeus adoram o mesmo Deus? : quatro visões / Ronnie P.
1.ed.   Campbell, Christopher Gnanakan, William Andrew Schwartz, John B. Cobb Jr., Francis J.
Beckwith, Gerald R. McDermott, Jerry L. Walls; tradução Marcus Braga. – 1.ed. – Rio de
Janeiro: Thomas Nelson Brasil, 2022.
    256 p.; 15,5 x 23 cm.

    Outros autores: Christopher Gnanakan, William Andrew Schwartz, John B. Cobb Jr.,
Francis J. Beckwith, Gerald R. McDermott, Jerry L. Walls.
    Título original: Do Christians, Muslims and Jews worship the same God?: four views.
    ISBN 978-65-56893-31-0

    1. Cristianismo e outras religiões. 2. Deus. 3. Religiões abraâmicas. I. Campbell, Ronnie
P. II. Gnanakan, Christopher. III. Schwartz, William. Andrew. IV. Cobb Jr., John B. V.
Beckwith, Francis J. VI. McDermott, Gerald R. VII. Walls, Jerry L. VIII. Braga, Marcus.

05-2022/117   CDD: 291.14

Índice para catálogo sistemático

1. Religiões abraâmicas 291.14

Bibliotecária responsável: Aline Graziele Benitez CRB-1/3129

Thomas Nelson Brasil é uma marca licenciada à Vida Melhor Editora LTDA.
Todos os direitos reservados à Vida Melhor Editora LTDA.
Rua da Quitanda, 86, sala 218 — Centro
Rio de Janeiro — RJ — CEP 20091-005
Tel.: (21) 3175-1030
www.thomasnelson.com.br

SUMÁRIO

Colaboradores   7

Introdução: cristãos, judeus e muçulmanos
    adoram o mesmo Deus?   9

1. As três adoram o mesmo Deus
Visão religiosa pluralista
WILLIAM ANDREW SCHWARTZ E JOHN B. COBB JR.   24

RÉPLICAS
- Francis J. Beckwith   47
- Gerald R. McDermott   54
- Jerry L. Walls   61

TRÉPLICA   67

2. As três adoram o mesmo Deus
Visão da referência ao mesmo Deus
FRANCIS J. BECKWITH   71

RÉPLICAS
- William Andrew Schwartz e John B. Cobb Jr.   94
- Gerald R. McDermott   100
- Jerry L. Walls   105

TRÉPLICA   112

3. Judeus e cristãos adoram o mesmo Deus
Visão da revelação compartilhada
GERALD R. MCDERMOTT   115

RÉPLICAS

- William Andrew Schwartz e John B. Cobb Jr.   143
- Francis J. Beckwith   150
- Jerry L. Walls   156

TRÉPLICA   162

4. Nenhuma adora o mesmo Deus

Visão das concepções diferentes
JERRY L. WALLS   170

RÉPLICAS

- William Andrew Schwartz e John B. Cobb Jr.   194
- Francis J. Beckwith   200
- Gerald D. McDermott   206

TRÉPLICA   212

5. Foco no terreno comum da relação entre cristãos e muçulmanos

Uma reflexão ministerial
JOSEPH L. CUMMING   221

6. Foco nas diferenças respeitosamente mantidas na relação entre cristãos e muçulmanos

Uma reflexão ministerial
DAVID W. SHENK   239

Índice remissivo   253

COLABORADORES

JOHN B. COBB JR. (PhD, University of Chicago) é teólogo, filóso-fo e ambientalista americano. Sendo um dos principais teólogos do mundo e líder global na área de teologia do processo, é autor de mais de cinquenta livros. É cofundador do Center for Process Studies e professor emérito da Claremont School of Theology e da Claremont Graduate University.

WILLIAM ANDREW SCHWARTZ (PhD, Claremont Graduate University) é diretor-executivo do Center for Process Studies, cofundador e vice-presidente-executivo do EcoCiv e professor assistente de Teologia Comparada e do Processo na Claremont School of Theology. Seu trabalho recente concentrou-se área das filosofias religiosas comparadas e no papel das grandes ideias na transição para a civilização ecológica.

FRANCIS J. BECKWITH (PhD, Fordham University) é professor de Filosofia e de Estudos da Igreja-Estado e codiretor do programa de pós--graduação em Filosofia da Baylor University, onde também atua como acadêmico residente no Baylor's Institute for Studies of Religion. Publicou extensamente nas áreas de filosofia política, jurisprudência, ética aplicada, filosofia da religião e teologia.

GERALD R. MCDERMOTT (PhD, University of Iowa) é professor de Teologia na Beeson Divinity School. Foi o autor, coautor ou editor de mais de vinte livros. Sacerdote anglicano, é pastor docente da Christ the King Anglican Church. É casado com Jean, e, juntos, eles têm três filhos e doze netos.

COLABORADORES

JERRY L. WALLS (PhD, University of Notre Dame) é um acadêmico residente e professor de Filosofia na Houston Baptist University. É autor ou editor de mais de vinte livros, e publicou extensamente nas áreas de filosofia da religião, ética, teologia filosófica e apologética.

JOSEPH L. CUMMING (MA, MPhil, Yale University) é pastor da International Church, em Yale. Trabalhou quinze anos na República Islâmica da Mauritânia e hoje viaja com frequência ao Oriente Médio e a outras localidades para palestrar em instituições islâmicas e cristãs. Em Yale, organizou a primeira conferência Common Word.

DAVID W. SHENK (PhD, New York University) é consultor global de Eastern Mennonite Missions, onde atua em uma equipe dedicada à relação entre cristãos e muçulmanos denominada Peacemakers Confessing Christ [Pacificadores que Confessam a Cristo]. Foi autor de vinte livros.

RONNIE P. CAMPBELL JR. (PhD, Liberty University) é professor adjunto de Teologia na Liberty University. Ele tem obras publicadas nas áreas de teologia, teologia comparada e filosofia, cristianismo e cinema, além de apologética.

CHRISTOPHER GNANAKAN (PhD, Leeds University, Reino Unido; DMin, South Asia Institute of Advanced Christian Studies, Índia) é professor de Teologia e de Religiões Mundiais na Liberty University e diretor de desenvolvimento de líderes na Christar, agência missionária para povos menos alcançados com o evangelho.

Introdução

Cristãos, judeus e muçulmanos adoram o mesmo Deus?

RONNIE P. CAMPBELL JR. E CHRISTOPHER GNANAKAN

A questão principal deste livro não é nova e não somos os primeiros a formulá-la. Mas esse assunto ganhou destaque entre os evangélicos em 2015, quando a professora titular da Wheaton, Larycia Hawkins, foi posta em licença administrativa remunerada por comentários feitos nas redes sociais, o que, por sua vez, gerou, mundialmente, uma tempestade de artigos sobre o assunto na web.[1]

---

[1] Francis J Beckwith, "Muçulmanos e cristãos adoram o mesmo Deus?", *The Catholic Thing*, December 17, 2015, disponível em: www.thecatholicthing.org/2015/12/17/do-muslims-and-christians-worship-the-same-god; Beckwith, "Por que muçulmanos e cristãos adoram o mesmo Deus", January 7, 2016, disponível em: www.thecatholicthing.org/2016/01/07/why-muslims-and-christians-worship-the-same-god; William Lane Craig, "#459 Muçulmanos e cristãos adoram o mesmo Deus?", *Reasonable Faith*, January 31, 2016, disponível em: www.reasonablefaith.org/writings/question-answer/do-muslims-and-christians-worship-the -same-god; Peter Leithart, "Muçulmanos, cristãos e os Deuses", December 23, 2015, disponível em: www.patheos.com/blogs/leithart/12/2015/muslims-and-christians; Gerald R McDermott, "Mais sobre muçulmanos e cristãos adorarem ou não o mesmo Deus", *Patheos*, December 20, 2015, disponível em: www.patheos.com/blogs/northamptonseminar/2015/12/20/more--on-whether-muslims-and-christians-worship-the-same-god; Lydia McGrew, "O debate 'mesmo Deus' é muito importante para deixar para os filósofos", *The Gospel*

Introdução

No Facebook, Hawkins postou uma foto sua usando um hijabe[2] e declarou o seguinte: "Sou religiosamente solidária aos muçulmanos porque eles, como eu, uma cristã, são pessoas do livro" e, "como afirmou o papa Francisco na semana passada, adoramos o mesmo Deus".[3] Sua licença administrativa não veio pelo uso de um hijabe, mas por aquilo que a escola acreditava ser "questões significativas quanto às implicações teológicas"[4] do sentido de suas ações. Como instituição evangélica, Wheaton acreditava que a questão central era a doutrina em torno de saber se cristãos e muçulmanos adoram o mesmo Deus, especialmente porque a ortodoxia cristã sustenta que Deus é uma triunidade de pessoas, e declarações como a de Larycia Hawkins não se alinham com os compromissos doutrinários e teológicos da escola.

Por que essa questão é importante

O objetivo deste livro não é responder se as declarações de Larycia Hawkins foram apropriadas ou se as ações da Wheaton College foram justas, mas, sim, debater se cristãos, judeus e muçulmanos adoram o mesmo Deus. De certa forma, essa questão é ambígua e problemática, como será demonstrado no restante deste livro. Afinal, várias subquestões adicionais surgem dessa única questão. Por exemplo, o que queremos dizer quando falamos de adoração? Como é para um cristão, um judeu ou um muçulmano adorar a Deus? Queremos dizer aqui uma manifestação externa ou um ato religioso? Queremos dizer uma

---

Coalition, January 15, 2016, disponível em: www.thegospelcoalition.org/article/the--same-god-debate-is-too-important-to-leave-to-philosophers; R. Albert Mohler Jr, "Cristãos e muçulmanos adoram o mesmo Deus?", Albertmohler.com, December 18, 2015, disponível em: albertmohler.com/2015/12/18/do-christians-and-muslims--worship-the-same-god; Jerry Walls, "Wheaton, Alá e a Trindade: os muçulmanos realmente adoram o mesmo Deus que C. S. Lewis?", *Seedbed,* January 13, 2016, disponível em: www.seedbed.com/jerry-walls-wheaton-allah-the-trinity-do-muslims-really--worship-the-same-god-as-c-s-lewis.

[2]Hijab é o conjunto de vestimentas preconizado pela doutrina islâmica. No Islã, o hijab é o vestuário que permite a privacidade, o decoro e a moral, ou ainda "o véu que separa o homem de Deus". (N. T.)

[3]Bob Smeitana, "Wheaton College suspends hijab-wearing professor after 'Same God' comment", *Christianity Today,* December 15, 2015, disponível em: www.christianitytoday.com/news/2015/december/wheaton-college-hijab-professor-same-god-larycia-hawkins.html

[4]Smeitana, "Wheaton College suspends".

RONNIE P. CAMPBELL E CHRISTOPHER GNANAKAN

disposição interior em relação a Deus? Queremos dizer submissão a Deus por meio de nossa vida diária, de nossas ações, atitudes e assim por diante? A adoração requer que tenhamos crenças corretas sobre Deus?

No entanto, por mais complicada que seja a questão da adoração, somos atormentados por uma questão ainda maior: quem é o objeto de adoração de alguém? Yahweh? Alá? Jesus? Por um lado, tanto judeus como muçulmanos defendem uma visão unitária de Deus, o que significa que ele é apenas uma pessoa; os cristãos, por outro lado, acreditam que Deus é uma triunidade de pessoas: Pai, Filho e Espírito Santo. A questão da Trindade suscita debates interessantes para a adoração cristã. Os cristãos do Novo Testamento ofereceram adoração a Jesus,[5] especialmente por meio do ato da oração. Como explica Richard Bauckham:

> Aclamações e orações dirigidas a Jesus remontam aos primeiros tempos. O grito aramaico *Maranatha* ("Venha, Senhor Jesus!": 1Co 16:22; *Didaquê* 10:6; cf. Ap 22:20), cuja preservação em aramaico nas igrejas de língua grega aponta para sua origem muito precoce, implica não apenas a expectativa da parúsia, mas também uma relação religiosa presente com aquele que virá, associada ou não a uma presença eucarística desde o início. A evidência do Novo Testamento para a oração pessoal a Jesus como característica regular do cristianismo primitivo foi por vezes subestimada por Paulo (2Co 12:8; 1Ts 3:11-13; 2Ts 2:16,17; 3:5,16; cf. Rm 16:20b; 1Co 16:23; Gl 6:18; Fp 4:23; 1Ts 5:28; 2Ts 3:18; Fm 25) e por Atos (1:24; 7:59,60; 13:2) como algo natural (cf. tb. 1Tm 1:12; 2Tm 1:16-18; 4:22). A prática dominante era, sem dúvvida, a oração a Deus, mas, uma vez que Jesus era visto como o Mediador ativo da graça de Deus (como na expressão epistolar, "Graça e paz da parte de Deus nosso Pai e do Senhor Jesus Cristo": Rm 1:7 e em outras passagens) e como o Senhor por cujo culto os cristãos viviam, a oração

---

[5]Para uma análise mais extensa, veja Arthur W. Wainwright, *The Trinity in the New Testament* (Eugene: Wipf and Stock, 2001), p. 93-104; Larry W. Hurtado, *Lord Jesus Christ: devotion to Jesus in earliest Christianity* (Grand Rapids: Eerdmans, 2003), p. 134-53; Richard Bauckham, *Jesus and the God of Israel: God crucified and other studies in the New Testament's Christology of divine identity* (Grand Rapids: Eerdmans, 2008), p. 127-81.

Introdução

dirigida a ele era natural. João 14:14 (onde a leitura correta é provavelmente "se vocês me pedirem") faz das orações a Jesus um princípio de petição regular.[6]

Mas, se Deus é um, como acreditam os cristãos e outros monoteístas, então como esses primeiros cristãos poderiam adorar a Jesus? Não contaria como idolatria ou blasfêmia, implicando que existem vários deuses? No centro da fé cristã, está a crença de que há apenas um Deus, que existiu eternamente como Pai, Filho e Espírito. Em Jesus, uma das Pessoas divinas (o Filho) encarnou, acrescentando a si mesmo a natureza humana, para que possamos receber a salvação. Por meio de sua morte, ele nos reconciliou com Deus (Cl 1:22) e, por meio de sua ressurreição, demonstrou a vitória de Deus sobre a morte (1Co 15:54-57), oferecendo à humanidade vida eterna e relacionamento renovado com Deus. Em outras palavras, Deus tornou-se como nós por meio da pessoa do Filho (Jo 1:1,14), mas sem pecado (Hb 4:14; 1Pe 2:21,22; 1Jo 3:5), para que possamos ser perdoados de nossos pecados e colocados em um relacionamento correto com Deus. Apontamos tudo isso para mostrar que há uma conexão significativa entre nossas crenças teológicas mais refinadas e a adoração. No entanto, o que temos aqui talvez seja uma falsa dicotomia, e algo mais está acontecendo.

O que queremos dizer com "o mesmo"?

Boa parte de como respondemos à questão de as três religiões monoteístas mundiais adorarem ou não o mesmo Deus depende do que queremos dizer com "o mesmo". Queremos saber quanta sobreposição é necessária nas crenças de alguém para reivindicar que duas (ou mais) concepções de Deus implicam o mesmo Deus adorado. Afinal, calvinistas e arminianos, católicos e protestantes, liberais e teístas clássicos têm diferentes concepções de Deus, mas a maioria não sugere que esses cristãos estejam adorando um Deus diferente. Ao contrário, argumentam que nós temos o mesmo Deus em referência, mas compreensões distintas de como esse Deus é. Aqui, os filósofos

---

[6]Bauckham, *Jesus and the God of Israel*, p. 128-9.

RONNIE P. CAMPBELL E CHRISTOPHER GNANAKAN

frequentemente estabelecem distinção entre "sentido" e "referência".
Genoveva Marti explica essa diferença da seguinte forma:

> A "referência" de uma expressão é a entidade que a expressão designa
> ou à qual se aplica. O "sentido" de uma expressão é a forma como a
> expressão apresenta a referência. Por exemplo, os antigos usavam "a
> estrela da manhã" e "a estrela vespertina" para designar o que acabou
> sendo o mesmo corpo celeste, o planeta Vênus. Essas duas expressões
> têm a mesma referência, mas diferem claramente no sentido de que
> cada uma apresenta essa referência em um "sentido" diferente. [7]

Quando falamos, podemos estar aludindo ao mesmo objeto (referência), como, por exemplo, o planeta Vênus, mas podemos ter compreensões distintas de como esse objeto é (sentido), como, por exemplo, a
estrela da manhã ou vespertina. Mas é isso que está acontecendo com
cristãos, judeus e muçulmanos quando afirmam adorar o mesmo Deus?

Os monoteístas concordam que, ontologicamente, só pode haver
um Deus. Além disso, concordam que Deus tem certas propriedades,
como onipotência, onisciência e eternidade. Eles também concordam
que Deus é o Criador de todas as coisas. Mas o monoteísmo é suficiente para afirmar que nós temos o mesmo Deus em referência? O Deus
do judaísmo compartilha os mesmos atributos do Deus do Islã? Eles
têm o mesmo caráter? O Deus do cristianismo tem propriedades (por
exemplo, a propriedade de ser trino e uno ou a propriedade de o Filho
ser encarnado) que o Deus muçulmano não tem? Alguém vai recorrer
à história e sugerir que judeus, cristãos e muçulmanos compartilham
uma ancestralidade em comum e adoram o Deus de Abraão? Mas,
novamente, cada uma das visões monoteístas tem a mesma concepção de Deus, apesar da ancestralidade em comum? O Pai de Jesus é
o Deus de Maomé? A Tanach (Antigo Testamento) e o Alcorão revelam Deus da mesma forma? Se houver diferenças significativas nas
propriedades ou no caráter, duas concepções podem referir-se ao
mesmo Deus? Essa distinção entre referência e sentido desempenha

---

[7] Genoveva Marti, "Sense and reference", in: Edward Craig, org., *New Routledge
encyclopedia of philosophy* (London, Reino Unido: Taylor e Francis, 1998), vol. 8, p. 684-8,
disponível em: www.reproutledge.com/articles/thematic/sense-and-reference/v-1.

Introdução

papel importante no debate acerca de os cristãos, judeus e muçulmanos adorarem ou não o mesmo Deus, como veremos mais adiante neste livro.

Os colaboradores e suas opiniões

Após explorarmos essas questões preliminares, vamos agora considerar cada uma das visões representadas neste volume. Em cada resposta, os autores foram solicitados a explorar subquestões que estão implícitas em suas respostas à nossa pergunta principal, a saber:

- Judeus, cristãos e muçulmanos, todos defendem o monoteísmo, mas o monoteísmo é suficiente para afirmar que os adeptos de cada religião adoram "o mesmo" Deus?
- A doutrina da Trindade é importante para esse debate? Se é, em que medida?
- Boa parte do debate atual gira em torno do que se entende por "o mesmo". O que queremos dizer com "o mesmo" e como interpretamos as diferenças subjacentes ao entendimento de cada religião de Deus?
- O que está incluído na adoração? A adoração é necessária para a salvação? Além disso, qual é o lugar da adoração (ou da reverência) a Jesus Cristo para se compreender a semelhança entre o Deus do cristianismo, do judaísmo e do islamismo, e em que medida isso importa?
- Afirmar a semelhança leva ao inclusivismo ou ao pluralismo a respeito da salvação, ou negá-la implica exclusivismo?

AS TRÊS RELIGIÕES ADORAM O MESMO DEUS:
VISÃO RELIGIOSA PLURALISTA

No primeiro ensaio, William Andrew Schwartz e John B. Cobb Jr. assumem a postura religiosa pluralista. Schwartz e Cobb demarcam dois tipos de pluralismo: identicista (de "idêntico") e profundo. O pluralismo identicista, como encontrado na obra de John Hick, sugere que, embora possam ter diferentes perspectivas, os adeptos de várias religiões mundiais orientam-se para o mesmo objeto de adoração, seja esse objeto chamado de "Deus", "Brahma", "o Real" ou algo mais.

O pluralismo profundo, por outro lado, sugere que pode haver, de fato, diferentes objetos de culto ou de interesse religioso, e até mesmo diferentes salvações. Desenvolvendo o conceito, Schwartz e Cobb então apresentam uma variedade de argumentos a favor da tese de que cristãos, judeus e muçulmanos adoram o mesmo Deus. Primeiro, eles fornecem um argumento histórico, que se concentra no fato de que Abraão é o pai de cada uma das tradições monoteístas. O segundo argumento enfatiza o caráter divino, sugerindo que cada religião monoteísta considera que existe apenas um Deus, que Deus é cognoscível e relacional, que Deus é amoroso e misericordioso, que Deus é criador e misterioso. Seu terceiro e último argumento é ontológico e sugere que, se existe apenas um Deus, muçulmanos, cristãos e judeus adoram o mesmo Deus, visto que não há outro Deus para adorar. Eles concluem pela possibilidade de um pluralismo profundo. De acordo com a teologia do processo, não existe apenas um Ser Supremo, mas três (Deus, Mundo e Criatividade), os quais constituem a realidade suprema. Eles sugerem que talvez a questão não seja tanto se cristãos, judeus e muçulmanos adoram o mesmo Deus, mas se judeus, muçulmanos e cristãos adoram a mesma realidade suprema.

As três religiões adoram o mesmo Deus: visão da referência ao mesmo Deus

Francis Beckwith, como Schwartz e Cobb, tem a visão afirmativa de que cristãos, judeus e muçulmanos adoram o mesmo Deus. No entanto, há algumas diferenças notáveis entre a visão de Beckwith e a visão pluralista religiosa de Schwartz e Cobb. Beckwith argumenta que, embora cristãos, judeus e muçulmanos tenham entendimentos diferentes – às vezes diferenças teológicas profundas e contrárias – de como Deus é, referem-se ao mesmo Deus. Ontologicamente, pode haver apenas um Deus, que é absoluto, não causado e perfeito. Deus não é apenas um ser entre muitos no universo; Deus é o Criador, Sustentador e fonte absoluta de todas as coisas que existem. Embora a criação tenha existência participativa, só Deus é totalmente autoexistente. A respeito dessa compreensão de Deus, cristãos, judeus e muçulmanos concordam. Eles diferem nos pontos mais sutis do que suas tradições de fé e escrituras individuais revelam sobre coisas como natureza divina, humanidade, moralidade e salvação. Mas e

Introdução

as doutrinas da Trindade e da encarnação? Beckwith reconhece que existem profundas diferenças entre judeus, cristãos e muçulmanos sobre a Trindade e a divindade de Jesus. Mas ele nem sequer acha que podemos considerar essas questões antes de entendermos corretamente a doutrina de Deus. É somente porque cristãos, judeus e muçulmanos entendem a natureza divina correta que seus pontos de vista sobre ensinamentos como a Trindade e a encarnação podem ser considerados contrários entre si.

JUDEUS E CRISTÃOS ADORAM O MESMO DEUS: VISÃO DA REVELAÇÃO COMPARTILHADA

Gerald McDermott adota a terceira opinião, sugerindo que cristãos e judeus adoram o mesmo Deus, mas os muçulmanos, não. O ponto central de seu argumento é que cristãos e muçulmanos discordam em uma série de questões fundamentais sobre a natureza e o caráter de Deus. Por exemplo, costuma-se dizer que muçulmanos e cristãos concordam com os dois maiores mandamentos – amar a Deus e amar os outros. No entanto, como McDermott enfatiza, nenhum desses comandos é encontrado no Alcorão. Em vez disso, o foco central do Alcorão é a justiça de Deus, e não Deus como pai ou como amor. Além disso, McDermott sugere que existem algumas diferenças significativas entre as visões cristã e muçulmana sobre Deus. Ambas são monoteístas, apegando-se a Deus como o criador eterno do mundo, e ambas sustentam alguns atributos em comum (por exemplo, onisciência ou onipotência) de Deus. Apesar dessas semelhanças, as diferenças são muito significativas, especialmente em relação à forma como cristãos e muçulmanos entendem as doutrinas da Trindade e da divindade do Filho de Deus. Mas o que dizer dos cristãos e judeus? McDermott aponta que os autores do Novo Testamento nunca sugerem que os primeiros cristãos, ao adorarem Jesus, agora cultuavam um Deus diferente do judaísmo bíblico. McDermott reconhece que alguns cristãos terão dúvidas se judeus e cristãos adoram o mesmo Deus com base em três questões principais: encarnação, ressurreição e Trindade. Em resposta, McDermott constrói um argumento mostrando que cada uma dessas ideias cristãs centrais está firmemente fundamentada no judaísmo bíblico e não são de forma alguma contraditórias ao ensino cristão.

Nenhuma das três religiões adora o mesmo Deus: visão das concepções diferentes

Discordando das três visões anteriores, Jerry Walls considera a quarta e última posição, de que ninguém adora o mesmo Deus. Certamente, cristãos, judeus e muçulmanos compartilham crenças em comum sobre Deus, mas Walls questiona se tais crenças compartilhadas são suficientes para sustentar que se trata do mesmo Deus. Com base em estudos recentes em Filosofia da Linguagem, particularmente a noção de "mudanças de referência", ele primeiro argumenta que é duvidoso se muçulmanos e cristãos podem até mesmo afirmar que se referem à mesma coisa quando falam de Deus. Mas, mesmo que não se considere uma mudança de referência, ainda não está claro se as condições necessárias para a adoração estão presentes. Walls, então, fornece outro argumento baseado na revelação do Novo Testamento, que, se bem-sucedido, mostraria que cristãos, judeus e muçulmanos têm concepções radicalmente diferentes de Deus. Ele distingue entre a ordem do ser e a ordem do saber. De acordo com a ordem do ser, Deus foi eternamente uma triunidade de pessoas. No entanto, com respeito à ordem de conhecimento, isso é algo que não foi revelado até o Filho encarnado haver ressuscitado dos mortos algo que os cristãos reconhecem como revelação progressiva e é estabelecido pelo Novo Testamento. Judeus e muçulmanos rejeitam esses elementos distintivos da revelação de Deus para nós, a saber, a encarnação e a ressurreição de Jesus e a triunidade de Deus. A essência do argumento de Walls sugere que, os muçulmanos e judeus que foram devidamente informados da encarnação e da ressurreição do Filho de Deus, mas rejeitam essa revelação dada a nós por Deus por meio do Novo Testamento, não estão adorando o mesmo Deus como os cristãos devidamente informados, visto que aqueles que rejeitam estão negando algo que é verdadeiro sobre Deus.

Ensaios de reflexão do ministério

Além das quatro visões principais, este livro também fornece ao leitor dois ensaios de reflexão ministerial. Ambos os colaboradores têm experiência de ministério com adeptos da fé islâmica e compartilham a própria opinião sobre a forma como devemos abordar o ministério

Introdução

em relação aos muçulmanos. Para o primeiro ensaio ministerial, Joseph Cumming enfatiza o enfoque nas bases comuns das relações entre cristãos e muçulmanos. Ele responde à pergunta se muçulmanos e cristãos adoram o mesmo Deus, dizendo: "Sim e não. Mas principalmente sim" (p. 224). Cumming reconhece que cristãos e muçulmanos têm profundas diferenças teológicas e que essas questões não devem ser ignoradas. No entanto, suas principais prioridades ao ministrar aos muçulmanos estão centradas em comunicar (em palavras e atos) algo sobre a amorosa pessoa de Cristo e sobre liberdade religiosa. David Shenk, por outro lado, retoma nosso segundo ensaio ministerial com foco nas diferenças respeitosas nas relações entre cristãos e muçulmanos. Como Cumming, Shenk reconhece as similaridades entre cristãos e muçulmanos, mas afirma que essas duas religiões, em última análise, têm centros diferentes. Para Shenk, são nossas principais distinções que muitas vezes levam a oportunidades ministeriais frutíferas. De forma alguma, colocar ênfase nas diferenças-chave deve impedir-nos de firmar compromisso com a pacificação no caminho de Cristo.

Implicações para o ministério cristão e o evangelicalismo

Os leitores acharão gratificantes as contribuições perspicazes deste livro, assim como nós. Eu (Chris Gnanakan) gostaria de postular algumas implicações desafiadoras para os "evangélicos" que lutam com tal questão, independentemente da visão à qual nos inclinamos. Levanto essas preocupações por haver crescido na Índia pluralista, servindo entre os muçulmanos por mais de vinte anos, fazendo viagens à Terra Santa e engajando-me em diálogos regulares com líderes do judaísmo e do islamismo na região de Washington, DC.[8] É intrigante constatar como nenhuma outra religião tem um mandato claro e convincente para a missão, como nossas três religiões abraâmicas (o budismo chega perto). Por um lado, devemos nos preocupar com o judaísmo – a menor e mais acanhada das principais religiões do mundo. Para os

---

[8]Chris Gnanakan, "Any which way but win? Christian mission in a religiously pluralistic society", ASM Paper, Bali, Indonésia, junho de 2018; Gnanakan, "To God be the glory", in: Casey Veatch, org., *Lord of all: embracing unity and eternity through Jesus Christ in northern Virginia and beyond* (Washington: Believe, 2015).

judeus, observa Hexham, "o cristianismo é uma distorção sistemática da religião judaica que cria algo quase totalmente irreconhecível".[9] Os cristãos deveriam derrotá-los, juntar-se a eles ou provocá-los com "ciúmes em meu próprio povo" [de Jesus]? (Rm 11:14).

Por outro lado, as tendências preveem que o Islã – a fé militante de crescimento mais rápido – será a maior religião em duas décadas. A islamofobia tem origem no "texto do terror" e nos chamados jihadistas em ação. Os cristãos devem perguntar e responder: "Os muçulmanos são amigos a vencer ou inimigos contra quem lutar?!". William Temple alertou acertadamente: "Se o seu conceito de Deus está errado, quanto mais religião você adquire, mais perigoso se torna para si mesmo e para os outros!". À medida que o pluralismo religioso e a pós-modernidade vão sendo superados, há uma necessidade apologética e missiológica de os evangélicos chegarem a um acordo objetivo sobre "quem" eles realmente adoram e "quanto" a sério devem levar a Grande Comissão de Cristo. Para qualquer ministério prático e missão eficaz em comunidades multirreligiosas, nossas teologia e metodologia são importantes.

Uma abordagem útil é começar com os fundamentos essenciais ou não negociáveis da fé "evangélica", que muitas vezes se alinham com as voláteis questões centrais para este livro – a Trindade, a cristologia e a missiologia. Com frequência, definir os problemas consiste em determinar os termos problemáticos relacionados ao nome de Deus e ao nosso ato de adoração. Podemos começar com o bem comum e avançar para a graça comum, mas devemos usar o bom senso. A adoração cristã ocorre em espírito e verdade (Jo 4:24). Nossas experiências subjetivas devem, logicamente, voltar-se para a obediência objetiva à Palavra revelada de Deus como verdade absoluta. Isso integra e envolve a mente, a vontade e o corpo em atribuir valor e oferecer sacrifício a Deus, que é o objeto transformador da adoração. Portanto, os conceitos teóricos devem relacionar-se às realidades contextuais e culturais, ainda que em níveis de base, especialmente entre os povos não alcançados. Vamos considerar algumas consequências missionais sob três tópicos: revelação, redenção e regeneração.

---

[9]Irving Hexham, *Understanding world religions: an interdisciplinary approach* (Grand Rapids: Zondervan, 2011), p. 251.

Introdução

Revelação: o que o Pai disse em sua Palavra

Os cristãos devem admitir o monoteísmo estrito que os judeus e muçulmanos subscrevem e esclarecer sua adoração razoável ao único Deus verdadeiro da Bíblia em três Pessoas. A necessidade primária e crítica é estabelecer qual livro – a Escritura hebraica, a Bíblia cristã ou o Alcorão – é a "Palavra de Deus" inspirada, inerrante e, portanto, autorizada. Além do mistério ou do paradoxo, os "evangélicos" ancoram a base e os critérios para sua fé na autorrevelação divina: (1) Deus falou e (2) está escrito. Antes do século quinto, os concílios e credos da igreja identificaram o nome de Yhwh como "o Deus e 'Pai' de nosso 'Senhor' Jesus", como pronunciado na bênção (2Co 13:14). Isso se caracteriza, sobretudo, pelo amor sacrificial visto precisamente no envio de Jesus, o Messias judeu. O cânon das Escrituras da igreja entendia que Jesus ressuscitado era a revelação completa e final da pessoa de Yhwh e dos propósitos redentores. Tomé o confessou como "Deus", e Jesus não fez objeções (Jo 20:21). Daí em diante, os cristãos consideram o Senhor Jesus "um com o Pai" para ser adorado e a ele obedecer. Qualquer visão diferente é considerada heterodoxa ou herética, uma vez que põe em risco a autoridade da Bíblia, a divindade de Cristo e a missão apostólica da igreja.[10]

No Novo Testamento, é evidente como os discípulos judeus de Jesus confessam corajosamente Jesus como o Messias, o Cristo, o Filho de Deus encarnado. Eles o adoram como o Senhor ressuscitado e proclamam um "evangelho global" que o apresenta como o único Salvador de judeus e gentios. Como Ghassan Khalaf observa, "o ponto em questão não é se os cristãos acreditam na judeidade de Jesus, porque isso é um fato. A questão mais importante é se os judeus acreditam no Jesus 'cristão'".[11] No século sexto, o profeta Maomé e o Alcorão afirmaram que judeus e cristãos eram "o povo do Livro". Agora temos um problema: se fôssemos criados especificamente para adorar a Deus que se revela "em Cristo", então a missão cristã ganha ímpeto porque as pessoas precisam do amor de Deus

---

[10]Cf. W. St. Clair Tisdall, *Christian reply to Muslim objections* (London, Reino Unido: SPCK, 1904; Colorado Springs: Al-Nour, 2005).

[11]Ghassan Khalaf, "Jesus and Judaism", in: Andrea Zaki Stephanous, org., *Arabic Christian theology* (Grand Rapids: Zondervan, 2019), p. 210.

para adorar Cristo.[12] A natureza do amor recíproco de Deus na Trindade é mais bem corporificada na graça do Pai, aquele que enviou Jesus para tirar os pecados ao se sacrificar.

REDENÇÃO: O QUE O FILHO DE DEUS FEZ NA CRUZ

Uma das primeiras menções à adoração da Palavra tem relação direta com a obediência de Abraão ao sacrificar seu filho (Gn 22:1-5). O *sêder* judaico é uma lembrança do cordeiro pascal que ainda representa "os quatro estágios de redenção, desde o Êxodo até a futura vinda do messias".[13] Judeus, cristãos e muçulmanos usam o termo *messias* com diferentes significados e expectativas. No entanto, no cerne de toda adoração "cristã", está um sacrifício que é vividamente retratado em Jesus, o Filho de Deus, oferecendo seu corpo e sangue como o Cordeiro de Deus (Jo 1:29). É comemorado com gratidão na comunhão, como a eucaristia. O teste decisivo para o cristianismo é cristológico – a fé na graça de Deus produz a salvação na pessoa de Jesus e a obra expiatória. A cruz de Cristo simboliza a fé na misericórdia de Deus, e os verdadeiros adoradores respondem oferecendo-se como "sacrifícios vivos", seu ato lógico de adoração que Deus aceita e do qual se agrada (Rm 12:1,2). Além da crença em um Deus em três Pessoas, os judeus e muçulmanos acham ilógico que possa haver uma pessoa com duas naturezas, humana e divina, e a blasfêmia de que ela esteja sendo adorada![14]

Em última análise, os cristãos recebem a doutrina da encarnação de Cristo como verdade revelada, e não como algo a ser biologicamente simplificado ou filosoficamente racionalizado. A morte e ressurreição de Jesus ocorrem precisamente como o Deus de Abraão declarou o senhorio de Jesus (Rm 1:4). Os cristãos creem nessa verdade como um

---

[12]John Gilchrist, "The love of God", in: *Sharing the gospel with Muslims* (Cape Town: Life Challenge, 2003), p. 137.

[13]Christopher Partridge, "Worship and festivals", in: *Introduction to world religions* (Minneapolis: Fortress, 2013), p. 326.

[14]Embora em Q 2.10 o Alcorão peça que os muçulmanos sejam gentis com o povo do livro, essa decisão é revogada pelos últimos textos que os mandam lutar (Q 5.29). Para ter *shirk* em Alá: ter um parceiro em seu reino [...] o nome é *al-shirku* [...] para associar a Alá um parceiro em seu senhorio". "People of other faiths", *The Qumran dilemma: former Muslims analyze Islam's holiest book* (Seattle: WaterLife, 2011), vol. 1, p. 139.

Introdução

fato histórico e uma realidade experiencial de que seu dia de adoração foi alterado do sábado judaico para o domingo. Os muçulmanos preferem, deliberadamente, a sexta-feira. Isso levanta questões ontológicas e operacionais sobre o amor redentor do Deus que cada fé abraâmica aborda na adoração. Além disso, a promessa de Deus de vida eterna "em Cristo" é o evangelho cristão. É inclusivo, universal em alcance, e os seguidores de Jesus têm a injunção de compartilhá--lo para fazer discípulos de todas as nações. No entanto, é exclusivo porque afirma ser o único caminho de salvação de Deus para todos!

Adotar uma visão pluralista, sincrética ou universalista do caminho de Deus para a salvação levanta algumas questões sérias: a fé de alguém precisa de algum meio divino ou provisão para redenção? O adorador de um Deus específico tem certeza pessoal de compartilhar sua vida após a morte com ele no céu ou no Paraíso? Em caso afirmativo, com base em quê? A adoração, embora sincera, pode ser vã, falsa ou demoníaca (Mt 15:9; Jo 4:19-26). Portanto, a dignidade do objeto de adoração deve ser clara e corajosamente afirmada de forma clara. As três religiões concordam que a "adoração" [o conhecido termo *worship* existe desde o inglês antigo com o sentido de "dignidade" (*worth-ship*), podendo ser definido como o reconhecimento dos méritos de Deus como criador e redentor] é atribuída apenas a Deus, uma vez que só ele é digno. Para os cristãos, em última análise, pessoas de todas as nações, línguas e tribos vão adorar Jesus, cantando em alta voz: "Digno é o Cordeiro que foi morto de receber poder, riqueza, sabedoria, força, honra, glória e louvor" (Ap 5:12; cf. 4:11). Com essa trajetória futura e a esperança escatológica, em que sentido as três religiões estão adorando o mesmo Deus?

REGENERAÇÃO: O QUE O ESPÍRITO SANTO
FAZ NO CRISTÃO PELA GRAÇA

Se aceitar a divindade de Jesus é difícil para judeus e muçulmanos, afirmar a pessoa e o papel do Espírito na adoração e no ministério é ainda mais difícil. A adoração autêntica é um encontro incrível com Deus que exala sua glória. Para os muçulmanos, isso é prescrito no Alcorão, enquanto, para os judeus, é visto na Lei de Moisés escrita em pedras. Paulo compara isso com a verdade da Palavra de Deus em uma nova aliança escrita no coração dos homens pelo Espírito de Deus. Moisés experimentou a glória de Deus temporariamente, com seu rosto velado. Os verdadeiros adoradores "no Espírito", com seus rostos descobertos, contemplam a glória de Deus "pelo Espírito" e são transformados na mesma imagem de glória em glória (2Co 3:18). O Espírito aponta aqueles que creem para Jesus e, então, os transforma para se conformarem à sua imagem o propósito pelo qual Deus criou e redime as pessoas (Rm 8:28).[15] Tendemos a nos tornar como os deuses que adoramos! Em suma, o objetivo da adoração "cristã" é a semelhança com Cristo – o fruto do Espírito ou o amor nos cristãos (Gl 5:22). A adoração produz uma religião que é governada e guiada pelo poder moral do amor, e não o amor pelo poder político. Isso levanta a seguinte questão: em que medida isso é uma realidade indicativa no culto e nas missões judaicas, muçulmanas ou cristãs?

Outras preocupações críticas emergem quanto ao exercício dos dons do Espírito para o ministério evangelístico. Esses dons da manifestação do Espírito são tão mal servidos que suas expressões de adoração, como a salvação, constituem uma "celebração da graça". É óbvio na Bíblia e na história da igreja que a entrada e a capacitação de Jesus e de seus seguidores pelo Espírito Santo são fundamentais para a adoração e o testemunho até o fim da terra.[16] Portanto, o objetivo da criação e da redenção de Deus é a adoração a Cristo. As missões existem porque há lugares em que a adoração a Jesus como Senhor não existe! Se todas as três religiões em questão já adoram o mesmo Deus, há necessidade de conversão? Como seriam as missões para judeus, muçulmanos ou cristãos? Muito mais poderia ser dito, mas dentro das excelentes contribuições que se seguem, você encontrará conteúdo suficiente para concordar e mais questões para serem contestadas.

---

[15]Para um bom estudo exegético do espírito missionário de Deus, veja Gordon Fee, *God's empowering presence* (Grand Rapids: Baker Academic, 2009).

[16]Winfield Bevins, "Connecting liturgy with mission", in: *Ever ancient, ever new* (Grand Rapids: Zondervan, 2019), p. 175-87.

CAPÍTULO ■ UM

As três adoram o mesmo Deus
Visão religiosa pluralista

WILLIAM ANDREW SCHWARTZ E JOHN B. COBB JR.

O pluralismo religioso pode ser posicionado, de forma ampla, entre o absolutismo (apenas uma perspectiva é verdadeira) e o relativismo (todas as perspectivas são verdadeiras). Como tal, o pluralismo afirma que mais de uma perspectiva, mais de um caminho, pode ser algo verdadeiro ou eficaz. A seguir, defendemos uma visão pluralista das tradições abraâmicas do judaísmo, do cristianismo e do islamismo.

Existe uma vasta gama de teorias de pluralismo religioso – uma pluralidade de pluralismos. Uma versão de pluralismo, ao enfatizar uma unidade subjacente, pode dizer que muçulmanos, judeus e cristãos adoram o mesmo Deus, embora esse mesmo Deus seja experimentado e expresso de maneiras diferentes. Esse tipo de pluralismo, muitas vezes associado a John Hick, é o que David Ray Griffin classifica como "identicista". Como Griffin explica, "de acordo com esse tipo de pluralismo *identicista*, todas as religiões são orientadas para o mesmo objeto religioso (seja ele chamado de 'Deus', 'Brahma', 'Nirvana', 'Sunyata', 'Ser Supremo' "o Transcendente" ou "o Real") e promovem essencialmente o mesmo fim (o mesmo tipo de 'salvação')".[1] De forma

---

[1] David Ray Griffin, org., *Deep religious pluralism* (Louisville: Westminster John Knox, 2005), p. 24.

alternativa, a tradição de pluralismo profundo, muitas vezes associada à teologia do processo e ao trabalho de um dos autores deste capítulo, John Cobb, diz que "as religiões promovem diferentes fins – diferentes salvações – talvez por serem orientadas a diferentes objetos religiosos, quiçá pensados como diferentes Supremos. O pluralismo diferencial é, em outras palavras, soteriológica e talvez também ontologicamente pluralista".[2] Dessa forma, um pluralista *profundo* pode concluir que os cristãos, muçulmanos e judeus não adoram o mesmo "Deus", mas todos podem ser orientados por Supremos reais, segundo caminhos que são mais ou menos igualmente eficazes.[3] Este ensaio apresentará as perspectivas do pluralismo identicista e do pluralismo profundo.

Um ponto de esclarecimento inicial: a ambiguidade inerente à pergunta "Os cristãos, muçulmanos e judeus adoram o mesmo Deus?" exige que o melhor que podemos oferecer seja um *sim* com ressalvas, um *sim* de certa perspectiva ou em certo sentido. Sem dúvida, existem muitas maneiras pelas quais é possível demonstrar que as três tradições abraâmicas não adoram o mesmo Deus, assim como que os cristãos não adoram todos o mesmo Deus, ou que tampouco duas pessoas adoram o mesmo Deus.[4] Portanto, boa parte do que se segue será uma tentativa de esclarecer as condições sob as quais acreditamos que as três tradições abraâmicas podem ser corretamente consideradas como adorando o mesmo Deus. Mas, antes de apresentar as condições sob as quais esse sim qualificado pode ser afirmado, desejamos desvendar a questão central deste livro.

O que se entende por "cristãos", "muçulmanos" e "judeus"?

Cristãos, muçulmanos e judeus adoram o mesmo Deus? A própria questão começa com o que poderia ser considerado uma generalização precipitada – a saber, que existe um grupo chamado "cristãos", outro chamado "muçulmanos" e outro ainda chamado "judeus", os quais podem ser facilmente identificados e avaliados. Isso está longe de ser o caso.

---

[2]Griffin, *Deep religious pluralism*, p. 24.
[3]Quer saber como isso é possível? Continue lendo. A perspectiva do pluralismo profundo será apresentada em mais detalhes posteriormente neste capítulo.
[4]Explicaremos isso na próxima seção.

Visão religiosa pluralista

Veja o cristianismo: o que é o cristianismo e quem são os cristãos? O cristianismo é definido por um conjunto de crenças? Se sim, quais crenças? Talvez possamos fazer algumas afirmações mais abrangentes, como crença em Deus, na divindade de Cristo e assim por diante. Mas, quanto mais detalhes reunimos (por exemplo, o que as pessoas entendem por crença, o que entendem por Deus, o que entendem por fé em Deus e assim por diante), mais difícil se torna separar as crenças de um "cristão" das crenças de um "não cristão". Sem dúvida, esse é exatamente o problema com que a igreja tem lutado por quase dois mil anos. A busca da ortodoxia em contraste com a heresia tem sido, entre outras coisas, uma tentativa de responder à seguinte pergunta: "O que é o cristianismo e quem são os cristãos?". Mas quem decide quais crenças são ortodoxas? A proliferação de seitas/denominações cristãs desde o tempo de Martinho Lutero, bem como dos diversos ramos do cristianismo anteriores a Lutero, é evidência dessa luta para identificar a ortodoxia cristã. Talvez pudéssemos apontar para o Credo Niceno ou o Credo dos Apóstolos como representantes da crença ortodoxa cristã. Mas, mesmo assim, as interpretações das afirmações de credo variam muito. Usar a doutrina para identificar os "cristãos" é algo problemático.

Identificar os cristãos por meio da prática, e não da crença, evita essa dificuldade? Infelizmente, não. A busca da ortopraxia enfrenta os mesmos desafios da ortodoxia. Quais práticas devem ser identificadas com o "verdadeiro" cristianismo e quem decide sobre elas? Poderíamos apontar para algo como o ritual da eucaristia, mas permanecem grandes variações no método – um cálice comum *versus* cálices individuais, pão inteiro *versus* pão cortado, imersão *versus* aspersão e assim por diante. Sem mencionar as variações nas crenças relacionadas às práticas centrais, como transubstanciação e consubstanciação, além de várias crenças sobre a presença do corpo e do sangue de Jesus no pão e no vinho da eucaristia.

Visto que a ortodoxia e a ortopraxia falham em oferecer caminhos claros para identificar os "cristãos", poderíamos confiar na história – afiliação histórica e sucessão? Em certo sentido, foi isso que a igreja católica tentou fazer com a sucessão apostólica, segundo a qual a autoridade dos bispos vem do rastreamento da linhagem do ensino até os apóstolos originais de Jesus. Mas a sucessão histórica não garante nenhum grau de coerência na crença ou na prática. Além disso, não temos razão alguma para pressupor que a igreja primitiva seja uma expressão pura do "verdadeiro" cristianismo. Ao ler os Evangelhos, testemunhamos história após história em que os apóstolos claramente não entenderam os principais ensinamentos de Jesus.[5]

Então, o que é o cristianismo e quem são os cristãos? Em suma, não existe um cristianismo único. Uma vez que usamos o rótulo de *cristianismo* para nos referir a uma tradição, ela deve ser compreendida como dinâmica e diversa. Considere o desenvolvimento do pensamento cristão – de Orígenes e Ireneu a Agostinho, Tomás de Aquino, Martinho Lutero, João Calvino e John Wesley a vozes contemporâneas como Marjorie Suchocki, Thomas Jay Oord e Catherine Keller. Cada um desses pensadores foi influente para grupos específicos de cristãos, mas é possível visualizar diferenças significativas em seu pensamento. Não apenas a tradição cristã muda, como também as várias manifestações estão interligadas. Cristãos protestantes insurgiram-se contra o cristianismo católico. Os Cinco Artigos da Remonstrância[6] foram desenvolvidos para contrastar os Cinco Pontos do Calvinismo. A evolução do cristianismo não é uniforme ou singular. Existem muitos cristianismos.[7] Ainda que examinássemos um único pensador como Martinho Lutero, precisaríamos ter o cuidado de reconhecer o desenvolvimento dinâmico de seu pensamento.[8] A teologia não é estática. A teologia não é uniforme. Tampouco são as tradições de sabedoria do mundo.

Por causa das diversas expressões de cada tradição, há momentos em que as diferenças dentro do cristianismo são mais acentuadas do que as diferenças entre os pensadores cristãos, judeus e muçulmanos.

---

[5]Veja Lucas 18:34, "Os discípulos não entenderam nada dessas coisas. O significado dessas palavras lhes estava oculto, e eles não sabiam do que ele estava falando".

[6]Os Cinco Artigos da Remonstrância foram proposições teológicas apresentadas em 1610 pelos seguidores de Jacó Armínio, morto em 1609. Nelas, ele discordava das interpretações do ensinamento de João Calvino, vigente na Igreja Reformada Holandesa. Os artigos foram um divisor de águas, e os que os apoiaram foram chamados "remonstrantes". (N. T)

[7]Em certo sentido, afirmar que diversas formas de ser cristão são aceitáveis é ser pluralista – permitir que mais de uma perspectiva ou mais de um caminho possa ser eficaz.

[8]Veja Berndt Hamm, *The early Luther: stages in a Reformation reorientation* (Minneapolis: Fortress, 2017).

Por exemplo, o panenteísmo cristão de Charles Hartshorne, um pensador cristão do século 20, assemelha-se mais ao panenteísmo islâmico de Ibn Arabi, um pensador muçulmano que viveu entre os séculos 12 e 13, do que ao teísmo clássico de pensadores cristãos como Agostinho.

O cristianismo não está sozinho em sua diversidade. Existem também muitos "judaísmos" e muitos "islamismos". Diante da ausência de sujeitos singulares imutáveis – cristão, judeu e muçulmano – a serem comparados, todas as conclusões sobre os três adorarem ou não o mesmo Deus devem ser condicionais. Podemos até mesmo dizer que depende de quais cristãos, judeus e muçulmanos estamos falando em determinado momento.

A falácia do dicionário perfeito e o problema da uniformidade

Além de reconhecer a complexidade em torno da identidade judaica, muçulmana e cristã, devemos observar a ambiguidade a respeito das palavras *adorar*, *mesmo* e *Deus*. Não devemos nos surpreender, pois todas as palavras apresentam um elemento de ambiguidade. Devemos ter cuidado para evitar a falácia do dicionário perfeito. Como um de nós escreveu em outro lugar, "um dicionário perfeito seria aquele em que algum conjunto de palavras fosse definido de forma inequívoca e todos os outros fossem definidos em relação a elas. Teríamos, então, a possibilidade de nos comunicar univocamente, ou seja, sem a possibilidade de uma compreensão diversa do que queremos dizer".[9] No entanto, acreditamos que isso é impossível. É importante lembrar que, conforme buscamos significados cada vez mais exatos para os termos, nunca chegaremos a um ponto final em que algum conjunto de palavras possa ser universal e inequivocamente entendido. Não existe uma definição perfeita de *adoração*, *mesmo* ou *Deus* tal que os termos possam ser compreendidos de forma inequívoca. Os limites da linguagem sempre exigem que a comunicação envolva algum salto intuitivo e imaginativo.

Mesmo que cheguemos a um ponto em que estejamos satisfeitos com uma explicação sobre o que significa a pergunta "Cristãos,

---

[9] John B. Cobb Jr., *Whitehead word book: a glossary with alphabetical index to technical terms* (Claremont: P&F Press, 2008), p. 14.

muçulmanos e judeus adoram o mesmo Deus?", ainda depararemos com a lacuna epistêmica entre nós e os sujeitos em questão, cristãos, muçulmanos e judeus em particular. Em outras palavras, como podemos saber em que a outra pessoa crê? Como sabemos a quem adoram? Na melhor das hipóteses, por meio do diálogo, podemos vir a fazer julgamentos sobre o que o outro tem em mente; nós fazemos isso o tempo todo na vida diária. No entanto, devemos também reconhecer que esses julgamentos nem sempre são precisos. A linguagem é simbólica. As palavras e os conceitos que usamos estão sempre apontando para além de si mesmos.

Para aumentar o difícil desafio que temos em mãos, abordar a questão de muçulmanos, judeus e cristãos adorarem ou não o mesmo Deus é uma tarefa que requer tradução. Não apenas traduções linguísticas (ou seja, hebraico, grego, árabe etc.), mas também uma tradução das estruturas conceituais que variam entre os contextos histórico-culturais. Esse é o maior desafio de todo trabalho teológico e filosófico comparativo. É mais claramente um desafio nas comparações Ocidente/Oriente, como o cristianismo e o budismo, para as quais presumir que o nirvana é simplesmente a versão budista do Paraíso cristão resulta em uma apropriação imperialista indevida de conceitos. No entanto, também há o risco de chauvinismo conceitual ao comparar e contrastar as tradições abraâmicas. Devemos ter cautela em supor que o Yhwh do judaísmo, o Alá do Islã e o Deus do cristianismo são maneiras diferentes de se referir a um único e mesmo Ser Supremo divino.

Por fim, boa parte do debate atual sobre as três tradições abraâmicas adorarem ou não o mesmo Deus depende do que se entende por "mesmo". Em algum sentido, Andrew Schwartz hoje é a mesma pessoa que Andrew Schwartz de 25 anos atrás. Ele tem os mesmos pais, os mesmos irmãos, as mesmas origens. Ainda assim, em algum sentido, ele não é a mesma pessoa de então (há fotos para provar isso!). Se a polícia divulgasse um mandado de busca contra Andrew Schwartz, de 33 anos, mas usasse a descrição de Andrew, de oito anos, seria difícil localizá-lo. Além disso, as células em nosso corpo se regeneram continuamente, a ponto de a constituição física do corpo de Andrew de oito anos não ser a *mesma* de seu corpo hoje. Esse enigma está bem documentado na filosofia do discurso sobre identidade, com exemplos como o Navio de Teseu.

Imagine um navio que sai de Los Angeles e chega a Xangai um mês depois. Durante a viagem, o navio requer reparos extensivos, de modo que, no momento em que chega a Xangai, nenhuma das partes que constituem o navio corresponde às partes originais que o constituíam após sua partida de LA. Em certo sentido, o navio que deixou Los Angeles não é o "mesmo" que chegou a Xangai – convés diferente, velas diferentes e assim por diante. No entanto, há outro sentido em que é o mesmo navio, embora transformado. Portanto, em certo sentido, "mesmo" pode implicar nenhuma diferença e, em outro sentido, pode incorporar diferença. O que, então, significa para cristãos, judeus e muçulmanos adorar o mesmo Deus?

Embora desejemos reconhecer a ambiguidade da linguagem, a complexidade das identidades cristã, muçulmana e judaica e a dificuldade da noção de igualdade, não permitiremos que isso nos impeça de tentar dizer algo positivo sobre a questão principal de saber se as três adoram o mesmo Deus. Com certeza, há muitas maneiras pelas quais podemos dizer que cristãos, judeus e muçulmanos *não* adoram o mesmo Deus. Alguns exemplos são fornecidos acima e outros serão abordados em detalhes por outros autores neste livro. Nosso objetivo, entretanto, é identificar como podemos afirmar positivamente que esses três grupos adoram o mesmo Deus.

O Deus de Abraão: um argumento histórico

Os judeus, cristãos e muçulmanos adoram o mesmo Deus? De uma perspectiva histórica, com certeza! Os muçulmanos adoram o Deus de Abraão, os cristãos adoram o Deus de Abraão e os judeus adoram o Deus de Abraão.

Talvez você se lembre da canção da escola bíblica dizendo que "Pai Abraão tem muitos filhos, muitos filhos ele tem; eu sou um deles, você também; louvemos ao Senhor". Embora não seja provável que a canção desejasse ser uma afirmação pluralista das expressões de fé muçulmana e judaica em conexão com a fé cristã, existe algo importante sobre o fato de as três tradições afirmarem uma origem semelhante.

Considere o exemplo acima do navio que viaja de Los Angeles até Xangai. Imagine que não sabemos nada sobre as origens do navio que chega ao porto de Xangai, e que não sabemos nada sobre seu destino no porto de Los Angeles. Imagine que se faz uma foto do navio antes de ele deixar Los Angeles e chegar a Xangai, e que uma descrição detalhada da composição do navio seja fornecida antes de sua partida e após a sua chegada. Se alguém perguntasse, com base nas descrições díspares e na evidência fotográfica, se o navio de Los Angeles e o navio de Xangai são o *mesmo*, seria justificável concluir que não. Contudo, quando sabemos algo sobre as origens do navio de Xangai e a viagem do navio de Los Angeles, tendemos a ignorar as diferenças de aparência, material, localização e assim por diante, e concluir que os dois navios são a mesma embarcação. Esse é o poder da história.

A mesma lógica pode ser aplicada às tradições abraâmicas. Apesar de quaisquer diferenças em descrição, natureza ou expressão, se formos capazes de traçar as origens do Deus do cristianismo, do Alá dos islamitas e de YHWH do judaísmo até a mesma raiz histórica – o Deus de Abraão –, podemos concluir que as três tradições adoram o mesmo Deus, a despeito de qualquer diferença. Então, as três adoram o Deus de Abraão? Considere o seguinte argumento:

1. O Deus de Abraão é o Deus do judaísmo.
2. Jesus adorava o Deus de Abraão.
3. Os cristãos adoram o Deus de Jesus.
4. Portanto, os cristãos adoram o Deus do judaísmo.

A primeira premissa (de que o Deus de Abraão é o Deus do judaísmo) não é particularmente controversa. Afinal, os próprios judeus afirmam que Abraão é uma figura central e fonte de sua compreensão de Deus. Abraão é citado como o primeiro patriarca, é creditado como aquele que trouxe conhecimento do único Deus verdadeiro (YHWH), e é aquele por meio de quem Deus fez uma aliança com Israel. O primeiro livro da Torá registra: "Eu sou o SENHOR, o Deus de seu pai Abraão" (Gn 28:13). Portanto, a premissa 1 parece verdadeira – o Deus de Abraão é o Deus do judaísmo.

Agora vamos voltar para a premissa 2, de que Jesus adorava o Deus de Abraão. Tome, por exemplo, o que Jesus declara como o maior mandamento.

Um deles, perito na lei, o pôs à prova com esta pergunta: "Mestre, qual é o maior mandamento da Lei?".

Respondeu Jesus: "'Ame o Senhor, o seu Deus, de todo o seu coração, de toda a sua alma e de todo o seu entendimento'. Este é o primeiro e maior mandamento. E o segundo é semelhante a ele: 'Ame o seu próximo como a si mesmo'. Destes dois mandamentos dependem toda a Lei e os Profetas" (Mt 22:35-40).

Jesus não está apenas se referindo às escrituras judaicas (Tanach) quando fala da Lei (a Torá – os cinco livros de Moisés) e dos Profetas (Nevi'im), mas também está citando duas passagens da Torá, a saber, Deuteronômio 6:5 ("Ame o Senhor, o seu Deus, de todo o seu coração de toda a sua alma e de todas as suas forças") e Levítico 19:18 ("Não procurem vingança nem guardem rancor contra alguém do seu povo, mas ame cada um o seu próximo como a si mesmo. Eu sou o Senhor"). Isso não deveria ser uma surpresa, já que o Jesus que encontramos nos Evangelhos cristãos era, na verdade, judeu. Como tal, quando ele nos exorta a "amar o Senhor, vosso Deus", tem em mente o único Deus verdadeiro, seu *Abba*, o Deus de Abraão, o Deus do judaísmo. Portanto, a premissa 2 parece verdadeira – Jesus adorou o Deus de Abraão.

O que dizer, então, da premissa 3? É verdade que os cristãos adoram o Deus de Jesus? Sem dúvida, isso também não é particularmente controverso. Afinal, o que é um cristão senão um seguidor de Jesus? E o que significaria ser um seguidor de Jesus senão, no mínimo, adorar o Deus que Jesus nos instruiu a adorar? Depois de mais de dois mil anos de desenvolvimento, permanece uma prática importante dentro da liturgia cristã, a recitação do Pai-Nosso. Em seu inovador Sermão do Monte, Jesus instrui o povo sobre como orar, que começa com "Pai nosso, que estás nos céus!" (cf. Mt 6:9-13). Essa oração em particular continua a ter importância entre as seitas do cristianismo ao longo dos tempos. Seja uma missa católica, seja um reavivamento em um templo evangélico, o Pai-Nosso parece ter uma qualidade unificadora para os cristãos em todo o mundo. Ela une os cristãos ao redor do mundo porque afirma que todos estão orando ao mesmo Deus (*nosso* Pai nos céus). Da mesma forma, une os cristãos com Jesus, uma vez que eles continuam a orar ao mesmo Deus a quem Jesus orou – "Pai nosso, que estás nos céus!". Portanto, a premissa 3 parece verdadeira; os cristãos adoram o Deus de Jesus. E, se as premissas 1, 2 e 3 são verdadeiras, então a conclusão é correta: os cristãos adoram o Deus do judaísmo.

WILLIAM ANDREW SCHWARTZ E JOHN B. COBB JR.

Assim, é razoável dizer em um sentido histórico que os cristãos e judeus adoram o mesmo Deus. Mas e os muçulmanos? No Islã, Abraão é – como no judaísmo – reconhecido como um patriarca central que proclamou a unidade de Deus. Reverenciado como um profeta no Islã, Abraão também é considerado o construtor da Ka'bah, o local mais sagrado do Islã, o local para onde os muçulmanos em todo o mundo voltam suas faces quando oram. O *hadj*, um dos cinco pilares do Islã, é uma peregrinação sagrada até Meca, que às vezes é chamada de Cidade de Abraão. Na verdade, o Alcorão afirma explicitamente o Deus de Abraão com as seguintes palavras: "Quem, a não ser um tolo, abandonaria a religião de Abraão?" (2:130). Além disso, como declarado no Alcorão, "Nós [muçulmanos] acreditamos em Deus e no que nos foi revelado, e no que foi revelado a Abraão, Ismael, Isaque, Jacó e às tribos, e no que foi dado a Moisés, Jesus e aos Profetas, da parte de seu Senhor" (3:84). Portanto, parece que, de acordo com a escritura islâmica, os muçulmanos adoram o Deus de Abraão e de Jesus, o que implica que Jesus adorava o Deus de Abraão e, essencialmente, afirma que os muçulmanos adoram o mesmo Deus que os judeus e os cristãos.

Como Michael Lodahl brilhantemente aponta, enquanto o islamismo, o judaísmo e o cristianismo reivindicam Abraão como seu pai, "as formas como eles interpretam a proteção e a história de Abraão são tão divergentes que dão origem a alguns 'Abraãos' muito diferentes".[10] Concordamos com Lodahl. Mas lembre-se daquele navio zarpando de Los Angeles para Xangai. Imagine três pessoas diferentes descrevendo as características do navio, descrevendo Los Angeles, o ponto de origem do navio. Uma pessoa descreve Venice Beach, outra descreve a Disneylândia e outra ainda descreve as montanhas de San Gabriel. As descrições variadas da complexa região de Los Angeles nos dão motivos para crer que as três pessoas estão falando sobre cidades diferentes e, portanto, sobre navios diferentes? Achamos que não. A preocupação de Lodahl em relação a diferentes "Abraãos" não é tanto uma questão de várias figuras históricas chamadas Abraão, mas de diversas interpretações teológicas conectadas a essa origem histórica compartilhada. Como tentar compilar a imagem de um pai com

---

[10]Michael Lodahl, *Claiming Abraham: reading the Bible and the Qur'an side by side* (Grand Rapids: Brazos, 2010), p. 4.

base na forma como seus três filhos o apresentam? O fato de cada filho fornecer uma descrição única de seu pai não significa que eles não sejam irmãos. Da mesma forma, o fato de muçulmanos, cristãos e judeus trazerem relatos distintos sobre Abraão não significa que não compartilhem a mesma raiz histórica. Quando afirmamos que as três religiões adoram o Deus de Abraão, dizemos que cristãos, muçulmanos e judeus adoram o mesmo Deus.

Um Criador amoroso: um argumento de caráter divino

Outra maneira de responder à questão de os cristãos, muçulmanos e judeus adorarem ou não o mesmo Deus é focando no que significa "Deus". Uma maneira de fazer isso é identificando características ou atributos do Divino. Talvez você já tenha ouvido dizer: "Se parece um pato, anda como um pato e grasna como um pato, então provavelmente é um pato". Da mesma forma, podemos dizer que, se o Deus do cristianismo é descrito como portador dos mesmos atributos que o Deus do judaísmo e do islamismo, então seria lógico afirmar que eles estão de fato aludindo à mesma entidade divina e, portanto, adorando o mesmo Deus. Então, Yhwh, Deus e Alá são descritos como tendo características mais ou menos semelhantes? Parece que sim.

Deus é um. O fato de essas três tradições abraâmicas serem monoteístas significa que cada uma afirma existir apenas um Deus. As escrituras de cada tradição são bastante claras a esse respeito. Como expresso nas Escrituras cristãs e judaicas compartilhadas, "Ouça, ó Israel: O Senhor, o nosso Deus, é o único Senhor" (Dt 6:4). Além disso, "Eu sou o Senhor, e não há nenhum outro; além de mim não há Deus" (Is 45:5). Da mesma forma, as escrituras islâmicas são claras sobre a unidade de Deus: "Deus! Não há Deus senão ele, o vivente da eternidade" (Alcorão 2:255). Além disso, "Não clame a nenhum outro deus além de Deus, pois não há outro deus senão ele" (Alcorão 28:88). Como demonstrado em suas escrituras, o islamismo, o judaísmo e o cristianismo referem-se a Deus como "um" – o único.

Deus é sábio e relacional. Outro atributo compartilhado por Deus é o de maior conhecimento. Como afirma o Alcorão, "Nosso Senhor, Você sabe bem o que ocultamos e o que revelamos: absolutamente nada está oculto de Deus, na terra ou no céu" (Alcorão 14:38). Isso é ecoado pelo salmo cristão e judaico, que diz:

Senhor, tu me sondas e me conheces. Sabes quando me sento e quando me levanto; de longe percebes os meus pensamentos. Sabes muito bem quando trabalho e quando descanso; todos os meus caminhos te são bem conhecidos (Sl 139:1-3).

Além disso, o tipo de conhecimento atribuído a Deus por essas tradições é relacional. Deus não sabe apenas "sobre" a humanidade; Deus *conhece* intimamente a humanidade, de modo que não podemos guardar segredos de Deus. Como explica o Alcorão, Deus está mais perto de nós "do que uma veia jugular" (50:16).

Deus é amoroso e misericordioso. Deus não apenas conhece nosso ser mais íntimo, como também todas as três tradições referem-se a Deus como amoroso e misericordioso. Dentro do cristianismo, o amor de Deus é frequentemente elevado como um atributo central – um sentimento apoiado por Escrituras como 1João 4:8, afirmando de forma simples que "Deus é amor". Da mesma forma, as Escrituras judaicas referem-se a Deus desta forma:

> O Senhor é misericordioso e compassivo,
> paciente e transbordante de amor.
> O Senhor é bom para todos; a sua compaixão alcança
> todas as suas criaturas (Sl 145:8-9).

A imagem de um Deus gracioso e misericordioso encontrada no judaísmo e no cristianismo é comparada ao Islã, com declarações como "Se você tentasse contar as bênçãos de Deus, nunca poderia considerá-las todas: ele é verdadeiramente perdoador e misericordioso" (Alcorão 16:18).

Deus é criador. Até agora, vimos que as três tradições descrevem seu Deus como o único Deus verdadeiro que é amoroso e misericordioso e que conhece intimamente todas as criaturas. Além disso, Deus é descrito pelas três tradições como o Criador dos céus e da terra. O início da Bíblia cristã e da Torá judaica afirma que "no princípio Deus criou os céus e a terra" (Gn 1:1). Não causa surpresa que os muçulmanos também afirmem Deus como criador: "É Deus quem criou os céus e a terra e tudo entre eles em seis dias" (Alcorão 32:4). Ser o Criador dos céus e da terra, dos quais os humanos fazem parte, é identificar Deus como o autor da existência humana. Assim como ocorre quando as três tradições reivindicam uma origem compartilhada no pai Abraão, alegam adorar o Criador dos céus e da terra (uma realidade cósmica compartilhada por cristãos, muçulmanos e judeus), o que implica que as três adoram o mesmo Deus, o Criador do nosso mundo.

Deus é misterioso. Enquanto essas tradições abraâmicas vão longe para descrever o objeto de sua adoração, há também o profundo reconhecimento de que Deus é supremamente misterioso e oculto, e que está além de nossa compreensão. Como Zofar perguntou a Jó,

> Você consegue perscrutar os mistérios de Deus? Pode sondar os limites do Todo-poderoso? São mais altos que os céus! O que você poderá fazer? São mais profundos que as profundezas! O que você poderá saber? Seu comprimento é maior que a terra e a sua largura é maior que o mar (Jó 11:7-9)

Isaías disse a respeito de Deus: "Verdadeiramente tu és um Deus que se esconde" (Is 45:15). O Alcorão ecoa isso em declarações como "Nenhuma visão pode alcançá-lo, mas seu domínio cobre toda visão; ele está acima de toda compreensão, mas está familiarizado com todas as coisas" (Alcorão 6:103).

Agora, é possível oferecer objeção ao argumento do caráter divino acima, visto que referir-se a Deus nos mesmos termos não significa necessariamente que o mesmo Deus está sendo descrito. Imagine duas pessoas, uma descrevendo um pinheiro no Oregon e outra descrevendo um pinheiro na Alemanha. Ambas as descrições podem ser semelhantes, uma vez que os abetos talvez sejam parecidos. Mas isso não significa que apenas um pinheiro está sendo descrito, apenas um referente para duas descrições. No entanto, quando combinamos o argumento de origem compartilhada com o argumento da descrição divina, descobrimos que as descrições paralelas de Deus por meio das tradições fortalecem muito a probabilidade de que o Deus descrito e reverenciado no islamismo, no cristianismo e no judaísmo seja o mesmo – o único Criador amoroso e misericordioso que conhece nosso ser mais íntimo.

Só há um Deus: um argumento ontológico

Cristãos, muçulmanos e judeus são todos muito claros na declaração de que "há apenas um Deus". Se começarmos com essa declaração, a questão de os três adorarem ou não o mesmo Deus é realmente insólita. Afinal, o que significaria para eles adorar diferentes deuses se houvesse apenas um Deus? De uma perspectiva ontológica, se há, de fato, apenas um Deus disponível para adoração, então é razoável concluir que muçulmanos, cristãos e judeus adoram o mesmo Deus – ou seja, o único Deus.

Imagine um cenário em que existam apenas duas pessoas no mundo e elas sejam casadas. Seria estranho se um dia a esposa perguntasse ao marido se ele tinha ou não uma "Sally ao lado" (estava tendo um caso com outra mulher), uma vez que não há nenhuma outra mulher com quem ele pudesse ter um caso. Da mesma forma, visto que cristãos, judeus e muçulmanos acreditam que existe apenas um Deus, adorar um Deus envolve adorar *a* Deus. Dito de outra forma, como eles poderiam estar adorando deuses diferentes se não houvesse outros deuses para adorar?

Se há apenas um Deus, então, para os cristãos, muçulmanos e judeus, adorar *algum* Deus é adorar o *mesmo* Deus. Segundo a lógica do monoteísmo, é possível adorar a Deus ou não adorar a Deus. Afirmar de uma perspectiva cristã, muçulmana ou judaica que as outras religiões abraâmicas adoram deuses diferentes é minar o monoteísmo, admitindo a existência de outros deuses. Uma vez que a existência de múltiplos deuses como objetos diferentes de adoração é incompatível com o monoteísmo, todas as três tradições abraâmicas não deveriam – de dentro de seu próprio compromisso teológico – admitir a possibilidade de que os outros estejam adorando deuses diferentes. Nesse sentido, pode-se dizer, com razão, que muçulmanos, cristãos e judeus adoram o mesmo Deus.

Assim, alguns podem estar inclinados a distinguir entre o Deus "real" e os deuses "falsos". Mas que razão um cristão, um muçulmano ou um judeu teriam para acreditar que os outros adoram um deus falso? Considere o exemplo dos três filhos. Cada um reivindica o mesmo homem como seu pai. Cada um descreve o homem da mesma maneira. Então, imagine que um filho se vira para os outros e diz: "Seu pai não é real; apenas o meu pai é real". Essa seria uma resposta estranha. É claro que os três filhos têm um pai (quero dizer, eles vieram de algum lugar, certo?). O que significaria ter um pai falso? O que se pretende aqui é, na verdade, afirmar "Seu pai não é meu pai". Mas, se houver apenas um pai (um Criador) e todos têm um pai, então todos têm o mesmo pai.

No espírito do personagem de Robert De Niro de *Taxi driver*, podemos imaginar Deus olhando para o mundo e, em resposta às orações de muçulmanos, judeus e cristãos, retrucar: "Você está falando comigo? Você está falando comigo? Bem, eu sou o único aqui. Com quem você acha que está falando?". Dessa perspectiva, muçulmanos, judeus e cristãos adoram o mesmo Deus porque não há outros deuses para adorar. Esse argumento ontológico é fortalecido pelo argumento do caráter divino, de que todas as três religiões descrevem Deus de maneiras semelhantes, e pelo argumento histórico, de que todas as três reivindicam a mesma origem – o Deus de Abraão.

Muitos caminhos, uma montanha: pluralismo identicista

Como mencionado acima, existem muitos tipos diferentes de pluralismo religioso. Uma versão é descrita pelas palavras "muitos caminhos até uma montanha". De acordo com essa forma de pluralismo, é possível dizer que a montanha representa a realidade, enquanto o topo da montanha é o fim (e a meta presumida) de todos aqueles que escalam até o topo. O que torna essa posição pluralista é que não importa se você escala a montanha pelo leste ou pelo oeste, se o seu caminho é reto ou sinuoso, porque eventualmente todos os caminhos levam a um único cume. Esse tipo de pluralismo é chamado de *identicista* porque há um objetivo idêntico, ou um único Supremo, ao qual as muitas religiões estão orientadas.

A partir da perspectiva identicista, é possível dizer que cristãos, judeus e muçulmanos adoram o mesmo Deus porque todos são orientados para a única realidade suprema ou para o fim religioso. Mas não apenas isso; o renomado pluralista John Hick explica como todas as religiões podem ser orientadas ao mesmo Ser Supremo, embora existam diversas práticas e expressões. Essencialmente, ele reivindica uma unidade ontológica em meio à diversidade epistêmica. A realidade final (o que Hick chama de "o Real" e outros podem chamar de Deus) é conhecida e experimentada de muitas maneiras distintas por muitas pessoas diferentes em muitos contextos diversos ao longo da história. Portanto, muitas expressões diversas podem ser ditas para capturar as diversas maneiras de conhecer Deus; mas isso não significa que existam muitos deuses. Assim como a ideia de que há muitos caminhos que conduzem a uma montanha acima, um pluralista identicista pode dizer que há "um Deus, mas muitas religiões".

A abordagem identicista de Hick é ainda explicada pelo uso de uma distinção kantiana entre o *númeno* (a realidade como ela é em si mesma) e o *fenômeno* (a realidade conforme é percebida). Como a montanha, para Hick existe apenas um Ser Supremo. Mas o conhecimento dessa realidade é sempre mediado por nossas experiências em um contexto particular por pessoas específicas – muitos caminhos. Portanto, de acordo com Hick, devemos ter o cuidado de traçar o limite entre a realidade e nossa percepção da realidade, entre Deus e nossa percepção de Deus. Aqui a questão importante a ser considerada é se as diferenças na maneira de Deus ser percebido envolvem diferentes deuses. Hick acha que não.

Para explicar isso, Hick usa a parábola indiana dos cegos e do elefante. Imagine seis cegos tocando partes diferentes de um elefante. Cada um descreve o elefante de maneira diferente (por exemplo, como uma corda ao segurar a cauda, como um leque ao segurar a orelha, como uma parede ao tocar a lateral). Muitas vezes, essa analogia é usada para enfatizar algo sobre a epistemologia – as limitações de virmos a conhecer uma entidade semelhante à cegueira, o que explica por que existem diferentes narrativas religiosas. Mas também há uma visão ontológica aqui. Sim, existem muitas descrições do elefante (realidade), mas existe apenas um elefante. Não importa quantas descrições existam, ainda há apenas um elefante. Portanto, da perspectiva do pluralismo identicista, embora cristãos, judeus e muçulmanos tenham tradições religiosas distintas, com crenças e práticas distintas, todos adoram o mesmo Deus, pois, em última instância, há apenas um Deus para adorar – uma montanha. Como você pode ver, o pluralismo identicista anda de mãos dadas com o argumento ontológico acima.

Muitos caminhos, muitas montanhas: pluralismo profundo

Alternativamente, a situação ontológica pode ser mais complicada do que o simples entendimento identicista retratado acima. Em vez de "muitos caminhos para atingir uma montanha", e se houver muitas montanhas – múltiplos Seres Supremos únicos e fins religiosos diversos? Como a analogia dos cegos e do elefante, é incontestável que as muitas religiões do mundo se expressam por meio de crenças e práticas distintas. Mas por que devemos presumir que existe apenas um elefante? Por que presumir que o Ser Supremo é singular? É aqui que entra o pluralismo "diferencial" (ou "profundo"). De acordo com a filosofia do processo, o Ser Supremo é mais bem pensado como uma unidade complexa de três Seres Supremos distintos, mas inseparáveis. Como David Ray Griffin explica:

> Um desses [Seres Supremos], correspondendo ao que Whitehead chama de "criatividade", foi chamado de "Vazio" ("*Śūnyatā*") ou "Dharmakaya" pelos budistas, "Nirguna Brahman" pelos Advaita Vedāntistas, "o Ente Supremo" por Meister Eckhart e o "Ser em si" por Heidegger e Tillich (entre outros). É o Ser Supremo sem forma. O outro Ser Supremo, correspondendo ao que Whitehead chama de "Deus", não é o Ser em si, mas o Ser *Supremo*. É sem forma e fonte das formas (como verdade, beleza e justiça). É chamado de "Buda Amida", "Sambhogakaya", "Saguna Brahman", "Ishvara", "Yahweh", "Cristo" e "Alá" [é o terceiro Ser Supremo], o cosmo, o universo, "a totalidade das coisas [finitas], ilustrado por formas de taoísmo e muitas religiões primitivas, incluindo religiões nativas americanas, que consideram o cosmo como sagrado".[11]

Esses três Supremos (Deus, Mundo e Criatividade) também podem corresponder aos três tipos de religião descritos por Jack Hutchinson: teísta, cósmica e acósmica, respectivamente. Dessa forma, o pluralismo profundo reconhece que as muitas religiões do mundo não precisam ser orientadas ao mesmo elefante (o mesmo Ser Supremo), a fim de serem orientadas para algo verdadeiramente supremo na natureza das coisas.

Assim, para adaptar ligeiramente a questão central deste livro, em vez de perguntar se judeus, cristãos e muçulmanos adoram o *mesmo Deus*, poderíamos perguntar se as três religiões adoram a *realidade suprema*. Mas qual é a relação entre Deus e a realidade suprema? Os dois devem ser tratados como sinônimos? Achamos que não. Como Paul Tillich, que exortou os cristãos a adorar Deus além da

---

[11]Griffin, *Deep religious pluralism*, p. 47, 49.

Bíblia, acreditamos que é útil distinguir entre um *ser pessoal supremo* (i.e., Deus) e a *fonte de todo ser* (i.e., o Ser em si, a Base do Ser, ou o que Alfred North Whitehead chama de "Criatividade").

Considere uma pintura. A tela, a pintura e os artistas são todos elementos diferentes, mas necessários. A tela é o espaço que torna possível a intenção dos artistas, que se expressam nas imagens particulares constituídas pela tinta. Da mesma forma, podemos dizer que Deus (os artistas cósmicos) cria o mundo das particularidades (pintura). Mas isso só é possível porque existe uma tela – a base do ser, o próprio ser ou a criatividade.

Tillich viu corretamente que a Bíblia não apresenta o conceito do Ser em si, o que sugere que o Deus de Abraão não é o Ser em si. Portanto, ao responder à pergunta se todas as tradições abraâmicas adoram o mesmo Deus, talvez seja útil determinar se os cristãos adoram o Deus da Bíblia ou se o objeto da devoção cristã foi redirecionado para o Ser em si. Essa distinção, entre o Ser Supremo e o Ser em si, também pode ser entendida como a diferença entre adorar uma divindade pessoal, por um lado, e se engajar em uma busca mística pela unidade com um Ser Supremo sem forma, por outro.

No cristianismo, Tomás de Aquino afirmou que o Ser Supremo e o Ser em si são um e o mesmo. Esse tem sido o ensino católico dominante desde então. O padrão geral foi considerar as características do Ser Supremo como símbolos valiosos para o Ser em si, de modo que mantenham o papel dominante na adoração e na piedade pessoal, e um lugar importante na teologia, em que a linguagem é usada com a ressalva de que a aplicação de uma linguagem descritiva das criaturas para Deus nunca pode ser literal. Isso introduz tensões profundas na teologia tradicional, especialmente na teologia filosófica. Meister Eckhart tentou libertar a teologia dessas visões. Alguns chamam o Ser Próprio Divino e o Ser Supremo Deus e, então, geralmente confundem as distinções. Paul Tillich faz uso de alguns símbolos tradicionais para que os cristãos identifiquem o próprio Ser com Deus de maneira mais fácil. No entanto, no século 20, identificar o Ser em si e o Ser Supremo tornou-se cada vez mais difícil, com Heidegger desempenhando papel importante. Grande parte da resposta consistiu em enfatizar que toda linguagem, especialmente a linguagem sobre Deus, é simbólica, de modo que qualquer questão sobre eventual referência

Visão religiosa pluralista

além da linguagem é excluída. Se nossa linguagem não é referencial, então a questão é simplesmente uma escolha pragmática de imagens. Existem tantos deuses quanto imagens. O apelo do reformador por *sola Scriptura* reduziu, mas não eliminou, os efeitos da descoberta de Tomás em relação ao Ser em si na teologia protestante.

Tomás não queria fazer o que Tillich faz (i.e., convidar os cristãos a mudar o objeto de sua devoção), pois achava que estava proporcionando uma compreensão mais profunda do Ser Supremo que os cristãos adoravam. É possível argumentar, no entanto, que Eckhart entendia Tomás melhor do que Tomás entendia a si mesmo, o que ficou claro no século 20. No entanto, a síntese tomista de Ser em si e Ser Supremo permanece na doutrina católica oficial.

A distinção entre o Deus pessoal e o Ser em si introduz, de certa forma, a noção de uma pluralidade de supremos no contexto do monoteísmo, o que pode ajudar a explicar as expressões místicas nas três tradições. Embora judeus e muçulmanos se tenham sentido menos atraídos pelo próprio ser, pensadores muçulmanos como Muhammad Iqbal e pensadores judeus como o rabino Michael Lerner fornecem exemplos em contrário. Para a maioria daqueles que se concentram no Ser em si, um Deus pessoal ou um Deus eu-tu é frequentemente considerado irreal ou inferior (não supremo). Isso não é diferente da distinção entre Nirguna Brahman e Saguna Brahman no Advaita Vedanta. No entanto, Alfred North Whitehead nos permite dizer que tanto o Deus de Abraão como o Ser em si (renomeado de Criatividade) são, em última análise, reais.

Isso aumenta a complexidade para se responder se muçulmanos, cristãos e judeus adoram o mesmo Deus. Em certo sentido, dois cristãos nunca adoram o mesmo Deus. Mas, em nossa opinião, a maioria dos cristãos pretende adorar o Deus de Abraão, embora o entendam de maneiras muito diferentes. No entanto, desde Tomás de Aquino, o culto cristão a esse Deus foi desafiado pela compreensão de que o Ser em si tem uma reivindicação igual ou superior sobre nós. Em geral, até recentemente e com algumas exceções dramáticas como Eckhart, o resultado foi confundir e modificar o Deus de Abraão para cristãos sofisticados. A maioria dos cristãos ignorou isso em sua adoração. Na verdade, a adoração não é o ato humano para o qual o Ser em si chama, o que conduz ao misticismo, e não à adoração. Nossa opinião é que, dado o papel da Bíblia na igreja, a maioria dos cristãos adora o mesmo Deus que os judeus e os muçulmanos (o Ser Supremo). Na verdade, consideramos isso normativo. Mudar de Deus é uma opção muito recente. Nossa esperança – e uma realidade já difundida – é que os cristãos, por meio de sua adoração ao Deus de Abraão, sejam liberados para também se envolver em práticas orientadas à "criatividade" e também ao "mundo". Consideramos isso a contribuição da teologia do processo para o presente discurso.

Os benefícios de dizer sim

Embora não tenhamos argumentado, para além de qualquer dúvida, que muçulmanos, judeus e cristãos adoram o mesmo Deus, os argumentos citados tornam plausível uma conclusão afirmativa. Mais importante: acreditamos que há benefícios significativos em afirmar que as três religiões adoram o mesmo Deus; de modo que, se todas as coisas forem iguais, seria vantajoso concordar conosco. Esses benefícios incluem o que segue.

Um mundo mais pacífico. Não é essencial para a paz que todos concordemos. Na verdade, provavelmente é melhor que não. Sim, a diferença costuma ser fonte de conflito. Mas a diferença também é fonte de beleza. Imagine um jardim com apenas uma flor ou uma sinfonia com apenas uma nota. A beleza do jardim e a atração da sinfonia encontram-se na diversidade, e não na semelhança. Da mesma forma, acreditamos que a diversidade não deve ser incluída em prol da semelhança, e que esta não é essencial para a paz. Dito isso, o exclusivismo religioso – ou, mais precisamente, o absolutismo arrogante – contribuiu para grande parte da violência mundial. Por essa razão Sandra Lubarsky escreve: "O pluralismo religioso é uma ferramenta para aperfeiçoar o mundo, ajudando a eliminar a arrogância religiosa que resultou em tanto sofrimento humano".[12] O reconhecimento de que cristãos, muçulmanos e judeus adoram o mesmo Deus pode ajudar a unir as tradições abraâmicas e levar a uma paz maior entre essas grandes religiões.

---

[12]Sandra Lubarsky, "Deep religious pluralism and contemporary Jewish thought", in: Griffin, *Deep religious pluralism*, p. 118.

Generosidade e humildade. O princípio da generosidade é fundamental para as três religiões. No entanto, com demasiada frequência, cristãos, judeus e muçulmanos fazem julgamentos severos sobre as intenções dos outros. Como seria para os cristãos presumir o melhor dos muçulmanos, e não o pior? Como a consideração do melhor dos outros religiosos se relaciona com a afirmação de que as três adoram o mesmo Deus? Como Sandra Lubarsky observa, o renomado pensador judeu David Hartman celebra o pluralismo religioso como espiritualmente redentor, indicando que tal visão "preserva o entendimento de que Deus é maior do que qualquer comunidade de fé única; libera os humanos da crença errônea de que qualquer revelação é universal; e reafirma a santidade de toda a vida humana, independentemente de diferentes afirmações de verdade".[13] Afirmar que as três tradições abraâmicas são orientadas ao mesmo objeto de adoração pode ajudar a evitar arrogância indevida e atitudes de superioridade. Afinal, se muçulmanos, judeus e cristãos estão todos tentando conhecer a mesma divindade, e a elas respondendo, provavelmente há ideias do judaísmo e do islamismo capazes de aumentar a compreensão de Deus por um cristão.

Transformação mútua. Como cristãos, muçulmanos e judeus interagem uns com os outros em um espírito de generosidade e respeito mútuo, há uma chance maior de transformação mútua. Ser mudado, ser transformado, tornar-se a melhor versão de si mesmo, tornar-se mais semelhante a Deus e aos profetas – essas são algumas das metas de todas as três religiões abraâmicas. Um cristão pode ser transformado ao ler o Alcorão? Um judeu pode ser transformado se for a um culto de adoração cristão? Pensamos que sim. Na verdade, acreditamos que essa transformação mútua, especialmente por meio do diálogo inter-religioso, pode e deve ocorrer independentemente de os indivíduos em questão acreditarem ou não que estão adorando o mesmo Deus. No entanto, se começarmos com a visão de que muçulmanos, judeus e cristãos adoram o mesmo Deus, então as três tradições se tornam outra fonte de revelação, outro meio pelo qual se pode conhecer Deus mais profundamente.

---

[13]Lubarsky, "Deep religious pluralism and contemporary Jewish thought", p. 122.

Importância do diálogo. Dada essa postura de generosidade e respeito mútuo, o proselitismo é substituído pelo diálogo. O diálogo inter-religioso não pede que abandonemos nossas convicções. Pelo contrário, as convicções de todos os envolvidos é que tornam o diálogo valioso. Além disso, acreditamos que todo o empreendimento de tentar responder à pergunta deste livro deve depender da prática do diálogo inter-religioso. Como sabemos se estamos falando do mesmo Deus ou de deuses diferentes se não começarmos pelo diálogo? Embora os argumentos acima tenham tentado responder à questão por meios alternativos, o caminho do diálogo é, de longe, o mais promissor para se chegar a uma resposta clara.

Considere, por exemplo, o teísmo e o ateísmo. Conceitual e linguisticamente, esses dois são opostos completos, literalmente teísmo e não teísmo. Como tal, pressupõe-se comumente que teísmo e ateísmo são incompatíveis. Mas há um buraco enorme, uma questão não formulada e sem resposta no cerne da incompatibilidade entre teísmo e ateísmo. Ou seja, o Deus que o ateísmo rejeita é o mesmo Deus que o teísta aceita? Algo semelhante com a questão deste livro, alguém poderia perguntar: os teístas e ateus estão falando do mesmo Deus? Claro, como podemos saber disso sem diálogo?[14]

Por meio do diálogo, podemos descobrir que o Deus que Richard Dawkins rejeita (o velho no céu que determina todas as coisas unilateralmente e é, portanto, responsável por todo o mal e por todo o sofrimento no mundo) não é o mesmo Deus que Thomas Jay Oord aceita (um Deus cuja natureza é um amor incontrolável que não determina nada unilateralmente, mas está sempre trabalhando de forma cooperativa com a criação para trazer o melhor resultado possível). Talvez, se Oord e Dawkins se engajassem em um diálogo, Dawkins descobrisse que o Deus que ele rejeita veementemente não é o mesmo que Oord descreve, de modo que o teísmo de Oord permanece compatível com o ateísmo de Dawkins.

---

[14]Embora não seja tecnicamente parte do diálogo inter-religioso tradicional, acreditamos que a análise textual comparativa (i.e., escritos cristãos e escritos ateus) pode lançar alguma luz sobre a resposta a essa pergunta sem exigir que duas pessoas vivas se envolvam em um diálogo em tempo real. Dito isso, muitos dos desafios da investigação comparativa podem ser reduzidos pelo diálogo direto com um interlocutor experiente.

Visão religiosa pluralista

Da mesma forma, para responder com eficácia à pergunta se cristãos, judeus e muçulmanos adoram o mesmo Deus, devemos começar pelo diálogo. Talvez o fator mais significativo seja que o próprio diálogo é transformador. Embora um cristão possa entrar no diálogo com o objetivo de descobrir se um muçulmano adora o mesmo Deus, por meio do diálogo – por meio do processo de compartilhar e ouvir, de conhecer nosso interlocutor – todas as partes envolvidas mudarão para sempre. Esse é simultaneamente o risco e a recompensa do diálogo. A pessoa que entra no diálogo não é, em certo sentido, a mesma que sai dele. Quando somos transformados por nosso encontro com pessoas de outras religiões, os tipos de perguntas que temos quando o diálogo começa podem não ser as mesmas que valorizamos quando o diálogo termina. Podemos chegar à conclusão de que as três tradições abraâmicas adoram o mesmo Deus, mas também podemos transcender essa questão e descobrir novas questões significativas.

Ao nos aproximarmos humildemente dos grandes mistérios de Deus, ao nos envolvermos com um espírito de generosidade e hospitalidade, ao embarcarmos na jornada de um diálogo mutuamente transformador, preparamos o cenário para um mundo mais pacífico. A ambiguidade inerente à questão de saber se os cristãos, muçulmanos e judeus adoram o mesmo Deus oferece uma oportunidade. Essa é uma boa oportunidade para se escolher a generosidade em vez do julgamento, a unidade em vez da divisão e a paz em vez do conflito.

■ RÉPLICA A WILLIAM ANDREW SCHWARTZ E JOHN B. COBB JR.

FRANCIS J. BECKWITH

Os professores Schwartz e Cobb apresentam um argumento convincente para a razão pela qual se deve acreditar que cristãos, judeus e muçulmanos adoram o mesmo Deus. Como a maioria de seus argumentos é consistente a respeito de minha contribuição para esta obra, esta resposta enfoca os poucos pontos que eles abordam e dos quais discordo.

A ortodoxia cristã e o problema da identidade religiosa

Schwartz e Cobb chamam nossa atenção para o problema da identidade religiosa: o que significa dizer que alguém é cristão, muçulmano ou judeu? Eles levantam essa questão porque querem que o leitor entenda que, se os significados de "cristão", "muçulmano" e "judeu" são contestados dentro dessas religiões, então descobrir se cristãos, muçulmanos e judeus adoram o mesmo Deus não é uma tarefa simples. Afinal, nem todo membro de determinada fé concebe Deus, a salvação e a prática religiosa exatamente da mesma maneira. Por essa razão, um teísta cristão clássico, como São Tomás de Aquino (1225-1274), defende uma visão de Deus mais parecida com aquela defendida pelo filósofo judeu Moisés Maimônides (1135-1204) do que aquela abraçada pelo cristão filósofo e teísta declarado Richard Swinburne (1934-).[15]

---

[15]Richard Swinburne, *The Christian God* (New York: Oxford University Press, 1994).

Visão religiosa pluralista

Com foco no cristianismo, Schwartz e Cobb apontam que, desde o início da fé, tem havido controvérsias sobre o que é ortodoxo e o que é herético. Embora eles admitam que alguns dos credos católicos possam ser vistos como declarações oficiais de doutrina, os cristãos individuais os interpretam de maneira diferente. E, mesmo quando se trata de práticas que podem parecer comuns entre os cristãos – como o batismo e a celebração da eucaristia –, encontra-se em todo o mundo cristão uma variedade de pontos de vista sobre o significado, propósito e a natureza dessas práticas.

Como católico, devo confessar que isso não é nada surpreendente, uma vez que a igreja católica ensina que existe um depósito de fé, desenvolvido ao longo do tempo, que foi transmitido e recebido pelos sucessores dos apóstolos ao longo dos dois mil anos de história da igreja.[16] De forma resumida no *Catechism of the Catholic Church*,[17] a própria existência dessa tradição implica que alguns que se afastam da fé em certos assuntos abraçam pontos de vista heréticos. Na verdade, muitas das citações encontradas no catecismo provêm dos conselhos ecumênicos e regionais da igreja, que foram convocados para resolver essas mesmas disputas. Schwartz e Cobb rejeitam esse relato católico, argumentando que "a sucessão histórica não garante nenhum grau de coerência na crença ou na prática" (p. 26). Mas não é bem isso que a Igreja Católica ensina. Não é a sucessão apostólica por si mesma que garante a ortodoxia, mas é o poder do Espírito Santo operando por meio do magistério da igreja – com todas as suas falhas e fraquezas humanas – enquanto ela encontra novos e diferentes desafios para sua missão na terra à medida que vai avançando ao longo da história.[18]

---

[16]"Os apóstolos confiaram a toda a igreja o 'depósito sagrado' da fé (o *depositum fidei*), contido na Sagrada Escritura e na tradição. 'Ao aderir a [essa herança], todo o povo santo, unido aos seus pastores, permanece sempre fiel ao ensino dos apóstolos, à fraternidade, ao partir do pão e às orações. Portanto, ao manter, praticar e professar a fé que foi transmitida, deve haver uma harmonia notável entre os bispos e os fiéis.'" *Catechism of the Catholic Church: revised in accordance with the official latin text promulgated by pope John Paul II*, 2. ed. (Washington: Conferência de Bispos Católicos dos Estados Unidos, 2000), p. 84, citações omitidas.

[17]Veja *Catechism of the Catholic Church*, p. 84.

[18]"Essa transmissão viva, realizada no Espírito Santo, chama-se tradição, pois é distinta da Sagrada Escritura, embora esteja intimamente ligada a ela. Por meio da tradição, 'a igreja, em sua doutrina, vida e culto, perpetua e transmite a todas as gerações tudo o que ela mesma é, tudo aquilo em que ela crê'. Graças ao auxílio do Espírito Santo, a compreensão tanto das realidades como das palavras da herança da fé pode crescer na vida da igreja." *Catechism of the Catholic Church*, p. 78, 94, citações omitidas.

Por outro lado, como observei em meu capítulo, para ser católico, ou qualquer outro tipo de cristão, não é preciso ser teólogo, ter compreensão plena ou mesmo conhecer as complexas sutilezas com as quais a igreja lutou ao abordar essas controvérsias doutrinárias. Para ser membro do corpo de Cristo, é preciso assentir com a fé, e não compreendê-la.[19] Em outras palavras, você não tem de entender o que "consubstancial com o Pai" significa, como Santo Atanásio entendia, para crer. Por essa razão, acho que Schwartz e Cobb, ao enfatizar como os crentes individuais podem abraçar entendimentos contrários de doutrinas e práticas particulares, superintelectualizam a forma como as pessoas se aproximam e mantêm sua fé cristã. (A propósito, isso é algo que nós, filósofos, estamos propensos a fazer; muitas vezes esquecemos que as avós que trabalham na cozinha da paróquia não estão nem um pouco preocupadas em cair em heresia, nem seu pastor.)

Ao dizer isso, não fica claro como o problema da identidade religiosa no que se refere às três religiões tratadas neste livro – cristianismo, judaísmo e islamismo – é relevante para a dúvida em questão, "Os cristãos, muçulmanos e judeus adoram o mesmo Deus?". Desacordos sobre o que é considerado heresia ou ortodoxia são tipicamente cometidos dentro dos limites de tradições particulares e, portanto, pressupõem um entendimento comum do que constitui a natureza divina. Veja, por exemplo, uma ilustração que emprego em meu capítulo: a disputa entre Ário e Santo Atanásio sobre o Filho de Deus ser ou não ser criado ou gerado – se ele é apenas uma criatura ou a segunda Pessoa da Trindade – pressupõe existir apenas um Deus que é o *absoluto, sem causa, perfeito, racional, imutável, autossubsistente, eterno criador e sustentador de tudo o que recebe seu ser de outro.* A disputa dizia respeito à natureza do Filho *daquele Deus*, e não ao que constitui a natureza divina. Claro, se depararmos com alguém que se declara cristão, judeu ou muçulmano, que nega que Deus é metafisicamente supremo e tem existência não derivada, como, por exemplo, a doutrina dos Santos dos Últimos Dias ensina,[20] teremos encontrado

---

[19]Uma criança batizada não assente tecnicamente, mas seus pais e padrinhos o fazem como seus representantes. Porém, quando a criança é madura o suficiente, ela assente ao receber o sacramento da confirmação.

[20]Veja K. Codell Carter, "Godhood", in: Daniel H. Ludlow, org., *The encyclopedia of Mormonism* (New York: Macmillan, 1992), p. 553-5.

alguém que abandonou a lógica do monoteísmo clássico e para quem a questão do "mesmo Deus", como tradicionalmente compreendida, não poderia, em tese, surgir.

Por outro lado, como observei em meu capítulo, aqueles teístas que se afastam do teísmo clássico em certos pontos – como Swinburne, William Lane Craig e Alvin Plantinga – estão, no entanto, se referindo ao mesmo Deus, uma vez que estão trabalhando dentro da mesma tradição e fornecendo um relato da mesma realidade, *a fonte absoluta não condicionada e não derivada de toda existência contingente*, assim como Isaac Newton (1643-1727) e Albert Einstein (1879-1955) estavam escrevendo sobre o mesmo universo físico.

O *identicismo* e o *argumento do mesmo Deus*

O cerne do capítulo de Schwartz e Cobb é seu argumento triplo para a mesma tese de Deus. Eles oferecem (1) um argumento histórico, (2) um argumento de caráter divino e (3) um argumento ontológico. O primeiro argumento apela para o fato de que cada uma das tradições traça sua origem desde o Abraão histórico. O segundo aponta para o fato de que cada uma das crenças mantém a mesma visão da natureza divina: Deus é um, conhecedor e relacional, amoroso, misericordioso e criador. O terceiro afirma que a unidade de Deus, de acordo com cada fé, significa que pode, em tese, haver apenas um Deus. De acordo com Schwartz e Cobb, quando combinamos as conclusões desses três argumentos, temos um argumento poderoso para acreditar que cristãos, muçulmanos e judeus adoram o mesmo Deus.

Embora eu considere o argumento deles atraente, gostaria de sugerir alguns pequenos ajustes. Ao tentar explicar as diferenças entre as três religiões que adoram o mesmo Deus, Schwartz e Cobb empregam uma versão da história do navio de Teseu. Não estou certo de que funcione, já que o objetivo da história é mostrar a dificuldade de afirmar a identidade metafísica, ao longo do tempo, de um artefato cujas partes são eventualmente substituídas. Mas dizer que o Deus do cristianismo, do islamismo e do judaísmo é o mesmo Deus, apesar dos diferentes entendimentos de cada fé desse Deus, requer uma explicação que preserve a unidade substancial de Deus e sua natureza imutável, enquanto aponta para as divergências entre as religiões sobre esse Deus. A história do navio de Teseu não faz isso, pois implica que as diferentes percepções da natureza e das ações de Deus são o resultado de mudanças em Deus (como no navio), e não em nossas crenças. Por esse motivo, como argumento em meu capítulo, acho que é melhor empregar a distinção de Tomás entre os preâmbulos e os artigos de fé,[21] de que as diferenças entre as três religiões resultam daquilo que cada tradição acredita que Deus revelou especialmente por meio da Sagrada Escritura e/ou das figuras autorizadas.

Além disso, não considero que a mesma tese de Deus requer que se abrace uma compreensão identicista da diferença religiosa, como argumentam Schwartz e Cobb. Eles escrevem que as três religiões são orientadas para a mesma realidade suprema, mas que as diferenças entre elas são expressões cultural e historicamente condicionadas do que cada um percebe em relação a essa realidade última. Isso me parece que viola o próprio aviso de Schwartz e Cobb de que, ao comparar outras tradições religiosas com as suas, não se deve correr o risco de se envolver na "apropriação imperialista indevida de conceitos" ou em "chauvinismo conceitual" (p. 29). Porque a visão identicista, como eles admitem, "é ainda explicada" por "uma distinção kantiana entre o *númeno* (a realidade como ela é) e o *fenômeno* (a realidade como percebida)" (p. 39), corre o risco de não levar a sério o que cada tradição ensina sobre suas próprias crenças e a verdade correspondente. Quando, por exemplo, um muçulmano afirma que acredita que não há Deus além de Alá e Maomé é o profeta de Alá, não devemos apelar para a autoridade da *Crítica da razão pura* e sugerir a esse seguidor do Islã que ele não compreende verdadeiramente suas próprias crenças, que são apenas suas percepções do que Deus revelou e, portanto, não dizem respeito, verdadeiramente, ao que é real. Devemos, por uma questão de caridade, aceitar a palavra do muçulmano, mesmo que pensemos que ele esteja errado e que nossa própria tradição ou compromisso kantiano seja o correto.

Esse é outro ponto no qual a distinção tomista entre os preâmbulos e os artigos de fé pode ser útil. Como os seres humanos são orientados para seu bem supremo – a visão de Deus na vida após a morte[22] –, não

---

[21]Tomás de Aquino, *Summa theologica* I. q. 2, a. 2, ad 1, tradução para o inglês de padres ingleses da Província Dominicana (1920), edição online disponível em: www.newadvent.org/summa/1002.htm#article2.

[22]Tomás de Aquino escreve: "Saber que Deus existe de uma forma geral e confusa está implantado em nós por natureza, visto que Deus é a bem-aventurança do homem.

é de todo surpreendente que o cristão possa encontrar muita verdade nas tradições religiosas que, de outra forma, ele pode acreditar que estão erradas em alguns aspectos bastante importantes. Por isso, como observo em meu capítulo, a pregação de São Paulo no Areópago em Atenas (Atos 17:22-28), na qual ele fornece ao seu público pagão uma referência comum à natureza divina, é uma bela ilustração de como um cristão e um não cristão podem identificar corretamente o único Deus verdadeiro e, ao mesmo tempo, pensar que o outro está errado sobre como Deus foi revelado na história. Essa abordagem não é vítima do chauvinismo conceitual que Schwartz e Cobb acertadamente nos alertam a evitar.

O pluralismo profundo e o Deus não supremo

Schwartz e Cobb apresentam ideias associadas à teologia do processo a fim de mostrar que a diversidade religiosa pode ser a consequência de tradições diferentes que associam Deus a um dos três supremos. Por essa razão, o Deus pessoal da Bíblia e o do Alcorão é um supremo (um Ser Supremo), enquanto o Ser Próprio (a fonte de todo ser) e o cosmo (a totalidade das coisas finitas) são dois supremos diferentes. Mas essa não é uma opção real para cristãos, judeus e muçulmanos que veem Deus da forma como seus escritos sagrados e tradições teológicas o veem: *a fonte absolutamente fundamental e incondicionada de toda a existência contingente.*[23] Para aqueles crentes, só pode haver um supremo, pois colocar qualquer ser (ou mesmo o Ser em si) fora da providência e do poder criativo de Deus significa rejeitar a lógica do monoteísmo clássico.

Os benefícios de dizer sim

Embora eu concorde com Schwartz e Cobb sobre os benefícios de dizer que cristãos, muçulmanos e judeus adoram o mesmo Deus – que

---

Pois o homem naturalmente deseja a felicidade, e o que é naturalmente desejado pelo homem deve ser naturalmente conhecido por ele. Isso, entretanto, não é saber absolutamente que Deus existe; assim como saber que alguém se aproxima, não é o mesmo que saber que Pedro se aproxima, embora seja Pedro quem se aproxima". Aquino, *Summa teológica*, I. q. 2, a. 1, ad 1.

[23]Veja, e.g., *Catechism of the Catholic Church*, p. 279-324.

isso levará a um mundo mais pacífico, maior generosidade, humildade e transformação mútua –, não acho que isso requeira que os que acreditam nessas tradições abandonem o exclusivismo. Na verdade, sugerir o contrário, como fazem Schwartz e Cobb, conduz a um novo tipo de exclusivismo: aqueles que pensam que a revelação de sua fé é a mais verdadeira ou a mais correta são excluídos da associação de religiões que entendem adequadamente suas crenças como não exclusivas. Como vimos em vários casos notoriamente públicos,[24] dissidentes do não exclusivismo ortodoxo pagam o preço de ser ridicularizados e rejeitados simplesmente porque têm a ousadia de acreditar que suas próprias tradições religiosas são verdadeiras e de publicá-las. Se levarmos realmente a sério o respeito às diferentes tradições religiosas em uma sociedade pluralista – o tipo que surge de um liberalismo reforçado, não hegemônico –, não podemos, como condição de diálogo, impor o não exclusivismo àqueles que não podem, em sã consciência, consentir com ele.

---

[24]Veja, e.g., Associated Press, "Mike Pence defends his wife's job teaching at a school that can bar gays", *Time*, January 18, 2019, disponível em: time.com/5506565/karen-pence-school-homosexuality; Ed Condon, "Judicial nominee faces Senate scrutiny over knights of Columbus Membership", *Catholic News Agency*, December 21, 2018, disponível em: www.catholicnewsagency.com/news/senators-quiz-nominee-about-membership-of-extreme-knights-of-columbus-78683; Emma Green, "Bernie Sanders's religious test for Christians in public office", *The Atlantic*, June 8, 2017, disponível em: www.theatlantic.com/política/arquivo/2017/06/bernie-sanders-chris-van-hollen-russell-vought/529614; Ian Millhiser, "The overlooked line that let us know how justice Kennedy really feels about homophobes", *Think Progress*, December 6, 2017, disponível em: thinkprogress.org/kennedy-homophobes-good-people-13111f1bf40e; *Christian Legal Society v. Martinez*, 561 US 661 (2010), em que a Suprema Corte sustenta que a University of California Hastings College of Law pode cobrar fundos de um grupo de estudantes cristãos sob o argumento de que isso viola uma política de "todos os promissores", que exige que todos os grupos de estudantes, até mesmo religiosos, não discriminem ninguém com base em sua religião ou orientação sexual na associação ou liderança.

RÉPLICA A JOHN B. COBB JR.
E WILLIAM ANDREW SCHWARTZ

GERALD R. MCDERMOTT

John Cobb e Andrew Schwartz são perspicazes. Eles acertadamente se queixam de "chauvinismo conceitual" quando pessoas religiosas presumem que outras tradições religiosas pressupõem os mesmos referentes por trás de palavras que parecem ser semelhantes. Os cristãos, por exemplo, (erroneamente) pensam que o *nirvana* budista deve ser outra palavra para céu. Bato palmas à sua advertência para que sejamos cuidadosos em pressupor que o Yhwh do judaísmo, o Deus do cristianismo e o Alá do islamismo são maneiras diferentes de se referir ao mesmo Ser Supremo divino. E eles acertam quando afirmam que os cristãos adoram o Deus do judaísmo.

Mas a tese deles é mais ampla: que cristãos e judeus adoram o mesmo Deus que os muçulmanos adoram. Em apoio a essa tese, eles primeiro argumentam que há muitas divergências sobre o que é o cristianismo. Portanto, se alguém encontra um tipo de cristianismo que discorda do Deus do islamismo, pode encontrar outro tipo de cristianismo que concorda com o que os muçulmanos chamam de Alá. O problema com essa abordagem é que, ao contrário do que Cobb e Schwartz afirmam, *há* uma tradição cristã perceptível que é chamada de ortodoxia. Outros a chamam de Grande Tradição. Diferentes pessoas podem discordar dessa ou daquela parte, mas existe um enorme consenso ao longo da história, do Oriente ao Ocidente, sobre sua forma básica. C. S. Lewis chamou isso de "cristianismo puro e simples" e escreveu um livro com esse título para descrevê-lo – com o que a maioria dos cristãos, na maior parte das vezes e dos lugares,

GERALD R. MCDERMOTT ■

concorda. E essa concepção de Deus e adoração está em desacordo com o que os muçulmanos entendem por Deus e adoração.

Cobb e Schwartz dizem que os deuses dessas três religiões são "apresentados com os mesmos atributos". Discordo. Como escrevo em meu ensaio, enquanto os cristãos apontam para a declaração da Bíblia de que Deus é amor, os muçulmanos negam isso. Alá é tão transcendente, dizem eles, que tal declaração usando a palavra "amor" torna Deus muito parecido com um ser humano. Como os leitores saberão por meu ensaio neste volume, o escritor muçulmano Murad Wilfried Hofmann escreveu que "um amor de Deus por sua criação [...] deve ser descartado como incompatível com a própria natureza sublime e totalmente autossuficiente de Deus".[25] O Alcorão é ambíguo sobre Alá amar alguém, mas, mesmo que ele ame, seu amor é apenas por seus seguidores muçulmanos. Alá não ama todos os seres humanos. Como diz o estudioso muçulmano Daud Rahbar, "o Amor Divino Inqualificável pela humanidade é uma ideia completamente estranha ao Alcorão".[26]

Cobb e Schwartz tentam provar que Alá é "amoroso e misericordioso", citando o versículo do Alcorão em que se lê que Alá é "muito perdoador e misericordioso". Mas um ser pode ser misericordioso sem ser amoroso. Um presidente, por exemplo, pode perdoar ofensas contra ele por uma série de razões, e pode-se dizer que o perdão é misericordioso. Mas apenas perdoar um erro cometido contra ele não o torna um presidente amoroso. Nem a misericórdia faz com que Alá ame, especialmente quando os próprios muçulmanos dizem que Alá não ama.

Para os muçulmanos, o amor não está no cerne do caráter de Alá. Em vez disso, para eles, o cerne do caráter de Alá é ser o Senhor soberano do cosmo. O Alcorão ensina que a principal resposta humana é o medo, pois os seres humanos são seus servos ou escravos. Essa é a avaliação de acadêmicos muçulmanos e especialistas cristãos no Islã,

---

[25]Murad Wilfried Hofmann, "Differences between the Muslim and Christian concepts of divine love", Bismika Allahuma, September 22, 2008, disponível em: www.bismikaallahuma.org/archives/2008/differences-between-the-muslim-and-christian-concepts-of-divine-love.

[26]Daud Rahbar, God of justice: a study in the ethical doctrine of the Qur'an (Leiden: Brill, 1960), p. 172.

como sir Norman Anderson, professor de longa data da lei islâmica na University of London.[27]

Portanto, considere o seguinte contraste: os cristãos dizem que a descrição mais essencial do caráter do Deus cristão é o amor, enquanto os muçulmanos dizem que Alá tem pouca ou nenhuma relação com o amor. E, até mesmo para a minoria de muçulmanos que dizem que Alá tem amor, esse amor é apenas para os muçulmanos, e não para todos os seres humanos. Portanto, não podemos dizer que muçulmanos e cristãos descrevem Deus com os mesmos atributos. Uma avaliação honesta deve considerar a possibilidade de que, se o Deus muçulmano e o Deus cristão são tão fundamentalmente diferentes naquilo que os cristãos consideram ser o mais essencial, então os objetos de adoração muçulmano e cristão podem ser duas entidades diferentes. A analogia de Cobb e Schwartz dos três filhos com o mesmo pai não funciona porque eles dizem que cada filho "descreve o homem [seu pai] da mesma maneira". Uma vez que as descrições são muito diferentes, deve haver dois pais distintos.

Isso abala o monoteísmo, implicando que existem outros deuses, como Cobb e Schwartz afirmam? De modo algum. Considere a declaração de Paulo de que, quando os cristãos coríntios participavam da adoração de outras divindades além do Deus de Israel e de seu Filho Jesus, participavam da adoração oferecida "a demônios, e não a Deus" (1Co 10:20). Ele também disse: "Pois, mesmo que haja os chamados 'deuses', quer no céu, quer na terra (como, de fato, há muitos 'deuses' e muitos 'senhores'), para nós, porém, há um único Deus, o Pai, de quem vêm todas as coisas e para quem vivemos; e um só Senhor, Jesus Cristo, por meio de quem vieram todas as coisas e por meio de quem vivemos" (1Co 8:5,6). Em outras palavras, outros poderes sobrenaturais ("deuses" e "senhores") se disfarçam de Deus e Senhor, e os pagãos os adoram. Paulo às vezes os chama de "poderes e autoridades" (Ef 6:12) e, outras vezes, como aqui (1Co 10:20), de "demônios". Para ele, são verdadeiras entidades espirituais que animam outras religiões. Mas eles não são o Criador do mundo nem seu Redentor. O Criador é o Deus Pai de Israel e o Redentor é seu Filho, o Messias Jesus. Só eles são Deus e Senhor. Com o Espírito, eles criaram e redimiram o mundo

---

[27]Veja meu ensaio a esse respeito.

e, como a igreja mais tarde ensinaria, eles são três Pessoas divinas em um ser divino.

Embora os referentes de Paulo em Corinto fossem pagãos, não é minha intenção sugerir que os muçulmanos sejam pagãos que recusam o monoteísmo. Ao contrário da maioria dos pagãos, os muçulmanos afirmam claramente que há apenas um Deus governando o cosmo. Meu foco é que, ao tratar do paganismo em Corinto, Paulo sugeriu que outras religiões pudessem ser animadas por poderes sobrenaturais que não o verdadeiro Criador e Redentor do mundo. Em outras palavras, ele atribuiu religiões concorrentes a outros poderes espirituais que rivalizavam com o Deus verdadeiro pelos títulos de Deus e Senhor. No entanto, ao mesmo tempo, Paulo era monoteísta – como os teólogos cristãos têm reconhecido há milhares de anos. Portanto, reconhecer que outras religiões podem ser animadas por poderes espirituais não prejudica o monoteísmo. Se isso acontecer, então o apóstolo Paulo estava minando o monoteísmo.

Cobb e Schwartz também sugerem que, pelo fato de Tomás de Aquino ter afirmado que o Ser Supremo e o Ser em si são um e o mesmo, e porque Tomás pensava que estava proporcionando uma compreensão mais profunda do Ser Supremo ao apontar para o Ser em si, "o Ser em si tem uma reivindicação igual ou superior sobre nós" (p. 42). E, uma vez que "a adoração não é o ato humano pelo qual o Ser em si chama" (p. 42), o misticismo, e não a adoração, é a melhor resposta cristã ao Ser Supremo. No misticismo, não há palavras ou conceitos determinados que possam se contradizer, mas apenas o Ser em si. Por esse modo de ver as coisas, é muito mais fácil dizer que cristãos e muçulmanos adoram o mesmo objeto porque ele é indeterminado.

Mas existem problemas com essa abordagem. Tomás de Aquino não considerou sua descrição do Deus trino e uno como Ser em si superior à sua descrição do Deus pessoal na Trindade. Ser em si era simplesmente sua maneira filosófica de representar o Deus das Escrituras. Na verdade, para Tomás, era muito superior se relacionar com fé e amor ao Deus trino do que pensar em Deus como um Ser. Apenas o primeiro salvava.[28] Em segundo lugar, para Tomás, Deus exige adoração,

---

[28]Tomás disse que os humanos podem saber pela razão que Deus é o próprio Deus, mas esse conhecimento é insuficiente para a salvação: "Seria necessário para a salvação

não simplesmente meditação, como na reflexão mística sobre o Ser.[29] Portanto, não se pode dizer com exatidão que o principal teólogo filosófico cristão recomendou meditação sobre o Ser, e não adoração do Deus trino e uno. Portanto, essa maneira – a forma mística focada no Ser em si indeterminado – de igualar o Deus dos muçulmanos ao Deus dos cristãos não pode ser considerada uma forma legítima para a corrente principal da ortodoxia cristã, representada por Tomás. E, para a ortodoxia cristã, certamente não é uma forma "superior".

Finalmente, Cobb e Schwartz recomendam o pluralismo por razões pragmáticas. Eles afirmam que isso leva a menos violência e a mais paz, torna-nos mais humildes e generosos e faz um trabalho melhor em induzir a transformação mútua. Minha resposta também é pragmática: os resultados na prática não provam nada disso. Em primeiro lugar, o Oriente Médio está dividido por violentos conflitos entre xiitas e sunitas; ambos adoram o Deus do Islã. Os verdadeiros conflitos são sobre dominação, liderados pelos persas (Irã) ou pelos árabes (Arábia Saudita e outros Estados sunitas, como Egito e os países do Golfo). Mais de meio milhão de sírios morreram em um conflito entre o regime de Assad e os rebeldes que tentam derrubá-lo. Embora a Rússia, os Estados Unidos e o Irã apoiem facções diferentes, quase todos os combatentes em campo acreditam que Alá é o Deus do cosmo. O acordo sobre a identidade de Deus não reduziu a violência nem contribuiu para a paz.

Aliás, houve muitas guerras religiosas na história. Mas muito mais pessoas foram mortas por impérios totalitários sem Deus no século 20 (nazismo, comunismo soviético, comunismo maoísta, Khmer Vermelho de Pol Pot) do que por todas as guerras religiosas da história juntas. Se quisermos mais paz e menos violência, a história sugere que devemos temer não os religiosos, mas os não religiosos, especialmente quando estes prometem que o uso do poder coercitivo do Estado trará paz e igualdade. Hitler, Lenin, Stalin, Mao e Pol Pot pregaram (eventual) paz e igualdade, mas demonizaram a religião e

---

do homem que certas verdades que excedam a razão humana lhe fossem dadas a conhecer por revelação divina." *Summa theologiae*, tradução para o inglês de padres ingleses da Província Dominicana (Westminster: Christian Classics, 1981), Ia.1.1.

[29]"Deus deve ser adorado não só por ações internas, mas também por ações externas" e especialmente na liturgia cristã ao Deus trino e uno (ST 2a.2ae. 81.7).

trouxeram morte e destruição a centenas de milhões. Em *The myth of religious violence*, William Cavanaugh argumenta que, mesmo as primeiras guerras religiosas modernas não eram batalhas por deuses rivais, mas disputas seculares por poder político que usavam a religião como pretexto.[30] Portanto, não foi um conflito teológico, mas uma simples e antiga ânsia por poder e riqueza que impulsionou as "guerras religiosas", comumente usadas para provar que a diferença teológica é a maior causa da violência.

O pluralismo nos torna mais humildes? Talvez considerássemos os outros religiosos mais semelhantes a nós se pensássemos que sua adoração era igual à nossa em algum nível. Mas esse pluralismo também pensa que muçulmanos, judeus e cristãos estão errados por pensarem que seus deuses são diferentes. No entanto, a maioria dos cristãos, judeus e muçulmanos pensa exatamente isso, e mais ainda muçulmanos e cristãos do que judeus e cristãos. A maioria dos cristãos pensa que os muçulmanos têm uma religião e um Deus diferentes, enquanto a maioria dos cristãos e judeus reconhece sua relação histórica recíproca mais próxima. Os pluralistas pensam que a maioria dos crentes nessas três religiões está errada e que eles – os pluralistas – estão certos a respeito do verdadeiro objeto de sua adoração. Na prática, os crentes acham que as outras religiões adoram um Deus diferente, mas os pluralistas acham que estão errados. Essa atitude pode não resultar no tipo de humildade que considere "os outros superiores a si mesmos" (Fp 2:3).

O pluralismo leva a mais generosidade? Isso ainda está para ser visto. Não há uma igreja do pluralismo hoje, embora os adeptos do unitário-universalismo possam sustentar isso. Eles nunca foram capazes de atrair mais do que um número estatisticamente insignificante, então não temos uma maneira em grande escala de saber se o pluralismo leva à generosidade. Mas sabemos que a tradição antipluralista judaico-cristã tem sido a principal responsável pelos maiores sistemas de ação humanitária do mundo.[31] Foram fundadas mais

---

[30]William T. Cavanaugh, *The myth of religious violence: secular ideology and the roots of modern conflict* (New York: Oxford University Press, 2009).
[31]Veja, e.g., Peter Brown, *Through the eye of a needle: wealth, the fall of Rome, and the making of Christianity in the West 350-550 AD* (Princeton: Princeton University Press,

Visão religiosa pluralista

escolas, hospitais e instituições de caridade por cristãos e judeus do que por quaisquer outros grupos religiosos no mundo. E quase todos eles eram exclusivistas religiosos que acreditavam que os muçulmanos tinham um livro e um Deus bem diferente dos deles.

Em suma, não é nem um pouco claro afirmar que todos nós adoramos o mesmo Deus, e que isso levará necessariamente a menos violência ou a mais humildade e benevolência.

2014); Gregg Gardner, *The origins of organized charity in rabbinic Judaism* (Cambridge: Cambridge University Press, 2015); Demetrios Constantelos, *Byzantine philanthropy and social welfare* (New Brunswick: Rutgers University Press, 1968).

RÉPLICA A WILLIAM ANDREW SCHWARTZ E JOHN B. COBB JR.

JERRY L. WALLS

Aprecio a defesa franca que Andrew e John fazem dos religiosos da visão pluralista, embora eu discorde totalmente dela. Como questão preliminar, estou muito mais confiante do que eles de que podemos definir, de forma satisfatória, os termos "cristão", "muçulmano" e "judeu". A plausibilidade de sua proposta depende de sua estratégia em argumentar que todos os termos da questão no cerne deste debate são repletos de ambiguidade e incerteza . Eles acreditam que não há uma coisa identificável chamada cristianismo, mas apenas vários e diversos cristianismos. Aliás, eles aparentemente acreditam que há tantos cristianismos quanto há cristãos e tantos islamismos quanto há muçulmanos, uma vez que "os cristãos não adoram todos o mesmo Deus, ou que tampouco duas pessoas adoram o mesmo Deus" (p. 25).

Mas essas afirmações são muito exageradas. Embora haja certeza de muitas tradições cristãs distintas e numerosas variações teológicas, há também um conjunto razoavelmente claro e identificável de crenças e práticas centrais que constituem o "cristianismo puro e simples", afirmado por uma esmagadora maioria dos cristãos, sejam ortodoxos, católicos romanos ou protestantes. É muito mais plausível pensar que milhões desses crentes de fato adoram o mesmo Deus, como eles certamente insistem, do que pensar que nem mesmo dois deles o fazem.

Passando agora para questões mais substantivas, vamos considerar seu argumento histórico, que depende da seguinte declaração condicional: "Apesar de quaisquer diferenças quanto a descrição, natureza ou expressão, se formos capazes de rastrear as origens do

Deus do cristianismo, do Alá dos islamitas e do Yhwh do judaísmo até a mesma raiz histórica – o Deus de Abraão –, podemos concluir que as três tradições adoram o mesmo Deus, a despeito de qualquer diferença" (p. 31). Declarações condicionais desse tipo são falsas quando o antecedente é verdadeiro, mas o consequente é falso. E eu acho que é o caso dessa declaração. O antecedente é, de fato, verdadeiro, pois podemos traçar as origens de todas as três religiões na mesma raiz histórica – o Deus de Abraão. No entanto, eu argumentaria que o consequente é falso. Não decorre da verdade do antecedente que todas essas religiões adoram o mesmo Deus, apesar de quaisquer diferenças que agora existam entre elas.

Vejamos o argumento que eles apresentam (p. 31), que começa com a premissa incontroversa de que "o Deus de Abraão é o Deus do judaísmo". Quando chegamos à segunda premissa, "Jesus adorava o Deus de Abraão", as coisas não são tão simples. Na verdade, essa premissa não pode ser afirmada por cristãos ortodoxos, exceto em um sentido altamente qualificado. O Filho de Deus adora o Pai? Ou, para ser mais claro, a segunda Pessoa da Trindade adora a primeira Pessoa da Trindade? O que essas questões apontam é que só podemos afirmar a segunda premissa no sentido de que o Filho de Deus encarnado, como ser humano, adorou o Pai da mesma forma que outros seres humanos o fazem apropriadamente.

Mas vamos passar para a terceira premissa, "os cristãos adoram o Deus de Jesus", momento em que essas questões entram em foco. Qual é o referente do "Deus de Jesus", a quem os cristãos adoram? A resposta correta, eu afirmaria, é a Trindade: o Pai, o Filho e o Espírito Santo, cuja revelação plena se deu apenas na vida, morte e ressurreição de Jesus e na vinda do Espírito Santo no Pentecostes. O Deus trinitário é o único Deus que existe e é o referente de todas as afirmações verdadeiras sobre Deus, sua atividade e sua natureza. Portanto, o referente do "Deus de Abraão" é o mesmo que o referente da "Trindade", ou seja, o Deus que existe eternamente em três Pessoas: Pai, Filho e Espírito Santo. O sentido de "o Deus de Abraão", claro, não é o mesmo que o sentido de "a Trindade", mas o referente é o mesmo.

O que isso mostra é que os idealizadores do argumento de Andrew e John estão sobre as rochas irregulares do equívoco. Isso é bastante aparente na conclusão do argumento, que afirma que "os cristãos adoram o Deus do judaísmo". Isso é verdadeiro para o judaísmo messiânico, mas não para o judaísmo não messiânico. Novamente, a revelação de Jesus muda tudo. Antes da vinda de Cristo e do desenvolvimento da doutrina da Trindade, o judaísmo não era trinitário, já que simplesmente a Trindade ainda não tinha sido totalmente revelada. Após a vinda de Cristo, o judaísmo continua não trinitário no sentido de que rejeita explicitamente a ressurreição de Jesus, a encarnação e a Trindade. Portanto, "o Deus do judaísmo" na premissa 1 não é idêntico ao "Deus do judaísmo" na conclusão. Os cristãos tomarão o referente de "o Deus do judaísmo" na premissa 1 como a Trindade, mas é difícil ver como o referente do "Deus do judaísmo" na conclusão pode ser a Trindade, já que o judaísmo agora rejeita expressamente essa doutrina.

Para ver como a revelação de Jesus muda tudo, considere sua conversa com os judeus em João 8, passagem em que afirmam ser filhos de Abraão. Jesus nega a afirmação deles porque diz que eles não estão fazendo o que Abraão fez. Na verdade, Jesus até afirma que, em certo sentido, "Abraão, pai de vocês, regozijou-se porque veria o meu dia; ele o viu e alegrou-se" (Jo 8:56). Portanto, aqueles que realmente adoram o Deus de Abraão aceitarão Jesus e abraçarão seus ensinamentos. Como Jesus disse: "Se Deus fosse o Pai de vocês, vocês me amariam, pois eu vim de Deus e agora estou aqui. Eu não vim por mim mesmo, mas ele me enviou" (Jo 8:42). Quando os judeus se ofenderam com sua afirmação de que Abraão se alegrou em ver seu dia e questionaram como isso poderia ser verdade, já que Jesus não tinha nem cinquenta anos, Jesus respondeu-lhes: "Eu lhes afirmo que, antes de Abraão nascer, Eu Sou" (Jo 8:58). Ao fazer isso, ele reivindicou o nome divino para si mesmo, reiterando sua declaração de ser o Filho de Deus. Agora, que Jesus veio a nós, não pode haver nenhum relacionamento com Deus que negue ou ignore as reivindicações de Cristo.

A seguir, vamos examinar brevemente seu argumento do caráter divino. Ele tem pouca força pelo simples fato de ignorar o que é mais interessante e característico a respeito do relato cristão sobre Deus. Ao listar vários atributos genéricos de Deus, os autores observam que Deus é um, que ele é o Criador, que é amoroso e misericordioso, que é misterioso e assim por diante. Mas ignoram completamente a crença judaico-cristã de que Deus é um salvador. Destacar esse atributo é colocar em foco as maneiras específicas de como Deus agiu para nos salvar e demonstrar seu amor por nós, mais notavelmente ao enviar seu Filho para morrer por nossos pecados e ser ressuscitado dos mortos para nos salvar da morte e da destruição.

Na verdade, outros atributos em sua lista pressupõem um significado totalmente novo à luz da ação de Deus em Cristo para nos salvar de nossos pecados. Considere o atributo do mistério. Quando o Verbo se tornou carne e habitou entre nós, revelou o Pai em termos íntimos com que nada mais pode começar a rivalizar: "O que era desde o princípio, o que ouvimos, o que vimos com os nossos olhos, o que contemplamos e as nossas mãos apalparam – isto proclamamos a respeito da Palavra da vida. A vida se manifestou; nós a vimos e dela testemunhamos, e proclamamos a vocês a vida eterna, que estava com o Pai e nos foi manifestada" (1Jo 1:1,2).

Certamente, as doutrinas da encarnação e da Trindade produzem seus próprios mistérios. Mas esses não são mistérios de um Deus distante que permanece alheio à condição humana. "Pois não temos um sumo sacerdote que não possa compadecer-se das nossas fraquezas, mas, sim, alguém que, como nós, passou por todo tipo de tentação, porém sem pecado. Assim, aproximemo-nos do trono da graça com toda a confiança, a fim de recebermos misericórdia e encontrarmos graça que nos ajude no momento da necessidade" (Hb 4:15,16).

Isso nos leva ao argumento ontológico de Andrew e John, que, como seu argumento histórico, depende de uma declaração condicional: "De uma perspectiva ontológica, se houver, de fato, apenas um Deus disponível para adorar, então é razoável concluir que muçulmanos, cristãos e judeus adoram o mesmo Deus – ou seja, o único Deus" (p. 37). Tal como acontece com seu argumento histórico, julgo falsa essa afirmação condicional porque o antecedente é verdadeiro, mas o consequente é falso.

Andrew e John, no entanto, pensam que é verdade e propõem a seguinte questão: "Mas que razão tem um cristão, um muçulmano ou um judeu para acreditar que os outros adoram um deus falso?" (p. 37). Bem, eu expliquei as razões pelas quais os cristãos acreditam nisso em meu ensaio, mas deixe-me reiterar o ponto em que a revelação de Deus define os termos da adoração genuína, e seu ato definitivo de revelação é a vida, a morte e a ressurreição de Jesus. Qualquer pessoa que está devidamente informada dessa revelação e se recusa a acreditar nela e a responder com expressões apropriadas de gratidão e louvor não está adorando o único Deus da forma como ele se revelou a nós e nos instruiu a honrá-lo.

Isso não quer dizer que aqueles que falham em adorar a Deus adequadamente não possam saber qualquer coisa sobre ele ou reconhecer quaisquer verdades importantes a seu respeito. Na verdade, eles podem realmente reconhecer que há apenas um Deus, que ele criou o mundo e assim por diante. No entanto, apesar de tudo isso, algumas de suas crenças sobre ele podem ser tão profundamente equivocadas de outras maneiras que, em consequência, sua adoração é equivocada e mal orientada.

Andrew e John rejeitam essa conclusão e tentam apoiar seu argumento contando-nos a história de três filhos discutindo sobre qual pai é real. Aqui está uma história que eu acho que capta melhor a dinâmica dessa disputa.

Havia uma casa primorosamente linda na floresta. Obviamente, fora construída séculos antes, mas sua origem exata era controversa. A identidade do construtor estava em disputa e alguns disseram que ninguém realmente sabia. Alguns até negaram que a casa tivesse um construtor. Dois homens estavam discutindo o assunto e por acaso concordaram que um homem chamado sr. Devine seria, de fato, o construtor, e ambos eram admiradores dele e de sua obra. Enquanto prosseguiam com a conversa, um deles comentou que Devine e sua família se mudaram para ali de Edimburgo em 1777 e construíram a casa no ano seguinte. O outro respondeu: "Família? Qual família? O sr. Devine era solteiro havia muito tempo e tinha orgulho especial em trabalhar sozinho e fazer seus projetos arquitetônicos sem a colaboração de ninguém". "Bem", respondeu o primeiro homem, "embora o sr. Devine realmente tenha projetado a casa, sua esposa e o filho desempenharam papel vital ao lado dele, não apenas em projetá-la, mas também ao elaborá-la e construí-la. Além disso, ele transmitiu ao filho seu talento extraordinário, e seu filho alcançou fama igual à de seu pai, e o sr. Devine se deliciava com ele e com seu sucesso em um grau extraordinário. A cooperação amorosa entre eles é lendária, e você não pode realmente apreciar o sr. Devine e sua paixão por seu trabalho artesanal se não entender isso. Na verdade, havia uma

Visão religiosa pluralista

semelhança notável entre os dois e, embora não haja um retrato do sr. Devine, há um de seu filho, e aqueles que o conheceram disseram que, se você viu o filho, também viu o pai. Portanto, não se pode verdadeiramente prestar homenagem ao sr. Devine sem homenagear seu filho da mesma forma". O segundo homem ouviu educadamente e depois respondeu: "Sim, ouvi tudo isso e muito mais, mas rejeito completamente essa ideia. Repito, o sr. Devine foi solteiro ao longo da vida e certamente não tinha filho. O crédito por construir esta casa vai para ele – e apenas para ele".

É evidente, suponho, que há pouco, se houver, acordo substancial entre esses homens, apesar de seu acordo nominal de que o sr. Devine construiu a casa, e da admiração compartilhada por seu trabalho. As divergências entre cristãos e muçulmanos informados sobre o Criador de nosso mundo e o que ele exige de nós como adoração são ainda mais profundas.

Finalmente, perto de encerrar seu ensaio, Andrew e John alertam contra um "absolutismo arrogante" e insistem que "afirmar que as três tradições abraâmicas são orientadas ao mesmo objeto de adoração pode ajudar a evitar arrogância indevida e atitudes de superioridade" (p. 44). Não é menos verdade – e de forma exclusiva – sustentar que todas as tradições abraâmicas são "orientadas ao mesmo objeto de adoração" do que sustentar que não o são. Ambas as afirmações mutuamente excludentes não podem ser verdadeiras. A questão de saber qual é a verdade deve ser resolvida por uma análise direta e um argumentação cuidadosa, e não por uma reivindicação presunçosa de manter a moral elevada.

TRÉPLICA

WILLIAM ANDREW SCHWARTZ E JOHN B. COBB JR.

A investigação central deste livro é se os cristãos, os muçulmanos e os judeus adoram o mesmo Deus. Por que fazer essa pergunta? Por causa das semelhanças e diferenças entre as três tradições. Se não houvesse diferenças, ou se houvesse apenas diferenças, então a questão do "mesmo Deus" nunca surgiria. Em nosso capítulo inicial, tentamos esclarecer de que forma essa investigação realmente é complicada. A uniformidade em meio à diferença não é uma questão simples. Envolve preencher a lacuna entre realidade e percepção, identidade e diferença, continuidade e mudança, sem falar na ambiguidade da linguagem e nas lacunas entre outras ideias. E mais complicado fica quando o assunto em questão é incorpóreo e tão misterioso, como todos concordam!

Argumentamos que a natureza dinâmica e mutável da fé, do conhecimento e até mesmo sobre Deus e o mundo, tudo isso torna improvável que duas pessoas tenham crenças *idênticas* sobre Deus. Isso não foi contestado por nenhum dos colaboradores. Todos parecem dispostos a aceitar que duas ou mais pessoas podem adorar o mesmo Deus, mesmo quando discordam sobre como esse Deus é. Ao reconhecer a grande diversidade entre as tradições cristãs e, ao mesmo tempo, concluir que os cristãos adoram o mesmo Deus, nossos colegas colaboradores forneceram uma estrutura que pode ser estendida a todas as tradições abraâmicas.

Gerald McDermott argumenta que "*há* uma tradição cristã discernível que é chamada de ortodoxia. Diferentes pessoas podem discordar em relação a essa ou aquela parte, mas existe um enorme consenso

Visão religiosa pluralista

ao longo da história, do Oriente ao Ocidente, sobre sua forma básica, o que a maioria dos cristãos, na maior parte das vezes e dos lugares, concorda" (p. 54). Mas considere as qualificações de McDermott: "enorme" consenso, forma "básica", "na maior parte" das vezes e dos lugares. Tais qualificações reconhecem que "ortodoxia" é uma generalização abstraída de cristãos e crenças particulares de uma forma que avalia algumas diferenças como irrelevantes. Nós concordamos que tais generalizações e ambiguidades constituem uma parte prática da vida em comum.

Contudo, é problemático usar essas generalizações como critérios de exclusão. Na falta de um critério não arbitrário para avaliar entre diferenças significativas e irrelevantes (entre conclusões de "mesmo Deus" e "deuses diferentes"), favorecemos a inclusão em detrimento da exclusão.

Todos os escritores do Novo Testamento entenderam que *Deus* significa o Criador do céu e da terra. Mesmo quando eles tinham ideias um pouco diferentes, todos falavam do mesmo ator. Judeus e muçulmanos também pretendem falar do Criador do céu e da terra. Nossas intenções são, portanto, as mesmas. Podemos divergir sobre como Deus estava agindo em Jesus. Mas não existe um Criador do céu e da terra que encarnou em Jesus e outro que não encarnou.

Se dissermos que os judeus adoram um Deus diferente, isso significa que Jesus e Paulo adoravam um Deus diferente dos cristãos. Com certeza, não pode ser isso. Jesus pediu que nos tornássemos seus discípulos. Certamente, isso significa que adoramos o Deus que ele, como judeu, adorava. Se devemos escolher entre Jesus e Niceia, escolheremos Jesus. Estamos mais preocupados em ser discípulos fiéis de Jesus do que em ser "ortodoxos" em relação a conselhos muito humanos e suas decisões com frequência confusas. Felizmente, não há indicação de que Niceia pensava que estivesse ensinando um Deus diferente do que o de Jesus, Paulo e dos outros judeus de seus dias.

Maomé certamente pensou que ele estava falando do Deus judeu e cristão. Ele nunca afirmou estar apresentando um Deus diferente. Os cristãos podem discordar do ensino do Alcorão sobre o Criador do céu e da terra, mas não existem dois criadores, de modo que os cristãos adorem um e os muçulmanos, outro. Para afirmar nossa posição mais uma vez, estabelecemos uma distinção importante entre ter a mesma entidade em vista e concordar sobre como ela é.

WILLIAM ANDREW SCHWARTZ E JOHN B. COBB JR. ■ **TRÉPLICA**

Introduzimos ideias associadas à teologia do processo para explicar como as diferenças podem ser complementares, e não contraditórias. Francis Beckwith argumenta que nossa pluralidade de propostas definitivas é incompatível com o monoteísmo clássico. Para esclarecer, quando falamos de diferentes supremos, não estamos propondo alguma forma de politeísmo. A pluralidade de supremos não são supremos concorrentes porque eles não existem no mesmo nível. O Ser Supremo é supremo de uma maneira diferente da base do ser. Assim como dar respostas diferentes a perguntas diferentes, Deus (Ser Supremo pessoal) e Divindade (base sem forma do ser) podem existir como supremos sem conflito.

Concordamos com os três autores ao observarem que os pluralistas podem ser tão arrogantes quanto exclusivistas. Para este volume, fomos encarregados de representar um dos quatro pontos de vista e tentamos fazê-lo de forma construtiva. No entanto, nossa abordagem subjacente é reconhecer a complexidade dessa investigação e advertir contra conclusões precipitadas a favor do diálogo com muçulmanos, judeus e cristãos específicos. Nossa abordagem não é de um pluralismo absolutista (i.e., "o pluralismo é a única verdade"). Dado o caráter emaranhado da identidade religiosa, as ambiguidades em jogo na vida e na linguagem, bem como a natureza inefável de Deus, pedimos humildade – e estamos abertos à possibilidade de que a própria perspectiva de fé não seja exclusivamente válida. Essa humildade é equivalente a uma espécie de arrogância? Achamos que não.

Da mesma forma, concordamos de todo o coração com Beckwith, quando argumenta que, "se levarmos realmente a sério o respeito às diferentes tradições religiosas em uma sociedade pluralista – o tipo que surge de um liberalismo reforçado, não hegemônico –, não podemos, como condição de diálogo, impor o não exclusivismo àqueles que não podem, em sã consciência, consentir com ele" (p. 53). Concordamos que esse é um perigo real. Muitos de nossos amigos enfatizam a inclusão, mas tendem a não incluir aqueles que não o fazem. Esperamos ter deixado claro que não cometemos esse erro, pois atualmente estamos em diálogo com pessoas que não são pluralistas.

Em contraste com algumas formas de pluralismo religioso, apreciamos aqueles que se apegam às suas convicções e aos seus compromissos diversos. Nosso interesse especial em dialogar com os críticos do pluralismo e com muitos de seus praticantes é que abraçar a singularidade cristã não requer exclusivismo. "Não precisamos relativizar nossas crenças. Podemos afirmar nossas percepções como universalmente válidas! O que não podemos fazer, sem cair de volta na arrogância injustificada, é negar que as percepções de outras tradições também são universalmente válidas."[32] O pluralismo dessa variedade não precisa ser um "novo tipo de exclusivismo", como sugere Beckwith, mas pode ser verdadeiramente inclusivo, onde "sim-e" substitui "sim-não", capacitando-nos a abraçar nossas próprias percepções como universalmente válidas, sem negar a validade universal das outras.

---

[32]John B. Cobb Jr., *Transforming Christianity & the world: a way beyond absolutism and relativism*, ed. Paul Knitter (Orbis: 1999), p. 137.

CAPÍTULO ■ DOIS

As três adoram o mesmo Deus

Visão da referência ao mesmo Deus

FRANCIS J. BECKWITH

> Jesus declarou: "Creia em mim, mulher: está próxima a hora em que vocês não adorarão o Pai nem neste monte, nem em Jerusalém. Vocês, samaritanos, adoram o que não conhecem; nós adoramos o que conhecemos, pois a salvação vem dos judeus. No entanto, está chegando a hora, e de fato já chegou, em que os verdadeiros adoradores adorarão o Pai em espírito e em verdade. São estes os adoradores que o Pai procura" (Jo 4:21-23).

Quando criança, eu colecionava revistas de histórias em quadrinhos. Meu personagem favorito era o Super-Homem. De acordo com a história de sua origem, ele nasceu no planeta Krypton e recebeu o nome de Kal-El. Logo após seu nascimento, ele foi levado em um foguete para a Terra por seus pais, pouco antes de Krypton ser destruído em decorrência de seu núcleo instável. Kal-El foi encontrado em um campo no Kansas por um casal sem filhos, Jonathan e Martha Kent, que, por fim, adotou Kal-El e lhe deu o nome de Clark, o sobrenome de solteira de Martha. À medida que o menino crescia, os Kents descobriram que seu filho adotivo não era um mero mortal. Ele tinha superpoderes, entre os quais a habilidade de voar, dobrar aço com as próprias mãos, usar visão de raios X e de calor, e correr mais rápido do que uma bala em alta velocidade. Ao se darem conta da responsabilidade de alguém que tem tais poderes, os Kents treinaram Clark para ser uma pessoa virtuosa. Quando cresceu, Clark decidiu usar seus incríveis poderes para o avanço do bem e a derrota do mal. Mas, para não chamar atenção para sua família, além de ter uma aparência de vida normal, Clark assumiu o alterego Super-Homem. Clark, com o tempo, encontrou trabalho como repórter na cidade de Metrópolis, no *Daily Planet* [Planeta Diário], onde se tornou amigo de uma colega chamada Lois Lane, que havia sido designada para cobrir o novo fenômeno conhecido como Super-Homem. Mas, para Lois, Super-Homem e Clark Kent eram dois homens diferentes. Para tornar as coisas ainda mais estranhas, ela logo começaria a namorar o Super--Homem, embora não tivesse ideia de que seu colega no *Daily Planet* era o mesmo homem que ela estava namorando.

Na época de colégio, a namorada de Clark era uma jovem chamada Lana Lang. Depois da faculdade, Lana fixou residência em Metrópolis, onde começou a namorar Clark mais uma vez. Sempre que jantavam juntos, Lana perguntava a Clark sobre como era trabalhar com Lois e se ele já havia visto ou falado com o Super-Homem. Não querendo mentir ou revelar sua identidade secreta, Clark dava respostas vagas e ambíguas, embora parecessem satisfazer a curiosidade de Lana. No que dizia respeito a Lana, seu namorado, Clark, era um homem nascido no Kansas, e Clark trabalhava com uma mulher, Lois, cujo namorado era o Super-Homem, um alienígena do planeta Krypton.

Nós e os Kents sabemos que os termos *Super-Homem* e *Clark Kent* se referem ao mesmo ser, pois nós e os Kents sabemos que eles têm a mesma *referência*, Kal-El. Mas, para Lois e Lana, *Super-Homem* e *Clark Kent* têm *sentidos* diferentes, e elas acreditam que esses sentidos são descrições verdadeiras de quem nós e os Kents conhecemos como Kal-El. No entanto, esses sentidos não condizem um com o outro, e alguns são até mesmo falsos: Clark é humano, e Super-Homem, não; Super-Homem tem superpoderes, enquanto Clark é um mero mortal; Clark nasceu na Terra, mas Super-Homem nasceu em Krypton; Clark trabalha como repórter, enquanto Super-Homem não tem emprego, a menos que você conte sua filiação à Liga da Justiça.

Estabelecemos essa distinção entre sentido e referência o tempo todo. Suponha que você tenha um amigo, Tom, que, enquanto assiste ao YouTube, depara com filmes de lutas de boxe envolvendo Cassius Clay (1942-2016). Ele lhe diz: "Cara, aquele Clay era um boxeador, eu me pergunto o que aconteceu com ele". Você explica a Tom que Cassius Clay era o nome de nascimento de Muhammad Ali (1942-2016), que mudou de nome depois de se converter ao Islã. Mas, na mente de Tom, antes que você o corrigisse, ele acreditava que havia coisas verdadeiras sobre Clay que não correspondiam a Ali, embora na realidade ambos fossem a mesma pessoa. Imagine outra amiga, Frankie. Ela se levanta todas as manhãs às seis, sai, e por alguns momentos observa a estrela da manhã. E toda noite, pouco antes de se retirar para a cama, reserva um tempo para passear no quintal e olhar para a estrela vespertina. Ela passa a acreditar que existem duas estrelas no céu, a estrela da manhã e a estrela vespertina, e com o tempo cataloga as diferenças de ambas e começa a especular onde residem na vastidão do espaço. Mas acontece que a estrela da manhã e a estrela vespertina nem mesmo são estrelas de verdade! Elas são apenas uma coisa, o planeta Vênus. Embora Frankie tenha diferentes *sentidos* sobre o que pensa serem dois objetos no céu, o fato é que cada um tem a mesma referência.

Neste capítulo, argumento que, assim como Lois e Lana estão se referindo ao mesmo homem, ainda que atribuam características diferentes a Super-Homem e Clark Kent, os cristãos, muçulmanos e judeus estão se referindo ao mesmo Deus, embora cada grupo pense de forma diferente, e algumas vezes contrária, sobre esse Deus. Para cumprir essa tarefa, primeiro fornecerei uma referência a esse Deus único e explicarei por que os fiéis nessas três religiões adoram esse Deus único. Diferentemente das ilustrações de Cassius Clay/ Muhammad Ali e da estrela da manhã/estrela vespertina, em que as referências são bem conhecidas, Deus não é uma coisa no universo para a qual possamos apontar ou para a qual possamos usar uma pesquisa de imagens do Google. Para a maioria dos fiéis religiosos – cristãos, muçulmanos e judeus incluídos –, Deus é a fonte absoluta de toda a existência, o que significa que a criação tem existência participativa, enquanto Deus, não. Ou seja, toda a criação recebe existência, mas somente Deus a dá. Portanto, Deus não pode ser *uma coisa* no universo, mas o ser do qual todas as coisas no universo dependem.

Depois de estabelecer a referência a Deus, apresentarei um relato das três religiões abraâmicas, mostrando que seus membros adoram o mesmo Deus, apesar de suas profundas diferenças teológicas. E, finalmente, responderei a quatro objeções à visão que sustento neste capítulo.

Antes de prosseguir, devo observar que estou escrevendo aos meus companheiros cristãos. Não estou tentando convencer meus amigos judeus e muçulmanos de que eles adoram o mesmo Deus dos cristãos, embora eu acredite que sim. Tudo o que estou tentando fazer aqui tem por objetivo convencer meus companheiros cristãos de que nós adoramos o mesmo Deus que os judeus e muçulmanos adoram. Acredito que meu argumento neste capítulo deve ser capaz de convencer muçulmanos e judeus praticantes de que eles adoram o mesmo Deus que os cristãos, embora os devotos de cada tradição nem sempre usem o termo *Deus* no mesmo sentido.

Aula de filosofia com Adam, Baaqir e Candida

Conheça Adam, Baaqir e Candida. Os três são calouros graduados em filosofia na Fordham University, cada um chegando ao Bronx de diferentes origens religiosas e geográficas: Adam, que cresceu no Brooklyn, é judeu; Baaqir, natural do Queens, é muçulmano; e Candida, uma residente de Manhattan, é cristã. Depois de fazer o curso de Filosofia e Religião com o professor "Cético", cada um abandona não apenas sua fé de infância, como também a crença em Deus. Outro membro do corpo docente do departamento, a professora "Fé", fica sabendo o que aconteceu com Adam, Baaqir e Candida. Ela não está convencida de que o professor Cético os tenha exposto aos melhores argumentos para a existência de Deus. Por essa razão, ela se oferece para conduzir cada um deles em um curso de estudo dirigido sobre as obras de três dos maiores teólogos das tradições da religião que Adam, Baaqir e Candida haviam abraçado: o muçulmano Avicena (980-1037),[1]

---

[1]Veja, e.g., Avicena, *The metaphysics of the healing*, tradução para o inglês de Michael E. Marmura (Provo: Brigham Young University Press, 2005).

o judeu Moisés Maimônides (1135-1204)[2] e o cristão São Tomás de Aquino (1225-1274).[3] Uma vez que cada aluno se encontra com a professora "Fé" separadamente, ninguém está a par das conversas que ocorrem nos estudos dirigidos dos demais.

Depois de quinze semanas estudando uma variedade de obras de cada pensador, Adam, Baaqir e Candida decidem encontrar-se em um restaurante italiano na avenida Arthur para comparar suas anotações e tratar do que aprenderam. Adam, o ex-judeu, fala primeiro: "Fiquei surpreso ao descobrir que fui convencido pelo argumento de Aquino".

Baaqir diz: "Sério? Eu me vi incapaz de oferecer uma refutação plausível ao argumento de Maimônides".

Interrompendo, Candida exclama: "Isso realmente vai explodir sua mente. Mas eu pensei que o raciocínio de Avicena era tão persuasivo que agora me considero uma teísta, uma crente em Deus".

Empolgados com suas descobertas, eles visitam a professora Fé para contar a novidade. Ela diz: "Todos vocês agora acreditam em Deus. Mas quem ou o que ele é?".

Candida diz: "A fonte absoluta autoexistente de tudo".

Baaqir acrescenta: "Não causado, perfeito, racional e imutável", até que Adam interrompe com "autossubsistente, eterno criador e sustentador de tudo o que recebe sua existência de outro". Nesse ponto, eles percebem que todos acreditam mais ou menos nas mesmas coisas sobre Deus: ele é o *absoluto, não causado, perfeito, racional, imutável, autossubsistente, criador eterno e sustentador de tudo o que recebe sua existência de outro.*

"Essa é realmente uma grande declaração", observa a professora Fé. Então, ela pergunta: "Existe uma maneira mais eficiente de definir Deus?".

Eles olham um para o outro e, em seguida, respondem simultaneamente: "Aquele que é metafisicamente supremo e tem existência não derivada".

A professora Fé ainda investiga: "Isso significa que qualquer coisa que poderia não ter existido – como eu, você, o planeta Marte, o

---

[2]Veja, e.g., Moses Maimonides, *Guide for the perplexed*, 2. ed., tradução para o inglês de Michael Friedländer (London, Reino Unido: Routledge Kegan Paul, 1904) [edição em português: *Guia dos perplexos* (São Paulo: Sêfer, 2018)].

[3]Veja, e.g., St. Thomas Aquinas, *On being and essence*, 2. ed., tradução para o inglês de Armand Maurer (Toronto: Pontifical Institute of Mediaeval Studies, 1968) [edição em português: *O ser e a essência* (Petrópolis: Vozes, 2014)].

Visão da referência ao mesmo Deus

professor Cético ou meu cachorro Tosh – existe apenas porque 'recebe sua existência de outro'?".

Adam, Baaqir e Candida respondem em uníssono: "Sim".

"Então", raciocina a professora Fé, "não se segue daí que, em tese, pode haver apenas um Deus?".

Candida prontamente responde: "Sim. Se pudesse haver mais de um Deus, então Deus seria único, mesmo que houvesse apenas um Deus. Imagine, por exemplo, que um desastre nuclear destruísse toda a raça humana, exceto o professor Cético. Embora literalmente houvesse agora apenas um ser humano, não há nada na natureza humana que exija que apenas um ser humano exista. Afinal, antes do desastre nuclear, havia bilhões de outros seres humanos".

Baaqir assume o raciocínio a partir daí: "Esse não pode ser o caso de Deus, já que, para haver um 'segundo Deus', ele teria de diferir, de alguma forma, do 'primeiro Deus'. Mas dois deuses só podem diferir um do outro se um tiver o que falta ao outro".

Parando por um momento, Baaqir é interrompido por Adam, que continua a dizer: "Se Deus é aquele que é metafisicamente supremo e tem existência não derivada, isso não significa que ele não carece de perfeição? Mas dizer que Deus-2 carece do que Deus-1 tem e vice-versa implica não apenas que nenhum dos dois é perfeito, mas também que nenhum deles é metafisicamente final e, portanto, nenhum deles é Deus. Se Deus fosse assim, não está claro como não seria apenas uma versão mais elaborada de Zeus ou de Poseidon ou mesmo do 'Monstro de Espaguete Voador'.[4] Mas, nesse caso, ele não seria realmente 'Deus', já que seria apenas único, como se o último pássaro dodô remanescente fosse único. Portanto, parece correto dizer que, se Deus é o que pensamos que ele é – aquele que tem o caráter supremo metafísico e a existência não derivada –, então, em tese, só pode haver um Deus. Além do mais, por nada faltar e ter existência não derivada, Deus seria a plenitude do ser. Mas você não pode ter uma segunda plenitude do ser, assim como não pode haver um segundo número um ou um quadrado de cinco lados".

---

[4] Referência ao livro escrito por Bobby Henderson *O evangelho do Monstro do Espaguete Voador*, que apresenta os principais ensinamentos de uma pseudorreligião satírica intitulada "pastafarianismo". (N. E.)

A professora Fé responde: "E, nesse caso, Deus não pode ser único. Ele deve ser o próprio Ser, o que significa que ele é a fonte absoluta de todos os tipos de coisas que existem".

Se o que a professora Fé está dizendo é correto, então deve ser *da natureza de Deus existir*. O que isso significa? Pense, por exemplo, em qualquer coisa que possamos encontrar no mundo, como sapos, árvores, seres humanos e automóveis. Nada disso existe por natureza. Todos requerem outra coisa ou coisas para serem trazidos à existência e mantê-los existindo. Mas Deus não pode ser assim, pois isso significaria que ele é uma criatura e, portanto, não seria autoexistente. Como Aquino aponta, um ser que recebe sua existência de outro, como uma rã, uma árvore, um ser humano ou um automóvel, é "um ser por participação", o que significa que um ser participante não pode ser a fonte suprema de sua própria existência. Se não fosse da natureza de Deus existir ou, para usar a linguagem de Aquino, se Deus não fosse essencialmente sua própria existência, ele seria apenas outro ser que tem existência por participação, como você, eu, Muhammad Ali ou qualquer um dos deuses gregos (se algum deles existisse). Mas, nesse caso, "[Deus] não seria, portanto, o primeiro ser − o que é um absurdo. Portanto, Deus é a sua própria existência".[5]

Então, Adam, Baaqir e Candida, depois de terem abandonado as tradições de fé em que foram criados, tornaram-se ateus por um curto período de tempo enquanto estudavam com o professor Cético. Isso logo mudou em decorrência do trabalho que fizeram com a professora Fé, que apresentou a cada um deles os escritos de Avicena, Maimônides e Tomás de Aquino. Adam, Baaqir e Candida, então, passaram a acreditar na existência do que concluíram que deve ser o único Deus verdadeiro: o *Criador absoluto, não causado, perfeito, racional, imutável, autossubsistente, eterno e sustentador de tudo o que recebe sua existência de outro.*

Alguém pode negar que Adam, o ex-judeu; Baaqir, anteriormente muçulmano; e Candida, a ex-cristã, todos creem no mesmo Deus? É claro que esses ex-ateus agora são meros teístas, uma vez que nenhum deles voltou à religião em que foi criado. Nem mesmo está

---

[5]Tomás de Aquino, *Summa theologica*, I, q. 3, a. 4, tradução para o inglês de padres ingleses da Província Dominicana (1920), edição online disponível em: www.newadvent. org/summa/1003.htm#article4.

claro se é correto dizer que agora eles têm *fé* em Deus, uma vez que, pelo menos de uma perspectiva cristã, a verdadeira fé não pode ser convocada pelo esforço humano, incluindo a apropriação intelectual de argumentos: "Pois vocês são salvos pela graça, por meio da fé, e isso não vem de vocês, é dom de Deus" (Ef 2:8). Até mesmo Tomás de Aquino uma distinção entre os preâmbulos da fé – aquelas coisas que podemos saber por meio da razão natural ou nas quais simplesmente cremos de forma correta, como "a existência de Deus e outras verdades semelhantes sobre Deus"[6] – e os artigos de fé – aquelas coisas que podemos saber apenas em decorrência da revelação especial de Deus para nós. No entanto, a esse respeito, parece óbvio que Adam, Baaqir e Candida não apenas creem no mesmo Deus, mas, quando falam sobre Deus com a professora Fé, estão se referindo ao mesmo Deus e usando o termo *Deus* no mesmo sentido.

Da razão à fé e ao desacordo

Adam, Baaqir e Candida finalmente se formaram na Fordham. Nos anos seguintes, eles se viram espiritualmente insatisfeitos com a crença no mero teísmo, uma vez que lhes parece mais uma teoria filosófica do que um caminho para a devoção religiosa. (Você já ouviu falar de alguém que foi martirizado pelo princípio da razão suficiente?) À medida que seguiam com a vida, Adam, Baaqir e Candida começaram a refletir mais profundamente sobre várias questões existenciais profundas: Qual é o sentido da vida, e se houver, é mesmo um sentido para isso? Existe vida após a morte e, se houver, como é? Existe um Paraíso, um inferno ou um purgatório? E, se houver, há maneiras corretas ou incorretas de entrar ou sair? Existe uma maneira certa de viver a vida, como os Dez Mandamentos, as lições de Jesus de Nazaré ou as instruções de Maomé? Existem maneiras adequadas ou impróprias de orar a Deus, presumindo que Deus deseja que alguém ore para ele? Deus revelou coisas especialmente sobre si mesmo e o mundo, incluindo os seres humanos, que não são acessíveis por meio de nossa razão natural?

Adam, Baaqir e Candida percebem que a melhor maneira de tentar responder a essas e outras perguntas semelhantes é reexaminar, de

---

[6]Aquinas, *Summa theologica* I. q. 2, a. 2, ad 1, disponível em: www.newadvent.org/summa/1002.htm # article2.

forma crítica, o que são as tradições religiosas que eles abraçaram na juventude. Portanto, cada um deles se compromete a ler não apenas a Bíblia judaica, o Novo Testamento e o Alcorão, mas também muitos teólogos, filósofos, místicos, convertidos e apologistas encontrados nas tradições cristã, muçulmana e judaica. Adam, Baaqir e Candida também se comprometem a participar de uma variedade de cultos litúrgicos e de oração praticados por diferentes grupos dentro de cada tradição.

Após cerca de dezoito meses de investigação constante e fervorosa, Adam, Baaqir e Candida decidem ingressar em uma dessas religiões. Adam, o ex-judeu, torna-se cristão. Baaqir, o ex-muçulmano, torna-se judeu. Candida, a ex-cristã, torna-se muçulmana. E, no entanto, cada um deles *ainda acredita que Deus é o Criador e Sustentador absoluto de tudo o que recebe sua existência de outro, não causado, perfeito, racional, imutável, autossubsistente e eterno.* Por esse motivo, nenhum deles pensa em sua conversão como uma "mudança nos deuses", pois continuam a acreditar que, em tese, só pode haver um Deus. Cada um deles pensa que sua transição religiosa decorre de aprender mais sobre o Deus que não conheciam totalmente antes de se converterem. Isso ocorre porque todos os convertidos agora acreditam que Deus revelou, especialmente nas escrituras e nas tradições de suas respectivas crenças, coisas adicionais sobre natureza divina, criação, humanidade, moralidade, salvação e coisas semelhantes – coisas que não estavam disponíveis para eles quando eram meros teístas. Consequentemente, quando Adam participa da divina liturgia, quando Baaqir vai para a sinagoga e quando Candida faz suas cinco orações diárias (*salat*), todos eles estão adorando o mesmo Deus.

No entanto, existem diferenças importantes entre suas religiões. Adam, como cristão, agora acredita que Deus é trino e uno, e que Jesus de Nazaré é o Filho de Deus, a segunda Pessoa da Trindade. Ele também afirma a inspiração divina e a autoridade do Novo Testamento. O judeu Baaqir agora acredita que apenas a Bíblia judaica é a palavra de Deus, negando que o Alcorão e o Novo Testamento sejam divinamente inspirados. Assim como fazia quando era muçulmano, Baaqir nega que Deus gerou um filho. É, claro, uma crença que ele compartilha com Candida, muçulmana, agora devota à autoridade do Alcorão, que afirma: "[Deus] não gera nem foi gerado" e "Não convém (à Majestade de) Alá que ele tomasse para si um filho".[7] Por outro lado, Candida concorda com Adam no sentido de que Jesus era o Messias, uma crença que Baaqir nega. No entanto, Candida e Baaqir afirmam que Adam está errado em acreditar que Deus é trino e uno, enquanto Adam e Baaqir pensam que Candida está enganada ao afirmar que Maomé foi um verdadeiro profeta. Contudo, todos concordam que Deus fez uma aliança com Abraão e que chamou Moisés para conduzir os filhos de Israel para fora do Egito.

Essas estão longe de ser discordâncias menores, pois a própria integridade de cada tradição de fé depende delas. Um muçulmano que nega que Maomé foi o profeta de Deus dificilmente é um muçulmano, e um cristão que concorda com o judaísmo dominante sobre a pessoa de Jesus provavelmente não é um cristão verdadeiro. Embora alguns judeus convertidos ao cristianismo se identifiquem como "judeus messiânicos", tal designação não é reconhecida pelo Estado de Israel e é universalmente rejeitada pelos rabinos mais importantes do judaísmo.[8] No entanto, essas profundas diferenças entre cristianismo, islamismo e judaísmo não são suficientes para derrotar a visão que estou defendendo neste capítulo, de que cristãos, muçulmanos e judeus adoram o mesmo Deus. A razão é extremamente simples. Cada tradição de fé mantém o mesmo entendimento básico do que constitui a natureza divina: Deus é o *absoluto, não criado, perfeito, racional, imutável, autossubsistente, criador eterno e sustentador de tudo o que é criado*. Portanto, quando cristãos, muçulmanos e judeus falam de Deus, eles têm a mesma referência.[9]

Agora considere as ilustrações que apresentamos no início deste capítulo. Embora saibamos que os nomes Clark Kent e Super-Homem se refiram ao mesmo ser, Lana Lang não sabe disso. Ela erroneamente acredita que seu namorado, Clark, é uma pessoa – um ser humano que trabalha no *Daily Planet* e cujos pais são do estado de Kansas –, enquanto o Super-Homem é outra pessoa – um super-herói cujos pais eram do planeta Krypton. Antes de você corrigi-lo, Tom atribuiu

---

[7]Alcorão 112:3; 19:35, conforme citado em *The meaning of the glorious Koran: an explanatory translation by Mohammed Marmaduke Pickthall* (New York: New American Library, 1988), p. 454, 223.

[8]Veja David Novak, "When Jews are Christians", *First Things* 17 (November 1991): 42-6.

[9]Veja, e.g., Dt 6:4; o Credo Niceno; e Alcorão 59:22-24.

FRANCIS J. BECKWITH

propriedades diferentes a Cassius Clay e Muhammad Ali, já que ele acreditava que eles eram duas pessoas diferentes. E quanto à pobre Frankie? Ela pensou que estava vendo duas estrelas diferentes – uma de manhã e outra à noite – quando, na verdade, elas são realmente a mesma coisa. E nem se trata de uma estrela de verdade! Essas ilustrações nos mostram que as pessoas podem ter diferentes noções sobre a mesma coisa enquanto acreditam que estão se referindo a duas coisas diferentes, embora, na verdade, se refiram à mesma coisa. Da mesma forma, embora não haja dúvida de que cristãos, muçulmanos e judeus tenham crenças contrárias a respeito de Deus, o que implica que as outras tradições de fé estariam erradas em questões muito importantes, esses conflitos estão no nível do sentido, e não da referência, mesmo que se verifique que um dos sentidos está correto. Considerando o que examinamos até agora neste capítulo, é difícil ver como isso não pode ser verdade.

Primeiro, na história da mudança de Adam, Baaqir e Candida do ateísmo para o teísmo, vimos que, em tese, pode haver apenas um Deus. Em segundo lugar, quando lemos sobre suas conversões ao cristianismo, ao judaísmo e ao islamismo, respectivamente, vimos que as divergências entre essas tradições surgem do que cada grupo considera ser verdades divinamente reveladas e inacessíveis pela razão natural. Lembre-se, quando Adam, Baaqir e Candida mudaram do ateísmo para o teísmo e, então, se converteram à sua fé recém-descoberta, não desistiram de nada sobre a natureza divina que tinham quando eram meros teístas. Para ter certeza, após a conversão, eles aceitaram aquilo em que passaram a acreditar como verdades especialmente reveladas por Deus. Mas, por consequência, não passaram a acreditar menos em Deus; em vez disso, passaram a acreditar mais nas coisas sobre ele. Assim, as diferenças entre as visões cristã, muçulmana e judaica de Deus não são diferenças de referência, mas de sentido. Como você deve se lembrar da leitura dos primeiros capítulos de Gênesis, nossos primeiros pais não foram tentados a cair porque sua referência a Deus estava errada, mas porque aceitaram aquilo que pensavam ser uma verdade revelada sobre o único Deus verdadeiro, uma revelação que acabou não assim: "Certamente não morrerão! Deus sabe que, no dia em que dele comerem [do fruto da árvore que está no meio do Jardim], seus olhos se abrirão, e vocês, como Deus, serão conhecedores do bem e do mal" (Gn 3:4,5).

Visão da referência ao mesmo Deus

Talvez mais um exemplo ajude. Embora fossem estudantes de Filosofia na faculdade, Adam, Baaqir e Candida decidiram seguir carreira em Arqueologia, cada um se tornando um professor de Arqueologia pela Baylor University. (Eles amavam Filosofia, mas sabiamente examinaram o mercado de trabalho antes de embarcarem nos cinco anos de graduação na disciplina.) Adam, Baaqir e Candida costumam fazer escavações juntos. Em uma escavação com seu amigo Aristóteles, que leciona Arqueologia em outra instituição, eles deparam com uma pequena montanha inexplorada, que chamam de "Sião". Eles notam que existem, aos pés de Sião, três aldeias de três povos indígenas: os Robinsons, os Kirks e os Cartwrights. Antes de iniciar a exploração da montanha, eles conversam com o líder de cada grupo: John Robinson, Jim Kirk e Ben Cartwright.[10] Adam, Baaqir, Candida e Aristótéles fazem a cada líder duas perguntas: Como você chama a montanha? O que há no interior de suas cavernas? John responde: "Seu nome é Júpiter 2 e, dentro das cavernas, não há nada além de cerâmica antiga". Jim responde: "Seu nome é Enterprise e, dentro das cavernas, não há nada além de ursos e leões". Ben responde: "Seu nome é Ponderosa e, dentro das cavernas, não há nada além de barras de prata". Cada um deles diz que seu povo passou a acreditar nessas coisas por causa dos registros históricos de sua aldeia, que foram transmitidos pela liderança da aldeia ao longo de várias gerações. Depois de examinar as respostas entre si, Adam, Baaqir, Candida e Aristóteles explicam uns aos outros qual descrição da montanha pensam ser correta. Adam diz que acredita em John. Baaqir diz que acredita em Jim. Candida diz que acredita em Ben. Mas Aristóteles não é persuadido por nenhum deles. Ele tem suas dúvidas sobre a confiabilidade da história oficial de cada aldeia.

Todos os quatro arqueólogos agora têm opiniões contrárias e nomes diferentes para Sião. Mesmo assim, eles estão falando sobre a mesma montanha. Quando os arqueólogos chegaram à montanha pela primeira vez, esse acontecimento foi análogo à forma como Adam, Baaqir e Cândida passaram a acreditar em Deus por meio de sua razão natural enquanto eram estudantes de Filosofia. Eles perceberam, em decorrência do estudo de Avicena, Maimônides e Tomás de Aquino, que uma fonte absoluta não derivada de toda realidade contingente deve necessariamente existir, embora eles também tenham percebido que

---

[10]Personagens das séries (nessa ordem) *Perdidos no espaço, Star trek* e *Bonanza*. (N. R.)

poderiam saber apenas algumas coisas sobre esse ser por meio de sua razão natural. Depois de chegar ao sopé de Sião com seu amigo Aristóteles e conhecer os povos indígenas que vivem lá, os arqueólogos tomaram conhecimento das afirmações contrárias sobre Sião que cada um dos líderes da aldeia acreditava se basearem em registros históricos confiáveis. Isso é análogo às declarações de revelação especial em que Adam, Baaqir e Candida passaram a acreditar quando se converteram ao cristianismo, ao judaísmo e ao islamismo, respectivamente. Embora cada um pensasse que agora tinha aprendido mais sobre a fonte não derivada absoluta da existência contingente do que conheciam anteriormente, cada um também estava plenamente ciente de que não poderia ser o caso de algum deles estar errado, embora todos concordassem que suas visões adicionais sobre Deus estivessem se referindo à mesma fonte absoluta não derivada de existência contingente.

Claro, seu amigo Aristóteles é cético sobre a veracidade dos registros históricos, embora não duvide que ele e seus amigos estejam falando da mesma montanha, assim como ocorreu na pré-conversão de Adam, Baaqir e Candida, quanto se mostraram céticos sobre as tradições religiosas nas quais foram criados, embora não duvidassem de que o Deus no qual passaram a crer por meio da razão natural se referisse ao mesmo Deus afirmado por aquelas crenças.

Portanto, se presumirmos que um dos três conjuntos de registros históricos está correto, também Adam, Baaqir ou Candida sabem mais sobre a montanha do que sabiam antes de questionar o líder de cada aldeia. Mas nenhum deles sabe menos, e nenhum deles acredita que não estão se referindo à mesma montanha, embora cada um deles adote sentidos contrários sobre Sião (ou Júpiter 2 ou Enterprise ou Ponderosa). Da mesma forma, quando se trata de suas crenças religiosas atuais, Adam, Baaqir e Candida não acreditam menos do que acreditavam como meros teístas e, por essa razão, nenhum deles acredita que não se referem ao mesmo Deus, embora cada um agora abrace noções contrárias daquele Deus.

Escritura e história

Além das ilustrações filosóficas que usei até agora neste capítulo, também existem boas razões escriturísticas e históricas para acreditar que cristãos, muçulmanos e judeus adoram o mesmo Deus, independentemente de suas profundas discordâncias teológicas. Considere primeiro aquela cena bastante conhecida do livro de Êxodo. Moisés encontra-se na presença de Deus na sarça ardente do monte Horebe. Em um evento afirmado por todas as três tradições religiosas,[11] essa troca entre Moisés e Deus acontece:

> Moisés perguntou: "Quando eu chegar diante dos israelitas e lhes disser: O Deus dos seus antepassados me enviou a vocês, e eles me perguntarem: 'Qual é o nome dele?' Que lhes direi?" Disse Deus a Moisés: "Eu Sou o que Sou. É isto que você dirá aos israelitas: Eu Sou me enviou a vocês" (Êx 3:13,14).

Os cristãos tradicionalmente leem essa passagem como Deus afirmando a Moisés uma profunda verdade metafísica sobre a natureza divina: Deus, como "Eu sou o que sou", está anunciando que ele é o *Ser em si*, aquele que tem existência incondicional não derivada e, portanto, é a fonte autoexistente para tudo que não é autoexistente.[12] Quando, por exemplo, Tomás de Aquino forneceu essa mesma interpretação de Êxodo 3:14 em sua *Summa contra gentiles*,[13] ele estava simplesmente transmitindo aos seus alunos o que havia herdado de muitos de seus predecessores na igreja, incluindo São Jerônimo (347-420) e Santo Agostinho (354-430):[14] "Mas Deus é o primeiro ser, sem nada antes dele. Sua essência é, portanto, seu ser. Essa sublime verdade de Moisés foi-lhe ensinada por nosso Senhor. Quando Moisés perguntou ao nosso Senhor: 'Se os filhos de Israel me disserem: qual é o seu nome? O que devo dizer a eles?' O Senhor respondeu: 'Eu sou o que sou. [...] Dirás aos filhos de Israel: aquele que é enviou-me a vós'

---

[11]Para o relato do Alcorão sobre Moisés na sarça ardente, veja o Alcorão, 20.

[12]Veja Matthew Levering, *Scripture and metaphysics: Aquinas and the renewal of Trinitarian theology* (Oxford: Blackwell, 2004), cap. 2; e Jaroslav Pelikan, *The Christian tradition: a history of the development of doctrine* (Chicago: University of Chicago Press, 1971), vol. 1: *The emergence of the Catholic tradition* (100-600), p. 53-4 [edição em português: *Tradição cristã* (São Paulo: Shedd, 2018), 5 vols.].

[13]Edição em português: *Suma contra os gentios* (Campinas: Eclesiae, 2017).

[14]Veja St. Jerome, "Letter 15" (c. 376), in: *Letters of St. Jerome*, tradução para o inglês de W. H. Fremantle; G. Lewis; W. G. Martley, in: *Nicene and post-Nicene fathers, Second Series* (citado a partir daqui como NPNF²), edição de Philip Schaff; Henry Wace (Buffalo: Christian Literature, 1893), vol. 6; ed. rev. de Kevin Advent (New Advent), disponível em: www.newadvent.org/fathers/3001015.htm; Sr. Augustine, *On the Trinity* (400-428) 5.2, tradução para o inglês de Arthur West Haddan, in: NPNF² 6, disponível em: www. newadvent.org/fathers/130105.htm.

(Êx 3:13,14). Com isso, nosso Senhor mostrou que seu próprio nome é Aquele que é".[15]

Não causa surpresa que os cristãos, que creem que Jesus é a segunda Pessoa da Trindade, tenham lido certas passagens do Novo Testamento em que Cristo refere-se a si mesmo como "Eu *sou*", o mesmo que se revelou na sarça ardente a Moisés.[16] Vejamos, por exemplo, João 8:58: "Respondeu Jesus: 'Eu lhes afirmo que, antes de Abraão nascer, Eu Sou!'" (grifo do autor). Seus ouvintes críticos, sem dúvida, consideraram que Cristo afirmava ser Deus: "Então eles apanharam pedras para apedrejá-lo, mas Jesus escondeu-se e saiu do templo" (v. 59). Entretanto, quando Deus revelou a Moisés que ele era o grande "Eu Sou", aquele que existe por si mesmo, não transmitiu nada sobre sua natureza trina ao patriarca hebreu. Ele não disse: "Oh, Moisés, a propósito, eu também sou três. Tente explicar *isso* aos filhos de Israel!". De acordo com o entendimento cristão da revelação progressiva, foi somente mais tarde, sob a nova aliança, que Deus revelou ser Pai, Filho e Espírito Santo, e mesmo então as implicações completas do que isso significa para a igreja universal não foram resolvidas até bem mais tarde, no quarto século, no Concílio de Constantinopla, em 381.[17]

Por isso parece absurdo afirmar que Moisés (para não mencionar Abraão, Isaque ou Jacó) não adorasse o mesmo Deus de Aquino (para não mencionar Santo Agostinho, Martinho Lutero ou Billy Graham) simplesmente porque o entendimento de Moisés sobre Deus não incluía o Filho e o Espírito Santo. Embora o senso de Moisés sobre Deus fosse diferente daquele de Tomás de Aquino, eles tinham a mesma referência: o *absoluto, não causado, perfeito, racional, imutável, autossubsistente, criador eterno e sustentador de tudo o que recebe seu ser de outro*. Ou, por uma questão de brevidade: *a fonte absoluta não derivada e não condicionada de toda existência contingente*.

Esse parece ser o Deus que o apóstolo Paulo tinha em mente quando se dirigiu a seus inquiridores pagãos em um sermão proferido no Areópago em Atenas:

---

[15]Veja, e.g., St. Thomas Aquinas, "That in God being and essence are the same", in: *Summa contra gentiles* 1.22.10, tradução para o inglês de Anton C. Pegis, Dominican House of Studies Priory, disponível em: dhspriory.org/thomas/ContraGentiles1.htm#22 [edição em português: *Suma contra os gentios* (São Paulo: Loyola, 2016), 4 vols.].

[16]Veja Levering, *Scripture and Metaphysics*, p. 40-1, 63-4.

[17]Credo Niceno. Veja geralmente Lewis Ayers, *Nicaea and its legacy: an approach to fourth-century Trinitarian theology* (New York: Oxford University Press, 2004).

Visão da referência ao mesmo Deus

Então Paulo levantou-se na reunião do Areópago e disse: "Atenienses! Vejo que em todos os aspectos vocês são muito religiosos, pois, andando pela cidade, observei cuidadosamente seus objetos de culto e encontrei até um altar com esta inscrição: "Ao Deus desconhecido". Ora, o que vocês adoram, apesar de não conhecerem, eu lhes anuncio. "O Deus que fez o mundo e tudo o que nele há é o Senhor do céu e da terra, e não habita em santuários feitos por mãos humanas. Ele não é servido por mãos de homens, como se necessitasse de algo, porque ele mesmo dá a todos a vida, o fôlego e as demais coisas. De um só fez ele todos os povos, para que povoassem toda a terra, tendo determinado os tempos anteriormente estabelecidos e os lugares exatos em que deveriam habitar. Deus fez isso para que os homens o buscassem e talvez, tateando, pudessem encontrá-lo, embora não esteja longe de cada um de nós.

"Pois nele vivemos, nos movemos e existimos", como disseram alguns dos poetas de vocês: 'Também somos descendência dele' (At 17:22-28).

Nesse ponto, São Paulo estava apenas se aquecendo, pois ainda não entregara o evangelho a seus ouvintes atenienses. Mas, quando o fez, obviamente estava passando de um relato filosófico da natureza divina para o que ele acreditava que Deus havia especialmente revelado na história humana: "Pois [Deus] estabeleceu um dia em que há de julgar o mundo com justiça, por meio do homem [Jesus Cristo] que designou. E deu provas disso a todos, ressuscitando-o dentre os mortos" (At 17:31).

Aqueles familiarizados com Atos 17 sabem que, antes de sua permanência em Atenas, Paulo estava em Tessalônica com Silas, onde visitaram uma sinagoga na qual Paulo identificou Jesus de Nazaré como o prometido Messias judeu. Por essa razão ele teve de argumentar nas Escrituras que o Messias deveria sofrer, morrer e ressuscitar dos mortos (v. 1-3). Alguns que ouviram se converteram ao cristianismo, embora não todos. São Paulo certamente acreditava que os judeus com quem estava discutindo acreditavam no mesmo Deus que ele, que o assunto em questão não era o que constituía a natureza divina, mas, sim, se Jesus de Nazaré era o Messias prometido na Bíblia judaica pelo Deus de Abraão, Isaque, Jacó e Moisés.

Conclui-se das disputas de Paulo que ele acreditava que tanto cristãos como judeus se referiam ao mesmo Deus, embora tivessem

FRANCIS J. BECKWITH

diferentes noções acerca desse Deus. Afinal, os judeus que rejeitaram a mensagem de Paulo e se afastaram não estavam negando a existência do Deus que Moisés encontrou na sarça ardente; estavam rejeitando a afirmação do apóstolo de que Deus se revelou de uma forma única e profunda na pessoa de Jesus de Nazaré. Por outro lado, ao lidar com seus críticos atenienses mais tarde, em Atos 17, Paulo começou estabelecendo a referência correta a Deus: "Nele vivemos, nos movemos e existimos" (v. 28).

São Paulo não precisava fazer isso na sinagoga de Tessalônica, visto que a referência a Deus era óbvia por causa do orador, do público e do assunto. Além disso, está claro a partir do texto que, se todos os atenienses tivessem aceitado a referência de Paulo a Deus, embora nunca tivessem abraçado o evangelho, teriam acreditado no mesmo Deus que os cristãos acreditam, embora não tivessem fé em Cristo. Em ambos os casos – com os judeus e com os pagãos –, Paulo nunca sugeriu que seus ouvintes "mudassem de Deus" para que se tornassem seguidores de Cristo, visto que em cada caso a referência ao Deus correto já havia sido estabelecida antes da apresentação do evangelho pelo apóstolo.

Como já notei, as implicações do significado da Trindade para a igreja universal não foram resolvidas até o século quarto. O catalisador para esse acordo foi a Controvérsia Ariana. Na época, os cristãos discordavam sobre a melhor forma de entender a representação do Novo Testamento de Jesus como o Filho de Deus e sua relação com o Pai. Alguns bispos abraçaram a posição defendida por Ário de Alexandria (256-336 d.C.), que ensinou que Jesus, embora fosse o Filho de Deus, nem sempre existiu. Como Ário disse, "Houve um tempo no qual o Filho não existia",[18] e ele sustentava que o Filho de Deus foi feito pelo Pai antes de encarnar em Jesus de Nazaré.[19] O líder do outro lado dessa disputa era Santo Atanásio de Alexandria (296-373 d.C.). Ele ensinou que, porque Cristo é o Verbo mencionado em João 1:1, e porque o texto diz que o Verbo é Deus, segue-se que Cristo, que é

---

[18]Citado em Sócrates de Constantinopla, *Church history* (c. 439) 1.5, tradução para o inglês de A. C. Zenos, in: NPNF² 2, disponível em: www.newadvent.org/fathers/26011.htm.

[19]J. N. D. Kelly, *Early Christian doutrines*, 5. ed. (San Francisco: HarperCollins, 1978), p. 226-31 [edição em português: *Patrística: origem e desenvolvimento das doutrinas centrais da fé cristã* (São Paulo: Vida Nova, 2009)].

o Filho de Deus, é Deus e, portanto, incriado.[20] A disputa entre Ário e Atanásio consistia, portanto, na natureza do Filho de Deus. Ele foi, como Ário afirmou, feito, e não gerado, de uma substância diferente da do Pai, ou era Cristo, como Atanásio sustentou, "gerado, não feito, consubstancial com o Pai?".[21] Como quis a Providência, a visão de Atanásio foi a que triunfou, abraçada pelo Primeiro Concílio de Niceia (325 d.C.), o mesmo corpo conciliar que confirmou o arianismo como uma heresia cristológica.

O julgamento do concílio significou, porém, que Ário e Atanásio não estavam se referindo ao mesmo Deus quando trataram da natureza do Filho de Deus? Na verdade, muito pelo contrário, se você pensar bem. Se dois teólogos discordam sobre o Filho *desse Deus* – o Deus de Abraão, Isaque, Jacó e Moisés – ser ou não uma criatura, eles *não* podem estar se referindo ao mesmo Deus, da mesma forma que Paulo *não* poderia estar se referindo ao mesmo Deus quando se dirigia às suas audiências judaica e pagã, uma vez que ele estabeleceu a referência correta ao único Deus verdadeiro. Depois de entendermos isso, percebemos rapidamente que a visão não trinitária de Ário sobre a natureza de Deus parece indistinguível das visões não trinitárias adotadas por Avicena (um muçulmano) e Maimônides (um judeu). Mas, se Ário, Avicena e Maimônides acreditavam no mesmo Deus, e Atanásio e Ário acreditavam no mesmo Deus, não se seguiria que Avicena, Maimônides e Atanásio também acreditavam no mesmo Deus? É difícil imaginar algo diferente disso.

Algumas objeções

Escrevi pela primeira vez sobre o tema "mesmo Deus" em dezembro de 2015, em uma revista on-line chamada The Catholic Thing,[22] na qual fui colunista regular por vários anos. Publiquei dois ensaios abordando

---

[20]Athanasius, *De synodis* (359-361), tradução para o inglês de John Henry Newman; Archibald Robertson, in: NPNF² 4, disponível em: www.newadvent.org/fathers/2817.htm.
[21]O Credo Niceno.
[22]Francis J. Beckwith, "Do Muslims and Christians worship the same God?", *The Catholic Thing*, Dec. 17, 2015, disponível em: www.thecatholicthing.org/2015/12/17/do-muslims-and-christians-worship-the-same-god; e Francis J. Beckwith, "Why Muslims and Christians worship the same God", *The Catholic Thing*, January 7, 2016, disponível em: www.thecatholicthing. org/2016/01/07/why-muslims-and-christians-worship-the-same-god.

o caso de Larycia Hawkins, professora associada de Ciência Política na Wheaton College, uma escola evangélica. Em 15 de dezembro de 2015, a faculdade a colocou em licença administrativa pela seguinte postagem no Facebook: "Eu me *solidarizo* com os muçulmanos porque eles, como eu, uma cristã, são pessoas do Livro. E, como o papa Francisco declarou na semana passada, nós adoramos o mesmo Deus".[23] A Wheaton College sustentou que a declaração pública da professora Hawkins levantava sérias questões sobre ela representar ou não "fielmente a declaração de fé evangélica do colégio".[24] Com base no tipo de raciocínio que apresento neste capítulo, argumentei que os fundamentos da escola para suspender a professora Hawkins não eram convincentes. Sem surpresa, alguns escritores discordaram. O que se segue são minhas respostas a algumas de suas objeções. Em virtude da limitação de espaço, minhas respostas serão breves.

Por que priorizar Deus como Criador sobre Deus como trino e uno?

Lydia McGrew escreve: "O Islã afirma muito mais do que apenas negar que Deus é trino e uno ou que Deus não veio como homem. O Islã insiste que Deus não pode ser trino e uno ou encarnado. Isso recusa que Jesus seja o Filho de Deus, e menos ainda que ele seja o próprio Deus. Por que o fato de Alá (conforme concebido no Islã) ser o Criador é mais importante para o assunto em questão do que o fato de que ele não pode ser trino e uno ou encarnado?".[25] McGrew certamente está correta ao dizer que existem diferenças marcantes e profundas entre o cristianismo, o judaísmo e o islamismo em questões como a Trindade e a encarnação. Mas não se pode tratar dessas doutrinas sem primeiro compreender a natureza divina correta. Imagine, por exemplo, um grupo religioso que se identifica como cristão e afirma acreditar

---

[23]Veja Ruth Graham, "The professor wore a hijab in solidarity – then lost her job", *New York Times Magazine*, October 13, 2016.

[24]Declaração da Wheaton College sobre a dra. Larycia Hawkins, Wheaton College, December 11, 2015, disponível em: web.archive.org/web/20151216161646; www.wheaton.edu/Media-Center/Media-Relations/Statements/Wheaton-College-Statement-Regarding-Dr-Hawkins.

[25]Lydia McGrew, "The same God's is too important to leave to philosophers", *The Gospel Coalition*, January 16, 2016, disponível em: www.thegospelcoalition.org/article/the-same-god-debate-is-too-important-to-leave-to-philosophers.

na Trindade, mas eles entendem que essa doutrina se refere à existência de três seres físicos incrivelmente poderosos cujos nomes próprios são Pai, Filho e Espírito Santo, e que a unidade da Trindade é o resultado de seu propósito em comum, e não de serem de uma só substância. Os membros de tal grupo, porque entendem a natureza divina de maneira espetacularmente errada, não podem concordar com o Credo Niceno, mesmo que pensem como McGrew que as doutrinas da Trindade e da encarnação são de extrema importância. Por outro lado, porque o cristianismo, o judaísmo e o islamismo entendem a natureza divina correta – *a fonte absoluta não derivada e não condicionada de toda existência contingente* –, suas discordâncias a respeito da Trindade e da encarnação são apropriadamente vistas como crenças contrárias sobre o mesmo Deus a que cada fé se refere.

ADORAR A DEUS NÃO IMPLICA ADORAR O MESMO DEUS

Tomas Bogardus e Mallorie Urban escreveram: "Talvez os fãs de Demócrito, de Platão e de Aristóteles concordem que *apenas um* desses três pode ser o maior filósofo. Dificilmente se conclui que esses três grupos de fãs celebrem *o mesmo* filósofo como o maior. Da mesma forma, o fato de muçulmanos, cristãos e judeus crerem em *apenas um* Deus não prova que todos adorem *o mesmo* Deus".[26] Mas eu não estou sustentando o argumento do monoteísmo de cada fé para a conclusão de que todos eles adoram o mesmo Deus. Em vez disso, estou argumentando que, porque só pode haver, em tese, um Deus – *a fonte absoluta não derivada e não condicionada de toda existência contingente* – e porque as teologias de cada uma dessas tradições de fé se referem a esse Deus único, é lógico que todos eles adoram o mesmo Deus, embora discordem sobre aspectos desse Deus em decorrência do que cada um acredita ser uma revelação especial (devo observar que Bogardus e Urban não atribuem a mim o argumento que criticam. Em vez disso, eles o oferecem como uma versão "refeita" de um argumento que eu, de fato, sustento. Contudo, porque acreditam que meu argumento pressupõe muito conhecimento teológico da parte dos crentes comuns, eles o rejeitam. Abordo essa crítica em minha resposta à quarta objeção, a seguir).

---

[26]Tomas Bogardus; Mallorie Urban, "How to tell whether Christians and Muslims worship the same God", *Faith and Philosophy* 34, n. 2 (2017): 178.

Os termos para Deus não têm o mesmo valor de verdade

William Lane Craig escreveu:

> Outra questão é que "adorar x" é o que os filósofos chamam de contexto intensional (em oposição a extensional), em que o termo "x" não precisa referir-se a nada (como em, e.g., "Jasão adora Zeus"). Em um contexto intensional, os termos correferentes não podem ser substituídos sem impactar o valor de verdade da frase. Por exemplo, embora "Júpiter" possa referir-se ao mesmo deus que "Zeus", Jasão, um grego, não adora Júpiter e talvez nunca tenha ouvido falar desse deus romano. Portanto, não se pode dizer que Abdul, um muçulmano, adora Yahweh, mesmo que "Yahweh" e "Alá" sejam termos correferentes.[27]

Craig está absolutamente correto e, de forma irônica, parece concordar com meu argumento, já que tudo o que ele está dizendo é que "Yahweh" e "Alá" têm sentidos diferentes para o cristão e o muçulmano, respectivamente, mesmo que os termos se refiram ao mesmo ser. Isso não é diferente de dizer que *Super-Homem* e *Clark Kent* têm sentidos diferentes para Lois Lane e Lana Lang, respectivamente, mesmo que os termos se refiram ao mesmo ser.

Os crentes comuns não acreditam no "Deus dos filósofos"

Borgadus e Urban escreveram: "É possível questionar se todos os membros dessas religiões são realmente teístas clássicos que adoram o Deus dos filósofos da mesma forma que Avicena, Maimônides e Tomás de Aquino faziam, ou mesmo um número suficiente para fundamentar a alegação de que cristãos e muçulmanos adoram o mesmo Deus. Se todas, a maioria, ou mesmo dez mil dessas pessoas já ouviram falar da simplicidade divina, por exemplo, em que medida a compreenderam, ou mesmo a endossaram? É uma caminhada pesada da sala de orações para a sala de aula, e poucos conseguem fazê-la".[28]

---

[27]William Lane Craig, "#459 Do Muslims and Christians worship the same God?", *Reasonable Faith* (blog), January 31, 2016, disponível em: www.reasonablefaith.org/writings/question-answer/do-muslims-and-christians-worship-the-same-god#_ednref1.

[28]Bogardus; Urban, "How to tell", p. 178.

Isso é certamente verdadeiro, mas irrelevante. Ser um crente religioso dentro de uma tradição de fé particular não é uma questão de fazer um teste de teologia ou de compreender, de forma plena, todas as distinções sutis que preocuparam estudiosos, sacerdotes e místicos durante milênios. Em vez disso, é uma questão de concordar com certas crenças gerais sobre as quais outros realizaram todo o trabalho pesado. Quando minha avó Frances Guido (1913-2002) recitava o Credo Niceno na igreja todos os domingos, tenho certeza de que ela não tinha ideia da linhagem filosófica das palavras "gerado, não feito, de uma só substância com o Pai". Mas seria difícil dizer que ela não acreditava nisso. Pois minha avó tinha o que Tomás de Aquino chamava de *fé implícita*: "Portanto, quanto aos pontos primários ou artigos de fé, o homem é obrigado a crer neles, assim como é obrigado a ter fé; mas, quanto a outros artigos de fé, o homem não é obrigado a crer neles explicitamente, mas apenas implicitamente, ou estar pronto para crer neles, uma vez que está preparado para crer em tudo o que está contido nas Escrituras divinas. Só então, ele é obrigado a crer em tais coisas explicitamente, quando estiver claro para ele que estão contidas na doutrina da fé".[29]

Quando estudamos uma tradição de fé particular, olhamos apropriadamente para o que a instituição ensina ao longo das gerações, não para o que alguns devotos aqui e ali afirmam pensar sobre o que a fé ensina. Mesmo nos casos em que encontramos crentes sofisticados de uma fé particular partindo de uma compreensão clássica da natureza divina – como nos casos de Craig,[30] Alvin Plantinga[31] e Richard Swinburne[32] dentro do cristianismo –, esses pensadores estão quase sempre trabalhando em problemas e questões dentro da tradição, contando com seus recursos filosóficos, teológicos e escriturísticos de longa data. Por isso parece correto dizer que Craig, Plantinga e Swinburne adoram o mesmo Deus que Agostinho, Aquino, Avicena

---

[29]Aquinas, *Summa theologica* II-II, q.2, a.5, disponível em: www.newadvent.org/summa/3002.htm [edição em português: Aquino, Suma teológica (São Paulo: Loyola, 2001), 9 vols.].

[30]William Lane Craig; J. P. Moreland, *Philosophical foundations of a Christian worldview*, 2. ed. (Downers Grove: InterVarsity, 2017), p. 510-39 [edição em português: Filosofia e cosmovisão cristã (São Paulo: Vida Nova, 2021)].

[31]Alvin Plantinga, *Does God have a ature?* (Milwaukee: Marquette UniversityPress, 1980).

[32]Richard Swinburne, *The Christian God* (New York: Oxford University Press, 1994).

e Maimônides, uma vez que estão tentando fornecer um relato coerente da mesma realidade – *a fonte absoluta não condicionada de toda a existência contingente*[33] –, assim como Ptolomeu e Galileu estavam tentando fornecer um relato coerente do movimento do mesmo sol.

Conclusão

Seria um erro interpretar o caso que procuro abordar neste capítulo como apelo a um ecumenismo inter-religioso no qual as convicções mais profundas de cada tradição religiosa devam ser consideradas secundárias ou periféricas à sua verdadeira essência. Distinguir entre uma crença em Deus que podemos conhecer sem a revelação especial (ou que podemos simplesmente ter em comum) e as crenças que não podemos conhecer sem a divulgação divina implica sugerir o oposto, como as respostas emocionais e desdenhosas dos ouvintes de Paulo em Atos 17 revelam. Para citar o estimado teólogo católico David B. Burrell, "para entender uma conclusão aparentemente filosófica, é melhor tentar identificar os fios religiosos com os quais ela é tecida. O monoteísmo [...] não é uma confissão, mas uma abstração. Por mais conveniente que pareça, não é aconselhável presumir que descreva uma fé comum".[34] Ou, dito de outra forma, ao reconhecer que três tradições religiosas distintas se referem ao mesmo Deus, não se está alegando que compartilham a mesma fé.[35]

---

[33]Veja, por exemplo, os seguintes comentários de Craig: "Portanto, na concepção tradicional, Deus é o que o filósofo Brian Leftow chama de 'a única realidade suprema', o pináculo do ser, por assim dizer. Pois todos os outros seres foram criados por ele e, portanto, dependem dele para sua existência, ao passo que Deus não depende de mais nada para sua existência e é a fonte de existência de tudo o mais". William Lane Craig, *God over all: divine aseity and the challenge of Platonism* (New York: Oxford University Press, 2017), p. 2. Deve-se notar que, no segundo capítulo deste livro, Craig argumenta que "a concepção tradicional" é a concepção bíblica que foi posteriormente afirmada pelos pais da igreja.

[34]David B. Burrell, CSC, *Knowing the unknowable God: Ibn-Sina, Maimonides, Aquinas* (Notre Dame, Estados Unidos: University of Notre Dame Press, 1986), p. 111.

[35]Agradecimentos especiais ao meu colega Alex Pruss, que me deu um feedback valioso sobre esse tópico durante a primavera de 2018.

■ RÉPLICA A FRANCIS J. BECKWITH

WILLIAM ANDREW SCHWARTZ E JOHN B. COBB JR.

Mesa para três

Imagine que Lois Lane e Lana Lang tivessem um encontro duplo. Lois traz seu namorado, o Super-Homem, e Lana traz seu namorado, Clark Kent. Eles deveriam conseguir uma mesa para quatro ou uma mesa para três? O exemplo inicial de Francis J. Beckwith acerca de Clark Kent e Super-Homem é útil para ilustrar a lacuna entre o conhecimento e a realidade, entre o sentido e a referência. Como Beckwith comenta: "Então, no que diz respeito a Lana, seu namorado, Clark, era um ser humano nascido no Kansas, e Clark trabalhava com uma mulher, Lois, cujo namorado era o Super-Homem, um alienígena do planeta Krypton". Mesmo assim, não importa aquilo em que Lana ou Lois acreditam, independentemente de suas concepções conflitantes − sejam eles chamados de Clark ou Kal-El, sejam humanos ou kryptonianos, elas estão namoram o mesmo cara e precisam de uma mesa para três.

Beckwith argumenta que essa situação é análoga às relações de muçulmanos, judeus e cristãos com Deus. Apesar de diversas afirmações, nomes e crenças sobre Deus, Yhwh e Alá, as três tradições abraâmicas adoram a mesma divindade. Além disso, pode-se argumentar que, assim como Lois e Lana estão cientes de seu interesse amoroso compartilhado durante o encontro duplo, muçulmanos, judeus e cristãos podem tornar-se cientes de seu objeto compartilhado de adoração por meio de diálogo inter-religioso, serviços de adoração por meio de diálogos inter-religiosos e outros encontros coletivos.

O exemplo do Super-Homem também ilustra os limites da intencionalidade nas questões relacionadas à verdade. Realmente não importa se Lana e Lois pretendem namorar a mesma pessoa. A crença e a intenção parecem ter pouco ou nenhum efeito sobre a veracidade da situação. Assim como a unidade Clark Kent/Super-Homem substitui as intenções de Lana e Lois, também a unidade de Deus/Yhwh/Alá substitui as intenções de muçulmanos, cristãos e judeus.

O *pluralismo identicista* de Beckwith

Embora boa parte do argumento de Beckwith pareça razoável, desejamos apontar os limites de sua posição. O que Beckwith fornece é bastante semelhante ao "argumento ontológico" que analisamos no capítulo anterior. Se há apenas um Deus – como há apenas um referente para os nomes Clark Kent e Super-Homem –, então judeus, cristãos e muçulmanos deveriam estar adorando o mesmo Deus. Beckwith prossegue defendendo a unidade necessária de Deus, declarando: "Parece correto dizer que, se Deus é o que pensamos que ele é – aquele que tem o caráter supremo metafísico e a existência não derivada –, então, em princípio, só pode haver um Deus" (p. 76).

Mas, se existe apenas um Deus, por que existem tantas religiões diferentes? Como podemos compreender as diversas concepções de Deus por meio (e dentro) dessas três tradições abraâmicas se todas estão experimentando e descrevendo o mesmo Deus? Aqui, Beckwith explica que "esses conflitos estão no nível do sentido, e não da referência, mesmo que se descubra que um dos sentidos está correto" (p. 81). Essa distinção entre sentido e referência não é diferente da distinção neokantiana de John Hick entre o Real *fenomenal* (o Divino como experimentado/percebido) e o Real *numenal* (o Divino em si).

Como Hick, Beckwith afirma que a realidade suprema (o que Hick chama de "o Real" e Beckwith chama de "Deus") é singular. Ou seja, no nível da referência, há apenas um Deus. O nível de referência de Beckwith é semelhante ao Real numenal de Hick. Esse é o nível da realidade objetiva – a maneira como as coisas são independentes de nossa experiência ou da compreensão que temos delas. Em contraste, as diferenças entre as concepções muçulmana, judaica e cristã de Deus situam-se no nível dos sentidos (semelhantes ao Real fenomenal de Hick). Esse é o nível da realidade subjetiva – a maneira como as coisas são, conforme as percebemos e as entendemos. De acordo com Beckwith, embora Lois e Lana tenham entendimentos distintos (baseados em experiências diferentes) de Clark/Kal-El, essas diferenças são conflitantes apenas no nível dos sentidos – o nível dos fenômenos (realidade conforme percebida). No entanto, a diversidade nesse nível não implica diversidade no nível da referência – o nível dos númenos (a realidade como ela é em si mesma). Portanto, a distinção de referência de sentido de Beckwith, como a distinção de número-fenômeno de Hick, é usada para defender a unidade de Deus em meio a uma pluralidade de descrições.

Dadas as semelhanças entre os argumentos de Beckwith e Hick, não deve ser surpresa descobrir que eles compartilham problemas semelhantes. Talvez o maior problema quanto à posição de Beckwith seja privilegiar a unidade sobre a diversidade. Tanto Hick como Beckwith pressupõem uma unidade fundamental no nível de referência subjacente a uma pluralidade de experiências no nível do sentido. Considere o exemplo usado por Hick (e descrito em nosso capítulo) dos Homens Cegos e o Elefante. Se somos todos cegos, com acesso a apenas uma parte limitada de toda a realidade, quais razões temos para acreditar que estamos tocando no mesmo elefante? A posição de Hick é frequentemente criticada porque requer um ator em uma posição epistêmica privilegiada (como, por exemplo, ser a única pessoa com visão em um grupo de cegos), capaz de identificar a unidade de referência em meio à diversidade de sentidos. Isso não é diferente do exemplo do Super-Homem de Beckwith, em que o leitor da história em quadrinhos fica fora da história, em uma posição epistêmica privilegiada em relação à de Lana e Lois. Por causa dessa posição única o leitor pode ver a verdade da dupla identidade do Super-Homem, além da compreensão limitada de Lois e Lana.

Por favor, não entenda mal, não estamos criticando Beckwith por fazer afirmações positivas sobre a natureza de Deus (e.g., como fundamentalmente único). Afinal, essa é a tarefa da teologia! Nossa preocupação é que Beckwith parece pressupor uma unidade fundamental de referência, mas sem uma estrutura metafísica abrangente para apoiá-la.[36] E, sem um sistema metafísico abrangente, a posição de Beckwith depende de algum acesso privilegiado ao nível de referência. Quer esteja lendo uma história em quadrinhos ou um livro cósmico,

---

[36]Favorecemos a estrutura metafísica apresentada por Alfred North Whitehead, que compartilha a conclusão de Beckwith sobre a unidade de referência entre muçulmanos, judeus e cristãos, mas também permite uma pluralidade de supremos (incluindo o cosmo e o ser em si) distintos do Deus abraâmico (Ser Supremo).

WILLIAM ANDREW SCHWARTZ E JOHN B. COBB JR. ■

a perspectiva de Beckwith depende de algum acesso privilegiado ao nível da referência; sem ela, ele não tem razão para pressupor uma unidade fundamental subjacente à diversidade da experiência. Assim, parece igualmente plausível que Deus, Alá e YHWH sejam três realidades distintas (referentes), e não uma única realidade experimentada e descrita de maneiras diferentes.

A unicidade é uma característica necessária da Divindade?

Além de seu pluralismo identicista de sentido/referência, Beckwith também oferece um argumento lógico para a unidade de Deus. Ele tenta construir a singularidade de Deus na própria definição de Deus. Em um ponto, Beckwith descreve Deus como "o *Criador e Sustentador absoluto, não causado, perfeito, racional, imutável, autossubsistente e sustentador de tudo o que é criado*". Embora cada um desses termos possa ser desdobrado e debatido, estamos mais interessados na forma do argumento, que vai dessa definição à conclusão de que "só pode haver, em princípio, um Deus".

Em uma versão abreviada, Beckwith descreve Deus como "aquele que é metafisicamente supremo e tem existência não derivada". Vamos considerar cada um desses elementos individualmente. Primeiro, "existência não derivada". Que a existência de Deus seja considerada necessária (não derivada) não é algo exclusivo da formulação de Beckwith. Variedades de "argumentos cosmológicos" para a existência de Deus são tão comuns no pensamento cristão (e.g., Aquino) quanto no pensamento islâmico (e.g., al-Ghazali), todos baseados na visão de que a existência de Deus é necessária. Mas há algo sobre a natureza de uma existência não derivada que requer que apenas uma entidade possa ser não derivada? Se alguém afirma que há dois ou mais elementos não derivados da totalidade, todos eternos (e, portanto, não derivados), existe algum conflito inerente? Todos eles teriam de ser vistos como deuses? Achamos que não.

O que dizer, então, da segunda característica, "metafisicamente supremo"? Pode haver alguns entendimentos de metafísica em que o ultimato metafísico necessariamente requeira unidade. Mas um dos maiores metafísicos foi Aristóteles, cuja metafísica apresenta quatro causas ou linhas de explicação – e cada uma chega a um supremo.

97

Mas a causa material suprema não é a mesma que a causa formal ou eficiente suprema.

Por "supremo", pode-se dizer tudo incluído. Mas esse tipo de conclusão resulta em um monismo metafísico. Se Aquele é Deus, então apenas Deus existe. Portanto, a mesma lógica que exclui a possibilidade de múltiplos últimos metafísicos parece excluir a possibilidade de qualquer outra coisa que não o último metafísico – incluindo a realidade derivada das criaturas. Assim, se Beckwith deseja deixar espaço para a realidade não suprema (como a existência humana), ele deve ter em mente algo diferente em relação a "metafisicamente supremo".

Nesse sentido, Beckwith acrescenta que "Deus não pode ser *uma coisa* no universo, mas o ser do qual todas as coisas no universo dependem" (p. 74). Dito de outra forma, "Deus não pode ser único. Ele deve ser o Ser em si, o que significa que ele é a fonte absoluta de todos os tipos de coisas que existem". Embora alguns, como Tillich e Heidegger, tenham sugerido pensar em Deus como "o ser em si, a maioria dos muçulmanos, judeus e cristãos parece ter em mente algo mais parecido com Deus como 'Ser Supremo'".[2] Já tratamos dessa distinção com alguma profundidade em nosso capítulo, mas vale a pena reiterar que a distinção entre o Ser Supremo e o Ser em si também pode ser compreendida como a diferença entre Deus como uma divindade pessoal, por um lado, e Divindade como a realidade suprema sem forma, por outro.

Mais precisamente, o fato de haver uma distinção entre um Ser Supremo (pessoal) e a Base do Ser (impessoal) já implica a possibilidade de haver múltiplos supremos. Não há conflito inerente entre a existência necessária (não derivada) de um supremo pessoal (Ser Supremo) e um supremo impessoal (Ser em si). Na teologia do processo, os termos Deus e Criatividade são invocados respectivamente para distinguir entre esses supremos. Como tal, não pensamos que a afirmação de Beckwith, no sentido de que Deus como metafisicamente supremo, com existência não derivada implica que há apenas um Deus e que os cristãos, muçulmanos e judeus necessariamente adoram o mesmo Deus.

Aprendendo sobre Deus: além da revelação progressiva

A noção de "revelação progressiva" é extremamente importante, e somos gratos a Beckwith por introduzi-la na análise. A revelação progressiva fala sobre a natureza dinâmica do conhecimento, que pode ser usada para explicar as diferenças de pontos de vista sobre um referente compartilhado. Considere Copérnico. Antes de Copérnico, as pessoas acreditavam que o Sol girava em torno da Terra. Mas Copérnico propôs que a Terra girava em torno do Sol, e esse reconhecimento lançou a revolução copernicana – uma mudança fundamental na maneira de os humanos entenderem a relação entre a Terra e o Sol. No entanto, essa diferença fundamental entre o geocentrismo de Ptolomeu e o heliocentrismo de Copérnico não implicava que houvesse duas terras diferentes ou dois sóis diferentes. Em vez disso, diferentes pontos de vista sobre o mesmo assunto resultaram do conhecimento progressivo – nós aprendemos coisas novas sobre a relação da Terra com o Sol.

Com respeito a Deus, Beckwith argumenta: "De acordo com o entendimento cristão da revelação progressiva, foi somente mais tarde, sob a nova aliança, que Deus revelou ser Pai, Filho e Espírito Santo, e mesmo então as implicações completas do que isso significa para a igreja universal não foram resolvidas até bem mais tarde, no quarto século, no Concílio de Constantinopla, em 381" (p. 85). O argumento é que aprender coisas novas sobre Deus não envolve deuses diferentes. Sobre esse assunto, concordamos integralmente com Beckwith.

Tanto no nível do indivíduo como no nível de uma comunidade (tradição), a aprendizagem é um processo. O que gostaríamos de acrescentar, no entanto, é que reconhecer a natureza dinâmica do conhecimento não é razão para pressupor que o objeto do nosso conhecimento seja estático. Todas as coisas fluem. Assim como nas descrições conflitantes da cor das folhas entre a primavera e o outono ou nos traços físicos de uma pessoa que cresce ao passar de bebê a adulto, as discrepâncias podem ser o resultado tanto do conhecimento progressivo como da realidade dinâmica. Achamos que a natureza dinâmica da existência é igualmente relevante para o dinamismo de Deus, embora não defendamos essa visão aqui.

Embora tenhamos tentado criticar a posição de Beckwith, encontramos benefícios em apoiar sua conclusão. Se as tradições abraâmicas se reconhecessem como adorando o mesmo Deus, talvez pudessem conviver mais pacificamente em uma mesa para três.

■ RÉPLICA A FRANCIS J. BECKWITH

GERALD R. MCDERMOTT

Concordo com Frank Beckwith que o Deus de Moisés era o mesmo Deus para Jesus e Paulo – não apenas uma abstração filosófica ("existência não condicionada não derivada"), mas também e especialmente o Deus infinito e pessoal de Israel. A advertência final de Beckwith de que o judaísmo, o islamismo e o cristianismo são três religiões diferentes, contudo, é uma pista de que seus diferentes sentidos (como ele observa) não apontam para o mesmo referente.

Temos de voltar ao que Beckwith afirma sobre o que todas as três religiões concordam: Deus como o *absoluto, não causado, perfeito, racional, imutável, autossubsistente, criador eterno e sustentador de tudo o que é criado*. Minha alegação é que os muçulmanos não concordam com os cristãos sobre o que três desses termos significam, então não se pode dizer que eles "acreditam mais ou menos nas mesmas coisas sobre Deus". Em três termos, há muito *menos* do que *mais*.

Veja o primeiro termo sobre o qual há desacordo substancial: "perfeito". Tomás de Aquino, que Beckwith usa como seu representante do pensamento cristão, disse que ser perfeito significa ser totalmente atual, sem nenhuma potencialidade. Deus não carece de nada, especialmente de bondade ou amor. Sua bondade é a maior bondade que existe e seu amor é o mais perfeito. Na verdade, porque Deus também é simples, não há componentes em Deus. Ele *é* o bem supremo e o amor mais perfeitamente imaginável.[37] Tomás cita o apóstolo João:

---

[37]Thomas Aquinas, *Summa theologiae*, tradução para o inglês de padres da Província Inglesa Dominicana (Westminster: Christian Classics, 1981), Ia 1a.1.4; *Summa contra*

"Deus é amor". Sua essência é a bondade perfeita e o amor plenamente realizado.

Embora Deus também seja seus outros atributos, como justiça, o amor é sua essência de uma forma que outras afeições de Deus não são. O "princípio" de toda afeição divina é o amor.[38] Portanto, em algum sentido, parece ser a raiz das outras afeições de Deus. Tomás também diz que "nenhuma das outras coisas ditas sobre Deus quanto à operação é dita mais ou menos dele".[39] Mas, do amor, pode-se dizer: "Deus ama uma coisa mais do que outra, na medida em que ele deseja um bem maior".[40] Alguém imagina que Tomás possa estar pensando que Deus ama todas as criaturas humanas, mas talvez ame menos que o rejeitam do que aquelas que persistem no amor por ele.

Para Tomás, portanto, o amor é parte da perfeição de Deus de uma forma que outros atributos não são. Mas a perfeição de Alá é fundamentalmente diferente. Conforme detalhei em meu ensaio, os estudiosos muçulmanos pensam que o conceito do amor de Deus é incompatível com sua transcendência, sugerindo uma humanização da majestade de Alá que é impossível para a mente islâmica. Mesmo que o amor de Alá deva ser contemplado – e isso dificilmente é para a minoria sufi –, é apenas para aqueles muçulmanos que obedecem. Nesse caso, seria amor condicional, se é que seria amor. Mas até isso pode estar indo longe demais. O estudioso da lei islâmica Norman Anderson relata que "'amor' (ou 'amar') não encontra lugar entre os sete 'atributos eternos' de Deus (*al-Şifat al-Azaliyya*) aos quais a teologia muçulmana frequentemente se refere".[41]

Avicena, que o professor Beckwith usa como exemplo de pensador muçulmano, não conseguia conceber que Alá tivesse qualquer intenção para com suas criaturas no mundo. Como Tomás de Aquino, ele ensinou a simplicidade radical de Deus, na qual não há atributos para além de sua essência, a qual não tem a intenção de se relacionar com o mundo. De acordo com Avicena, "toda intenção é para o bem do pretendido e é menos existente do que o pretendido. Isso porque, se uma

---

gentiles, tradução para o inglês de Anton Pegis (Garden City: Image, 1955), 1: 91.5; cf. *Summa theologiae* 1a.1.3.

[38]*Summa contra gentiles* 1:91.7.

[39]*Summa contra gentiles* 1.91.9.

[40]*Summa contra gentiles* 1.91.11.

[41]J. N. D. Anderson, *God's law and God's love: an essay in comparative religion* (London, Reino Unido: Collins, 1980), p. 98.

coisa é para o bem de outra, essa outra existência é mais completa do que ela".[42] Portanto, se algo é mais completo que outro, esse algo não pode ter a intenção de outro ou coisa alguma para aquele outro. Pode haver efeitos acidentais da providência divina, mas eles não podem ser intencionais.

O que isso significa para a concepção de Alá e do amor de Avicena? Deve-se excluir. Pois, mesmo que haja efeitos benéficos da providência de Alá para o mundo, eles não foram intencionais. E, sem intenção, não pode haver amor. Como eu – ou Deus, nesse caso – poderia dizer que amo os outros sem ter intenção para os outros? Se alguém me ajudar acidentalmente, ficarei grato. Mas certamente eu não seria capaz de pensar nessa ajuda como algo amoroso. Pois não era para ser uma ajuda.

E, sem o amor como parte da perfeição de Alá, a representação de Avicena da perfeição de Deus é bem diferente da representação de Aquino da perfeição de Deus. São duas perfeições muito diferentes.

Se Avicena e Tomás de Aquino são pensadores verdadeiramente representativos que representam o islamismo e o cristianismo, então muçulmanos e os cristãos não compartilham uma visão de Deus como perfeito. Pois, no cerne da perfeição do Deus cristão, está o amor, enquanto a perfeição do Deus muçulmano repudia esse conceito.

Que tal um segundo termo na lista do professor Beckwith acerca das "mesmas coisas" com as quais ele afirma que muçulmanos e cristãos concordam (em breve, abordarei o judaísmo) – que Deus é "racional". O que isso significa? Para Tomás, significa que Deus tem uma mente que se reflete na racionalidade do mundo que ele criou. Por isso nossa mente pode entender boa parte de como o mundo funciona, porque ele é organizado matemática e racionalmente, de modo que nossa mente pode acessar e compreender. Como ensinou Tomás, a analogia entre nossa mente criada e os padrões racionais do mundo, por um lado, e a razão de Deus, por outro, contém infinitamente mais dessemelhança do que semelhança.[43] No entanto, é significativo que

---

[42]Avicenna, *al-Najah*, edição de M. Fakhri (Beirut, 1985), p. 305; citado em Shams Inati, "Ibn Sina", in: Seyyed Hossein Nasr; Oliver Leaman, orgs., *History of islamic philosophy* (London, Reino Unido: Routledge, 1996), vol. 1, p. 242.
[43]*Summa theologiae* Ia.13.

o apóstolo João tenha dito que Jesus é o *logos*, que significa palavra ou razão racional. E Paulo diz que a adoração cristã é *logikēn latreian*, ou "culto racional" (Rm 12:1). Claro, a adoração é mais do que simplesmente racional, pois é dirigida a um Deus que é infinitamente maior que nossos conceitos racionais. Mas nunca é menos que isso – como adorar um deus que desafia a conceitualidade racional.

Quando Avicena e outros pensadores muçulmanos descrevem Deus, a transcendência de Alá é central, de modo que qualquer tentativa de sugerir uma analogia com a razão humana é rejeitada. É um truísmo dizer que, para os muçulmanos, a vontade de Deus é tudo o que conhecemos, por meio de sua lei revelada. Os humanos podem usar a razão para tratar da lei divina, mas sugerir uma relação da vontade de Deus com a racionalidade humana é interpretar mal Alá de maneira fundamental. Deus transcende todas as categorias humanas para que não haja qualquer relação entre a natureza de Deus e o que chamamos de racionalidade. Portanto, comparar a natureza de Deus como "racional" para os muçulmanos ao Deus cristão como "racional" é como comparar maçãs e laranjas – ou, mais precisamente, humanos e sua Fonte não humana. Para os muçulmanos, o termo "racional", quando usado de acordo com a natureza de Deus, não tem nenhuma relação com a racionalidade humana; na verdade, é categoricamente diferente. Mas, para os cristãos, há alguma analogia entre a natureza racional de Deus e a racionalidade humana. Conclusão: os muçulmanos e cristãos não acreditam que Deus seja "racional" da mesma forma.

Um terceiro termo que o professor Beckwith usa para afirmar que os conceitos dos muçulmanos e cristãos acerca de Deus são os mesmos é "imutável". Muitos muçulmanos contestariam essa afirmação. Eles são rápidos em apontar para a afirmação cristã central de que Deus encarnou como homem na pessoa de Jesus, que viveu historicamente e, portanto, suportou mudanças ao longo de sua vida terrena. A encarnação sugere que Deus mudou de maneira fundamental, pelo menos em uma das três Pessoas divinas. Os cristãos podem protestar que a segunda Pessoa da Trindade permaneceu inalterada em sua divindade e mudou apenas em sua humanidade, e que Deus em sua divindade permaneceu inalterado. Essa era a visão de Aquino.[44]

---

[44]*Summa theologiae* IIIa.16.9.

Visão da referência ao mesmo Deus

Aqui, no entanto, a diferença quanto à visão muçulmana é clara: para Aquino e todos os cristãos ortodoxos, uma das três Pessoas mudou e, portanto, em algum sentido, o próprio Deus mudou ao longo do tempo. Portanto, cristãos e muçulmanos não pensam na natureza de Deus como imutável da mesma maneira. Existem diferenças significativas.

Se a visão muçulmana da natureza de Deus como *perfeita, racional e imutável* é significativamente diferente da respectiva visão cristã, as analogias do professor Beckwith com Clark Kent/Superman e Cassius Clay/Muhammad Ali falham. Isso porque dependem que o referente seja o mesmo. Mas, quando os conceitos de *perfeito, racional e imutável* são aplicados a Alá, significam coisas muito diferentes do que quando são aplicados ao Deus trinitário. Essas diferenças sugerem referências diferentes, não o mesmo Deus, mas dois deuses diferentes.

Concordo com o professor Beckwith, no entanto, quando ele diz que, embora o senso de Deus existente em Moisés fosse diferente daquele de Aquino, eles tinham a mesma referência. Contudo, mesmo o sentido de Moisés não era qualitativamente diferente do de Tomás de Aquino. Enquanto Tomás de Aquino se referia ao Deus trinitário, Moisés escreveu na Torá que a unidade de Deus era diferenciada: havia Deus e o Espírito de Deus em Gênesis 1, e Deus e a Palavra de Deus em toda a Torá. Portanto, Moisés sabia que a unidade de Deus não era matemática, mas envolvia diferenciação interna, assim como Tomás de Aquino. O professor Beckwith também está certo ao dizer que Paulo estava se referindo ao Deus judeu. Ele e seus oponentes judeus tinham entendimentos distintos do mesmo Deus, o Deus de Israel. A diferença dizia respeito a apenas uma coisa no futuro, se Jesus era o messias. Como argumento em meu ensaio, a maioria dos judeus e cristãos pensa que ressurreição, encarnação e Trindade separam judeus e cristãos. Mas todos esses são conceitos judaicos (ressurreição) ou desenvolvimentos de conceitos judaicos (encarnação e Trindade). Apenas a identidade de Jesus separa os judeus e os cristãos.

Claro, essa é uma grande diferença. Isso tem implicações para o destino eterno, mas não é uma questão de adorar diferentes deuses. Ambas as comunidades adoram o Deus de Israel e encontram sua revelação nas Escrituras judaicas, que constituem 77% (protestantes) a 80% (católicos) da Bíblia cristã.

RÉPLICA A FRANCIS J. BECKWITH

JERRY L. WALLS

É difícil criticar um artigo que começa com Super-Homem. O artigo de Frank não é apenas provocativo, mas divertido de ler. Infelizmente, não acho que seu relato, apesar da aparência do Super-Homem, defenda a verdade ou a justiça – mas estou menos certo sobre o modo americano de ser. Em qualquer caso, concordo com praticamente tudo o que Frank diz no primeiro terço de seu ensaio. A história que ele conta sobre Adam, Baaqir, Candida e sua perda e recuperação da fé em Deus é uma forma esclarecedora de abordar esses assuntos complicados e controversos. Depois de relatar como eles voltaram a acreditar em Deus por meio de uma investigação filosófica cuidadosa, Frank faz uma pergunta à qual parece claro que devemos responder com um retumbante não: "Alguém pode negar que Adam, o ex-judeu; Baaqir, o ex-muçulmano; e Candida, a ex-cristã, todos creem no mesmo Deus?" (p. 77).

Como Frank passa a admitir, entretanto, sua crença comum em Deus é apenas uma questão de "mero teísmo" e "nem mesmo está claro se é correto dizer que agora eles têm *fé* em Deus" (p. 77). Embora essa crença comum em Deus seja racionalmente direcionada e filosoficamente sofisticada, religiosamente ela é bastante tênue. Fornece pouca ou nenhuma ideia de como esse Deus se sente a nosso respeito, por que ele nos criou ou o que ele pode exigir de nós, seja lá o que for. Na verdade, ao ler essa seção do artigo de Frank, não pude deixar de pensar no personagem de Hume, o cético Filo, e em seu conselho sobre como devemos tratar as publicações da teologia natural: "Se isso não permite inferências que afetem a vida

Visão da referência ao mesmo Deus

humana, ou possa ser a fonte de qualquer ação ou tolerância [...] o que pode fazer o homem mais inquisitivo, contemplativo e religioso dar muito mais um assentimento filosófico claro à proposição, tantas vezes quanto ela ocorrer, e acreditar que os argumentos sobre os quais ela é estabelecida excedem as objeções em seu desfavor?".[45] Filo prossegue, observando que uma mente bem-disposta naturalmente desejará que o céu esteja disposto a nos fornecer "alguma revelação mais particular" e, consequentemente, "voará para a verdade revelada com maior avidez".[46]

De uma forma que não surpreende, isso é exatamente o que nosso trio de buscadores religiosos faz, engajando-se em um estudo sério das três religiões por dezoito meses, lendo não apenas seus textos sagrados, mas também seus teólogos e apologistas. Podemos presumir de sua diligência que todos adquirem um entendimento bem informado sobre cada uma das três religiões, suas afirmações distintas da verdade e os fundamentos e evidências para elas. Com base em seu estudo, cada um se converte a uma das religiões abraâmicas, mas não àquela que mantinham antes de sua jornada por meio da perda da fé em Deus e da subsequente recuperação. E é aqui que a tentativa de Frank de argumentar que todos eles ainda adoram o – e creem no – mesmo Deus enfrenta problemas.

O problema não é gerado por qualquer tipo de tentativa da parte de Frank para minimizar ou banalizar as diferenças profundas que separam as três religiões. Ao contrário, elas são explicadas em detalhes consideráveis. Mas essas diferenças não representam um problema para a alegação de que todos adoram o mesmo Deus, visto que as diferenças são compostas apenas de "coisas adicionais" que eles acreditam terem sido especialmente reveladas por Deus, e que eles desconheciam quando se converteram ao mero teísmo. Isso diz respeito a questões como natureza divina, humanidade, moralidade e salvação. "Consequentemente, quando Adam participa da divina liturgia, quando Baaqir vai para a sinagoga e quando Candida faz suas cinco

---

[45]David Hume, *Dialogues concerning natural religion*, edição de Richard H. Popkin (Indianapolis: Hackett, 1980), p. 88 [edição em português: *Diálogos sobre a religião natural* (Lisboa: Edições 70, 2019)].

[46]Hume, *Dialogues*, p. 89.

orações diárias (*salat*), todos estão adorando o mesmo Deus" (p. 79). Mais adiante, ele reitera e expande a afirmação de que as diferenças agudas que dividem as três religiões não representam um problema para a afirmação de que elas adoram o mesmo Deus. "A razão é extremamente simples. Cada tradição de fé mantém o mesmo entendimento básico do que constitui a natureza divina: Deus é *o absoluto, não criado, perfeito, racional, imutável, autossubsistente, criador eterno e sustentador de tudo o que é criado*. Portanto, quando cristãos, muçulmanos e judeus falam de Deus, eles têm a mesma referência" (p. 80).

Mas isso é realmente tão simples? Eu acho que não. O primeiro problema com as afirmações de Frank aqui é que ele interpreta mal o relato cristão do que é a "compreensão mais básica do que constitui a natureza divina". Na verdade, algumas das declarações que ele apresenta como "coisas adicionais" especialmente reveladas por Deus estão entre as verdades mais básicas de todas, verdades que são mais fundamentais do que a verdade de que Deus é "eterno criador e sustentador de tudo o que é criado". Estou me referindo à doutrina da Trindade, a afirmação de que Deus existe desde toda a eternidade em três Pessoas: Pai, Filho e Espírito Santo. Considerando que Deus é apenas *contingentemente* um criador e sustentador, uma vez que poderia ter escolhido não criar nada, ele é *essencial e necessariamente* uma Trindade. Como Colin Gunton observou, "As três Pessoas da Trindade existem apenas em relacionamento eterno recíproco. Deus não é Deus sem o modo como o Pai, o Filho e o Espírito na eternidade dão e recebem um do outro o que essencialmente são".[47]

É importante enfatizar a natureza do que as três Pessoas dão e recebem entre si, a fim de compreender o que são essencialmente. Obtemos algumas pistas fascinantes sobre isso no material bíblico que descreve as interações entre as Pessoas da Trindade. Por exemplo, quando o Pai fala do céu no batismo de Jesus e diz "Este é o meu Filho amado, de quem me agrado" (Mt 3:17), vemos que a relação é de amor e prazer. Também temos um vislumbre notável da dinâmica eterna da Trindade quando Jesus ora ao Pai para que seus discípulos "vejam a minha glória, a glória que me deste porque me amaste antes da criação

---

[47]Colin E. Gunton, *The three and the many: God, Creation and the culture of modernity* (Cambridge: Cambridge University Press, 1993), p. 164.

do mundo" (Jo 17:24). O reconhecimento dessa relação eterna de amor e deleite levou C. S. Lewis a comentar que, "no cristianismo, Deus não é uma coisa estática – nem mesmo uma pessoa –, mas uma atividade dinâmica e pulsante, uma vida, quase uma espécie de drama. Quase, se você não me achar irreverente, uma espécie de dança".[48]

A afirmação extraordinária de que Deus é amor em sua própria essência, de que ele tem sido amor desde a eternidade, quando não havia criaturas para amar, é vital para a teologia cristã. O que é, na melhor das hipóteses, uma nota menor no islamismo é absolutamente fundamental para a fé cristã. Tudo o que é distintamente cristão surge da verdade essencial de que Deus é amor. A encarnação e a expiação exibem o amor eterno de Deus em carne e sangue com vivacidade. Aliás, Jesus nos informa que, "como o Pai me amou, assim eu os amei" (Jo 15:9). Isso ganha camadas de profundidade quando nos lembramos da oração de Jesus, na qual ele diz que o Pai o amava antes da fundação do mundo. Em outras palavras, o amor que Jesus revelou é o amor compartilhado entre as Pessoas da Trindade desde a eternidade. A vida, a morte e a ressurreição de Jesus constituem uma exibição narrativa da realidade autóctone do amor trinitário eterno.

Não começa a fazer justiça à afirmação fundamental de que Deus é amor em sua existência essencialmente trinitária desde toda a eternidade caracterizar essa afirmação como apenas uma "coisa adicional" que aprendemos da revelação especial e desenvolve a definição mais fundamental de Deus alcançada por meio da análise filosófica. É importante notar que o relato de Frank sobre o que é básico em sua definição de Deus deriva, aparentemente, do que tem prioridade na *ordem de conhecimento* da forma como entendida na filosofia tomista. Ou seja, primeiro chegamos à existência de Deus e a alguns de seus atributos essenciais por meio da razão e do argumento filosófico e, só depois disso, passamos a considerar que podemos aprender coisas adicionais por meio de revelação especial.

Em contraste, como tratei em meu ensaio, o que é verdadeiramente básico e fundamental sobre Deus é o que tem prioridade na *ordem*

---

[48]C. S. Lewis, *Mere Christianity* (San Francisco: HarperSanFrancisco, 2001), p. 175 [edição em português: *Cristianismo puro e simples* (Rio de Janeiro: Thomas Nelson Brasil, 2017)].

do *ser*, e os elementos cruciais disso chegam até nós por meio de revelação especial. Assim, na ordem do ser, nada é mais fundamental ou básico do que a existência eterna de Deus em um relacionamento essencialmente amoroso entre as três Pessoas da Trindade.

Isso também aponta para o fato de que o referente para qualquer descrição verdadeira de Deus é a Trindade. Qualquer relato do referente correto para nossas várias definições de Deus que não inclua a natureza trinitária é radicalmente incompleto do ponto de vista cristão. O ponto é o mesmo, quer estejamos falando sobre a definição filosófica de Frank ou sobre sua afirmação mais bíblica, com a qual, segundo ele, concordariam Adam, Baaqir e Candida – a saber, "que Deus fez uma aliança com Abraão e que chamou Moisés para conduzir os filhos de Israel para fora do Egito" (p. 80). Se o cristianismo for verdadeiro, o referente apropriado para ambas as descrições é o Deus trino e uno: Pai, Filho e Espírito Santo. Esse é o único Deus que existe. Não existe um Deus "mero teísta", que carece de natureza trinitária.

Nessa perspectiva, é difícil ver como Adam, Baaqir e Candida, que agora estão totalmente informados sobre as três religiões, podem concordar que estão adorando o mesmo Deus simplesmente porque concordam com o teísmo genérico e as crenças compartilhadas sobre o Antigo Testamento. Vamos supor que um dos livros que eles leram quando estavam fazendo suas pesquisas tenha sido *Cristianismo puro e simples*, e que encontraram o famoso argumento "trilema" de Lewis de que Jesus é um mentiroso, um lunático ou o Senhor do universo. Suponha que esse foi um dos argumentos que levou Adam a abraçar o cristianismo, enquanto Baaqir e Candida, ao depararem com esse argumento, mostraram-se mais resistentes à doutrina de que Jesus é o Deus Filho.

Agora, suponha que Adam também se sentisse profundamente atraído pela imagem encantadora de Lewis da Trindade como uma dança. Ele também ficou impressionado com o ponto de Lewis de que a Trindade não é apenas uma doutrina a ser compreendida, mas também uma realidade a ser abraçada.

> E agora, em que medida tudo isso importa? É mais importante do que tudo mais no mundo. Toda a dança, ou drama, ou padrão dessa vida tríplice pessoal, tudo deve ser encenado em cada um de nós: ou (dito

Visão da referência ao mesmo Deus

ao contrário) cada um de nós tem de entrar nesse padrão, tomar seu lugar na dança. Não há outro caminho para a felicidade para a qual fomos feitos.[49]

Se Adam agora crê que Jesus é a segunda Pessoa da Trindade, o único Deus que existe, e acredita que o único caminho rumo à felicidade para a qual fomos criados é entrar na dança trinitária e abraçar Jesus pela fé, o que ele vai pensar agora sobre seus amigos que rejeitaram as afirmações de Jesus e talvez até acreditem que essas alegações são blasfemas? Adam pensará que seus amigos adoram o mesmo Deus que ele porque concordam com as afirmações do mero teísmo, mesmo quando negam conscientemente a natureza trinitária de Deus?

Eu acho que não. Uma coisa é dizer que todos os três buscadores acreditavam no mesmo Deus quando compartilhavam um compromisso comum com o mero teísmo *antes* de se envolverem seriamente com as reivindicações de verdade distintas das várias religiões. Mas, tendo compreendido essas reivindicações mutuamente exclusivas, e cada um tendo abraçado uma versão dessas reivindicações, eles não podem recuar para o teísmo genérico como terreno comum, da mesma forma que faziam antes. Pois Adam agora reconhece que Deus na condição de Trindade é ainda mais fundamental na ordem de ser do que Deus como criador e, portanto, considera suas convicções trinitárias essenciais para seu teísmo. Em contraste, Baaqir e Candida agora negam conscientemente as reivindicações trinitárias e os excluem expressamente de sua fé teísta.

Vamos ilustrar isso com uma história sobre o Super-Homem. Suponha que Clark Kent tenha ciúmes do fato de sua namorada, Lana, falar sobre o Super-Homem o tempo todo e parecer estar apaixonada por ele. Então, uma noite, em um encontro, ele penteia o cabelo como o Super-Homem, tira os óculos e pergunta: "Consegue se lembrar de alguém?". Lana fica confusa e balança a cabeça. Clark desabotoa a camisa para revelar um grande "S" vermelho no tecido azul e diz: "Vamos lá, olhe para mim. Eu sou o Super-Homem". Lana agora está ainda mais confusa e até mesmo irritada. Clark, então, toma uma barra de aço e a dobra em forma de ferradura. Lana responde: "Oh,

---

[49]Lewis, *Mere Christianity*, p. 176.

Clark, você está com tanto ciúme do Super-Homem que agora está se vestindo como ele, tentando se parecer com ele e até aprendeu magia para me impressionar fingindo dobrar aquela barra de aço? Realmente, isso é demais". Então se vira e sai pela porta.

Essa é a situação de quem foi informado das declarações de Jesus e entenderam por que os cristãos ensinam que ele é o Filho de Deus, a segunda Pessoa da Trindade, o verdadeiro referente do Deus de mero teísmo, mas que rejeitam essas afirmações.

Antes de concluir, é importante notar que, às vezes, Frank lança seu argumento no que diz respeito à adoração ao mesmo Deus e às vezes, se não com mais frequência, no que diz respeito a acreditar ou se referir ao mesmo Deus. Isso é importante porque o primeiro caso é mais exigente. Como argumentei em meu ensaio, referir-se ao mesmo Deus é apenas uma condição necessária para adorar o mesmo Deus, mas está longe de ser suficiente. Em qualquer caso, Frank comenta em sua conclusão que seria um erro tomar seu capítulo como um apelo a um ecumenismo inter-religioso que considera as crenças mais profundas de cada tradição "secundárias ou periféricas à sua verdadeira essência" (p. 93). Aliás, em sua frase final, ele observa que, "ao reconhecer que três tradições religiosas distintas se referem ao mesmo Deus, não se está alegando que compartilham a mesma fé" (p. 93). Ele não menciona a adoração comum em sua conclusão e apenas insiste na alegação relativamente frágil de que as três religiões se *referem* ao mesmo Deus.

Tenho dúvidas de que Adam, Baaqir e Cândida até mesmo se refiram ao mesmo Deus depois de cada um deles haver abraçado de maneira totalmente informada as reivindicações religiosas de uma tradição religiosa em particular, afirmações que são logicamente incompatíveis com as outras duas tradições. Mas parece claro nesse ponto que eles não acreditam no – muito menos adoram o – mesmo Deus.

TRÉPLICA

FRANCIS J. BECKWITH

Os outros colaboradores deste volume levantam algumas críticas muito importantes sobre o caso que apresento em meu capítulo. Neste espaço limitado, responderei às preocupações que considero mais sérias e que me obrigam a esclarecer melhor minha posição.

Jerry Walls está correto ao dizer que, no entendimento cristão, Deus é essencial e necessariamente uma Trindade e que tanto o judaísmo como o islamismo negam isso. Ele também está correto ao dizer que a Bíblia nos diz muitas coisas sobre a natureza triúna de Deus, incluindo as relações entre as Pessoas da Trindade, coisas que, de outra forma, nunca saberíamos sem as Escrituras. No entanto, essas observações são perfeitamente condizentes com a tese que defendo em meu capítulo, uma vez que meu caso depende quase inteiramente de entender a unicidade da natureza divina correta, mesmo que alguém entenda algumas coisas erradas sobre Deus, incluindo qualquer suposta revelação especial dele. Por isso muitos escritores cristãos, tão diferentes quanto São Tomás de Aquino e William Lane Craig, defendem a fé cristã estabelecendo primeiro a existência de Deus e depois passando para outros assuntos, incluindo aqueles que Jerry corretamente observa como essenciais para a fé cristã. Para entender isso, suponha que um aspirante a estudante de Filosofia, Lemuel, passe a acreditar na existência de Deus depois de ler o argumento cosmológico *Kalām*, de Bill Craig, publicado em seu livro *Reasonable faith*.[50] No entanto,

---

[50]William Lane Craig, *Reasonable faith: Christian truth and apologetics*, 3. ed. (Wheaton: Crossway, 2008), p. 111-56.

FRANCIS J. BECKWITH ■ TRÉPLICA

depois de ler as partes do livro em que Bill defende a reivindicação da divindade de Cristo e a historicidade de sua ressurreição[51] – crenças das quais a verdade do cristianismo depende –, Lemuel não está convencido da defesa de Bill para a veracidade dessas doutrinas. Agora suponha que, três anos depois, Lemuel se convença dessas crenças e as abrace com entusiasmo. Lemuel agora acredita em um Deus diferente do Deus a que ele chegou por meio do argumento *Kalām*? Embora eu ache que a resposta seja não, é, na minha opinião, correto dizer que, durante o tempo entre a crença inicial de Lemuel em Deus e sua aceitação dessas crenças cristãs adicionais, sua compreensão de Deus estava incompleta e talvez mesmo errada (especialmente se ele estava convencido de que a ressurreição de Cristo e a reivindicação da divindade eram falsas crenças). Mas, nesse ponto, Lemuel nem mesmo acredita na Trindade. Ele está simplesmente convencido de que Deus existe e de que Jesus, que afirmava ser divino, ressuscitou dos mortos. No entanto, parece contraintuitivo dizer que ele não crê no (ou não adora o) Deus certo.

Gerald McDermott observa corretamente que, em meu capítulo afirmo que tanto muçulmanos como cristãos (e judeus) acreditam que a perfeição é um dos atributos de Deus. Gerry, então, continua apontando que cristãos e muçulmanos entendem o significado da perfeição de Deus de forma diferente, em face daquilo em que cada tradição religiosa acredita sobre o amor de Deus. Isso não me surpreende, uma vez que a visão de cada tradição do amor de Deus surge do que cada um acredita ter sido especialmente revelado por Deus em suas Escrituras. Mas isso condiz com a visão que defendo em meu capítulo, que se baseia na distinção (que tomo por empréstimo de Tomás de Aquino) entre os preâmbulos da fé e os artigos de fé. Gerry faz um movimento semelhante quando está tratando da racionalidade de Deus. Ele cita a identificação do apóstolo João, de Jesus com o *Logos* eterno (Jo 1) e a afirmação de Paulo de que "a adoração cristã é *logikēn latreian*, ou 'culto racional' (Rm 12:1)" (p. 103). Em seguida, Gerry contrasta isso com o que ele considera ser a visão muçulmana: "É um truísmo dizer que, para os muçulmanos, a vontade de Deus é tudo o que conhecemos, por meio de sua lei revelada. Os humanos podem usar a razão

---

[51]Craig, *Reasonable faith*, p. 207-404.

Visão da referência ao mesmo Deus

para tratar da lei divina, mas sugerir uma relação da vontade de Deus com a racionalidade humana é interpretar mal Alá de uma maneira fundamental" (p. 103). Mas essa aparente discordância não é sobre a racionalidade de Deus – ou seja, se o universo foi criado por uma mente eterna autossubsistente que deu existência e ordem ao universo.[3] Em vez disso, é sobre o que cada tradição de fé considera ser verdade revelada a respeito tanto da vida interna de Deus (que seria a "Palavra é Deus") como da natureza da lei divina.

William Andrew Schwartz e John B. Cobb Jr. afirmam que a distinção que faço "entre sentido e referência não é diferente da distinção neokantiana de John Hick entre o Real *fenomenal* (o Divino como experimentado/percebido) e o Real *numenal* (o Divino em si mesmo)" (p. 95). Meu eu-numenal-real discorda! Certamente, a distinção sentido/referência é semelhante, mas, ao contrário da distinção fenomenal/numenal, pressupõe que é possível ter algum conhecimento real sobre a entidade a que se refere. Por isso os exemplos de estrela da manhã/noite e Muhammad Ali/Cassius Clay funcionam tão bem. Deve-se ter, como Schwartz e Cobb corretamente observam, "uma posição epistêmica privilegiada" (p. 96). Por essa razão, eles dizem que eu pareço "pressupor uma unidade fundamental de referência, mas sem uma estrutura metafísica abrangente para apoiá-la" (p. 96). Embora, por causa das restrições de espaço, eu não ofereça nenhum argumento para uma estrutura metafísica abrangente, meu uso de Avicena, Aquino e Maimônides – todos aristotélicos neoplatônicos de alguma espécie – indica onde estão meus compromissos metafísicos e por que acredito que cada pensador chega ao mesmo ser metafisicamente último que tem existência não derivada.

Considerando o que as religiões cristã, judaica e islâmica historicamente ensinaram sobre Deus como o criador soberano e providencial de tudo o que existe, e como esse conceito está fortemente atrelado a seus escritos sagrados e autorizados, não vejo como aceitar que a ideia de múltiplos supremos, como sugerem Schwartz e Cobb, seja uma opção realista para os crentes nessas religiões. Pois isso exigiria que eles adotassem a ideia de que existem aspectos da realidade fora da providência de Deus, uma crença que não encontra porto seguro na Torá, no Novo Testamento ou no Alcorão.

CAPÍTULO ■ TRÊS

Judeus e cristãos adoram o mesmo Deus

Visão da revelação compartilhada

GERALD R. MCDERMOTT

Pode-se argumentar, com base nas Escrituras, que cristãos e muçulmanos adoram o mesmo Deus (voltarei aos cristãos e judeus mais adiante, neste capítulo). Quando Paulo foi a Atenas, em Atos 17, foi "provocado" pelos ídolos que viu ao seu redor (v. 16). Nessa provocação, ele era como todos os outros judeus piedosos que estavam profundamente perturbados pela idolatria pagã. Mas, ao mesmo tempo, ele sugeriu aos "filósofos" atenienses reunidos no Areópago que poderia haver alguma conexão entre sua adoração e a adoração verdadeira: "Ora, o que vocês adoram, apesar de não conhecerem, eu lhes anuncio" (v. 23).[1] Ele prosseguiu, dizendo que Deus determinou os tempos e os lugares em que os seres humanos vivem, para que "o buscassem e talvez, tateando, pudessem encontrá-lo" (v. 27). Ele citava os poetas pagãos em tom de aprovação, como se tivessem algum

---

[1]Todas as traduções bíblicas são minhas, salvo indicação em contrário.

grau de verdade religiosa: "Pois 'nele vivemos, nos movemos e existimos', como disseram alguns dos poetas de vocês: Também 'somos descendência dele'" (v. 28). Essas observações parecem sugerir que, para Paulo, as pessoas sem o conhecimento de Jesus ou do evangelho podem, entretanto, ter alguma conexão com o Deus verdadeiro.

A Bíblia sugere que os pagãos adoram o Deus cristão?

A história de Lucas sobre Cornélio, em Atos, às vezes é vista como outro exemplo de pagãos que não conhecem Jesus, mas parecem estar adorando o mesmo Deus. O anjo disse a Cornélio que suas orações e esmolas haviam ascendido "como oferta memorial diante de Deus" (At 10:4), sugerindo que ele estava adorando o Deus verdadeiro, apesar de ainda não ter ouvido falar de Jesus. Depois que Pedro ouviu a história de Cornélio sobre o anjo, e como o anjo disse a Cornélio para procurar Pedro, o apóstolo declarou: "Agora percebo verdadeiramente que Deus não trata as pessoas com parcialidade, mas de todas as nações aceita todo aquele que o teme e faz o que é justo" (At 10:34,35). Ao omitir a menção de Jesus aqui, é possível que Pedro estivesse sugerindo que os gentios que desconheciam Jesus poderiam estar adorando o mesmo Deus que aqueles que o conheciam.

Não é apenas o Novo Testamento que contém exemplos de pessoas fora de Israel que parecem adorar o Deus de Israel. Em Gênesis, somos informados de um sacerdote cananeu que parecia adorar o mesmo Deus a quem Abrão (ele ainda não era Abraão nesse ponto) adorava. O texto nos diz que Melquisedeque era um sacerdote de El Elyon (traduzido aproximadamente como "Deus Altíssimo") que declarara que esse El Elyon era "criador dos céus e da terra" (Gn 14:19). Então, lemos que Abrão jurou a "Deus Altíssimo [Yhwh El Elyon], Criador dos céus e da terra" (v. 22), sugerindo que Melquisedeque e Abrão estavam se referindo ao mesmo Deus. O uso da mesma descrição de Deus – El Elyon, Criador do céu e da terra – por Abrão e Melquisedeque dá suporte à ideia de que pessoas de religiões diferentes podem estar adorando o mesmo Deus sob nomes diferentes.

Os bispos católicos romanos no Vaticano II nunca fizeram esse tipo de afirmação explícita. Mas eles afirmaram que o Deus verdadeiro toca a consciência e a percepção dos não cristãos, mesmo quando eles podem adorar outros deuses. Os padres do Vaticano II escreveram

GERALD R. MCDERMOTT

em *Nostra aetate*: "Embora, em muitos detalhes, sejam diferentes do que ela [a Igreja Católica Romana] sustenta e expõe, [as religiões mundiais] frequentemente refletem um raio daquela Verdade que ilumina todos os homens".[2] Essa declaração alude às palavras do apóstolo João, no sentido de que Jesus era "a verdadeira luz, que ilumina todos os homens" (Jo 1:9). Na *Lumen gentium*, os padres do Vaticano II afirmaram que os não cristãos que, "sem culpa própria, não conhecem o evangelho de Cristo ou sua igreja, mas sinceramente buscam a Deus e, movidos pela graça, esforçam-se por seus atos para fazer sua vontade como conhecida por eles mediante os ditames da consciência [...], podem alcançar a salvação eterna".[3] Aqui, os bispos sustentavam que o Deus verdadeiro conduz para si mesmo alguns daqueles que não conhecem Jesus explicitamente. Mesmo que eles não adorem o Deus verdadeiro, os bispos propuseram que esses não cristãos estão sendo guiados pelo Espírito de Deus e pela graça para uma eventual união e o conhecimento explícito do Filho. Esse documento acrescenta que os muçulmanos, "professando manter a fé de Abraão, junto conosco, adoram o Deus único e misericordioso, que no último dia julgará a humanidade".[4] Aqui os pais do Concílio não dizem explicitamente que os cristãos e os muçulmanos adoram o mesmo Deus, mas afirmam a concordância entre as duas religiões sobre a unidade e a misericórdia de Deus.[5]

Embora os padres do Vaticano II tenham medo de dizer que os pagãos adoram o Deus cristão, alguns teólogos cristãos das religiões têm sido menos reticentes. Raimundo Panikkar, por exemplo, argumenta que os cristãos associam o Espírito muito intimamente a Jesus e perdem a realidade dos não cristãos que adoram o mesmo Deus, mas sob um nome diferente.[6] Jacques Dupuis indaga por que o Espírito teria de se limitar à encarnação se estava presente antes da encarnação. Podemos, portanto, aprender coisas novas sobre o Deus

---

[2]"Declaration on the relationship of the church to non-Christian religions", séc. 2, in *The Documents of Vatican II*, ed. Walter M. Abbott (New York: Guild, 1966), p. 662.

[3]"Dogmatic Constitution on the Church", séc. 16, in *Documents of Vatican II*, p. 35

[4]"Dogmatic Constitution on the Church,", p. 35

[5]Para uma análise cuidadosa do Vaticano II sobre o judaísmo e o Islã, veja Gavin D'Costa, *Vatican II: Catholic doctrines on Jews and Muslims* (New York: Oxford University Press, 2014).

[6]Raimundo Panikkar, *The Trinity and the religious experience of man* (New York: Orbis, 1973), p. 57-8.

verdadeiro com outros religiosos. Em suma, eles adoram o mesmo Deus, mas com outro nome.[7]

Podemos chegar a essa mesma conclusão das Escrituras, ou seja, que os não cristãos e os cristãos adoram o mesmo Deus? As passagens bíblicas que acabei de citar mostram conexão suficiente entre certas pessoas não evangelizadas e o Deus verdadeiro, de modo que poderíamos extrapolar para os muçulmanos e concluir que eles adoram o mesmo Deus que os cristãos?

A Bíblia e a adoração pagã: olhando um pouco mais de perto

Não necessariamente. Vamos olhar um pouco mais de perto. Na história de Cornélio, seria de esperar que Pedro concluísse seu discurso com a declaração de que, em todas as nações, quem teme a Deus e faz o que é certo recebe perdão por meio do nome de Jesus. Mas não foi assim que Pedro concluiu. Em vez disso, ele declarou que "todos os profetas dão testemunho dele, de que todo o *que nele crê* [Jesus] recebe o perdão dos pecados mediante o seu nome" (At 10:43). Pedro concluiu o discurso com uma declaração da aceitação de Deus em relação a todos os que o temem e fazem o que é certo com uma especificidade focada na fé em Jesus. Isso não responde à questão de os não evangelizados adorarem ou não o mesmo Deus que os cristãos, mas nos impede de presumir facilmente que o fazem.

Voltemos a Paulo em Atenas. Seu sermão, na verdade, estava cheio de referências depreciativas à religião grega, com foco principalmente na ignorância humana. Ele notou um altar "para um deus desconhecido" e sugeriu aos seus ouvintes que eles estavam pensando erroneamente sobre Deus morando em um templo e sendo servido por mãos humanas. Ele não estava distante como eles supunham, nem era como ouro, prata ou pedra. Ele não podia ser representado por uma imagem artística (At 17:23-29).

É verdade que a linguagem de Paulo sobre humanos procurando, talvez tateando e encontrando-o, sugere que os pagãos podem

---

[7]Jacques Dupuis, SJ, *Christianity and the religions: from confrontation to dialogue* (Maryknoll: Orbis, 2001), esp. p. 181; Jacques Dupuis, *Toward a Christian theology of religious pluralism* (Maryknoll: Orbis, 1997), esp. p. 388.

encontrar Deus independentemente do evangelho cristão e da igreja. Mas existem dois problemas com essa interpretação. Primeiro, o sermão é pessimista sobre a capacidade de qualquer religião grega fornecer o conhecimento de Deus. Afinal, Paulo enfatizou a estátua de um deus *desconhecido*. Em segundo lugar, a palavra grega para "apalpar" (*psēlapheian*) "denota o tatear, como o tatear de um homem cego".[8] Além disso, uma vez que esse verbo está no caso optativo, expressando desejo ou esperança, e a própria palavra significa "apalpar", parece que Paulo considerava improvável que os buscadores pudessem realmente encontrar o Deus verdadeiro nas religiões gregas.

Paulo concluiu seu sermão proclamando que, no passado, Deus havia esquecido os tempos de *ignorância* e agora ordenava a todos os seres humanos em todos os lugares que se arrependessem. O julgamento estava próximo, e a prova foi a ressurreição de Jesus (At 17:30,31). Em suma, Paulo parecia estar dizendo que a religião dessa grande civilização grega estava cega pela ignorância, a qual conduz apenas à idolatria.

O veredicto de Paulo sobre a religião grega como uma massa de erros foi condizente com seus julgamentos em outros lugares, de que poderes distorcidos levam as religiões para fora do que chamamos de judaísmo e cristianismo. Como argumentei em outro trabalho, Paulo acreditava que outras religiões do mundo se originaram no orgulho e no engano. Os poderes angélicos, originariamente criados para servir a Deus, escolheram, em seu orgulho, rebelar-se.[9] Eles convenceram populações inteiras a adorá-los, e não o Deus verdadeiro, e distorceram a verdade de Deus ao longo do caminho. Eles usaram o que sabiam da lei de Deus para levar cativos aqueles em sua adoração (Gl 3:23). Por isso Paulo disse que a adoração em seus templos estava associada a "demônios", e que os crentes cristãos precisam evitar seus rituais (1Co 10:21,22).[10] Pode haver verdades em outras religiões obtidas com a revelação de Deus na natureza e na consciência, e talvez fragmentos de discernimento sobre a lei divina obtidos com seu uso

---

[8]Charles S. C. Williams, *A commentary on the Acts of the Apostles* (New York: Harper and Row, 1958), p. 204.

[9]Gerald R. McDermott, *God's rivals: why has God allowed different religions?* (Downers Grove: InterVarsity, 2007), p. 67-80.

[10]McDermott, *God's rivals*, p. 67-8.

profano. Mas isso é diferente do contato direto ou da adoração ao Deus verdadeiro.

Os muçulmanos e os cristãos adoram o mesmo Deus?

E quanto aos muçulmanos? Quando eles adoram Alá, estão adorando o Deus cristão, mas com um nome diferente?[11] Em 2007, estudiosos muçulmanos de todo o mundo lançaram "Uma Palavra Comum", que afirmava sim em resposta a essa pergunta com base na seguinte afirmação: ambas as religiões ensinam os dois grandes mandamentos – amor a Deus com tudo de si e amor ao próximo como a si mesmo.[12] O Yale Center for Faith and Culture, então, lançou seu próprio sim, concordando com essa afirmação.[13] Mais recentemente, Miroslav Volf lançou seu livro *Allah* (Alá), em que essa afirmação foi sustentada, com base em uma comparação entre a Bíblia e o Alcorão: "Se o que é dito por Deus na Bíblia fosse semelhante ao que é dito por Deus no Alcorão, então isso seria sugerir que o caráter de Deus é semelhante e que muçulmanos e cristãos têm um Deus em comum".[14]

Então, vamos examinar essa questão – se a Bíblia e o Alcorão contêm essas duas ordens. A primeira coisa que deve ser dita é que o amor a Deus nunca é ordenado pelo Alcorão e raramente é mencionado. Apenas três versículos parecem usar inequivocamente o que os tradutores interpretam como "amor" na resposta humana a Deus (2:165; 3:31; 5:54), e mais dois também podem usar, dependendo de como o árabe é traduzido (2:177; 76:8).[15] No entanto, nenhum desses versículos *ordena* o amor – eles meramente descrevem uma relação com Alá – e eles são, no máximo, cinco de seis mil versos.

---

[11]Uma abordagem esclarecedora dessa questão pode ser encontrada em Timothy George, Is the father of Jesus the God of Muhammad? Understanding the differences between Christianity and Islam (Grand Rapids: Zondervan, 2002).

[12]Esta seção que compara o Deus do Alcorão e o Deus da Bíblia foi adaptada, com permissão, de Gerald R. McDermott, "How the Trinity should govern our approach to world religions", *Journal of the Evangelical Theological Society* 60, n. 1 (March 2017): 49-64; e de "The Triune God", in: Gerald R. McDermott; Harold A. Netland, orgs., A Trinitarian theology of religions (Oxford: Oxford University Press, 2014), p. 46-85.

[13]"A common word: Christian response", Yale Center for Faith and Culture, conferência de 2008, disponível em: faith.yale.edu/common-word/common-word-christian-response.

[14]Miroslav Volf, Allah: a Christian response (San Francisco: HarperOne, 2011), p. 14.

[15]Veja Gordon Nickel, "The language of love in Qur'an and gospel", in: Juan Pedro Monferrer-Sala; Angel Urban, orgs., Sacred text: explorations in lexicography (Frankfurt am Main: Peter Lang, 2009), p. 232.

GERALD R. MCDERMOTT

Daud Rahbar e outros estudiosos concordam que, mesmo que o Alcorão *mencione* o amor a Deus, nunca o *ordena*. Em vez de amor, o temor a Deus é ordenado pelo Alcorão. Ainda muçulmano quando escreveu seu livro *God of justice*, Rahbar argumentou que o tema central do Alcorão é a justiça de Deus, e sua exortação mais comum é "guardai-vos com temor da ira de Deus".[16] Sir Norman Anderson, que, por muitos anos, foi especialista em lei islâmica na University of London, concordava com essa avaliação: enquanto a Bíblia apresenta Deus como pai, pastor ou amante a quem se devolve amor, "no Islã, ao contrário, a referência constante é a Deus como Senhor soberano (*Rabb*), e o homem como seu servo ou escravo ('*abd*)".[17]

Embora o amor a Deus raramente seja mencionado e nunca ordenado no Alcorão, é importante para a tradição sufi, como o Yale Center enfatizou, apontando especialmente para o teólogo sufi al-Ghazali como o muçulmano paradigmático.

Mas existem problemas com esse uso do sufismo. Em primeiro lugar, muitos muçulmanos ao longo dos séculos denunciaram o sufismo como um afastamento da ortodoxia, razão pela qual é estranho apelar para a tradição sufi em apoio aos ensinamentos islâmicos dominantes.[18] Além disso, o entendimento sufi de amor é diferente do que a maioria dos cristãos presume sobre seu amor por Deus e o amor deste pela humanidade. Joseph Lumbard relata que, em al-Ghazali, o amor entre o muçulmano e Deus não é mais uma dualidade, mas uma unidade na qual a individualidade do humano é aniquilada.[19] De acordo com outro historiador do sufismo, o conceito "do amor de Deus como perseguindo a alma, uma concepção que atingiu seu mais alto desenvolvimento na doutrina cristã da redenção, era impossível para os sufis" porque, para os muçulmanos, a transcendência de Deus significava que ele não teria "sentimentos semelhantes aos seus".[20] Uma das primeiras sufis foi Rabi'a al-'Adawiyya al-Qaysiyya (801 d.C.), que escreveu

---

[16]Nickel, "The language of love in Qur'an and gospel", p. xiii, 5, 180, 181-83, 223, 225.

[17]Norman Anderson, *God's law and God's love* (London, Reino Unido: Collins, 1980), p. 98.

[18]Nickel, "Language of love", p. 241; Daniel Brown, A *new introduction to Islam* (Malden: Blackwell, 2004), p. 173.

[19]Joseph Lumbard, "From *Joseph Lumbar*: the development of love in early sufism", *Journal of Islamic Studies* 18, n. 3 (2007): 351.

[20]Margaret Smith, *Rabi'a the mystic and her fellow saints in Islam* (Cambridge: Cambridge University Press, 1924), p. 92.

sobre seu próprio amor por Deus, mas disse pouco ou nada sobre o amor de Deus por ela.[21] Mais recentemente, Murad Wilfried Hofmann argumentou que "um amor de Deus por sua criação comparável ao amor de que os seres humanos são capazes [...] deve ser descartado como incompatível com a própria natureza de Deus, que é sublime e totalmente autossuficiente". O dr. Hofmann, um convertido ao Islã, sugere que qualquer conversa sobre "o amor de Deus" inevitavelmente "humaniza" e, portanto, distorce o que é transcendente.[22]

De acordo com muçulmanos sufis e não sufis, Deus não tem amor incondicional pelos humanos em geral. Rahbar escreve: "O Amor Divino Inqualificável pela humanidade é uma ideia completamente estranha ao Alcorão".[23] O amor de Deus é condicional, expresso apenas para aqueles que praticam boas obras. O islâmico Frederick Denny adverte que a misericórdia de Deus, que é oferecida a todos, não deve ser confundida com o amor, que é oferecido "apenas a alguns selecionados".[24]

Em suma, o Deus do Alcorão nunca ordena que suas criaturas humanas o amem. Os sufis têm uma longa tradição de recomendar o amor a Deus, mas sua condição como "principal corrente normativa" no Islã é discutível, e suas concepções de amor a Deus e seu amor pela humanidade são significativamente diferentes das concepções cristãs.

Mas e quanto à segunda afirmação sobre os principais mandamentos do Deus islâmico – que Alá ordena que amemos ao próximo como a nós mesmos? Mais uma vez, há alguns problemas. A primeira é que o Alcorão contém repetidas admoestações aos crentes muçulmanos para não fazerem amizade com não muçulmanos. Por exemplo, 3:118 diz: "Ó crentes, não façam amigos íntimos que não sejam o seu próprio povo". Avisos semelhantes incluem 58:22 e 60:1. Na *Encyclopedia of the Qur'an*, Denis Gril observa que "o amor ou a amizade entre os seres humanos não são totalmente reconhecidos pelo Alcorão, a menos que sejam confirmados pela fé". Em vez disso, existe o amor

---

[21] Smith, *Rabi'a the mystic and her fellow saints in Islam*, p. 101; cf. Nickel, "Language of love", p. 246.

[22] Murad Wilfried Hofmann, "Differences between the Muslim and Christian concepts of divine love", Bismika Allahuma, September 22, 2008, disponível em: www.bismikaallahuma.org/archives/2008/differences-between-the-muslim-and-christian-concepts-of-divine-love.

[23] Daud Rahbar, *God of justice: a study in the ethical doctrine of the Qur'an* (Leiden: Brill, 1960), p. 172.

[24] Rahbar, *God of justice*, p. 199.

condicional: "Só é possível amar verdadeiramente os crentes, visto que o amor pelos incrédulos separa a pessoa de Deus e atrai a este mundo. [...] Adotar incrédulos como amigos ou aliados [...] é equivalente a alinhar-se aos inimigos de Deus".[25]

Isso é radicalmente diferente do mandamento de Jesus aos discípulos de amar até mesmo seus inimigos (Mt 5:43-48). Outra dificuldade é que, como já observamos, simplesmente não há mandamento para amar o próximo no Alcorão. Portanto, pode-se falar sobre o amor ao próximo na *tradição* islâmica, mas não como algo ordenado pelo Deus do Alcorão.

Então, o que devemos dizer sobre a afirmação de que muçulmanos e cristãos "adoram o mesmo Deus"?

Em certo nível, é claro, temos de dizer *sim*, porque, como monoteístas, todos concordamos que existe apenas um Deus. Ontologicamente, pode haver apenas um Deus criador eterno. Mas a pergunta que o Yale Center faz é se as descrições do Alcorão de Deus são "suficientemente semelhantes" às descrições bíblicas de Deus, e aqui devemos contestar.

Cristãos e muçulmanos concordam que existe um Deus criador eterno e que há um acordo substancial sobre alguns dos atributos de Deus (como, p. ex., onipotência e onisciência). Mas, em outros aspectos, muçulmanos e cristãos claramente discordam sobre como é esse Deus criador, e a maior discordância diz respeito à doutrina cristã da Trindade em relação ao seu compromisso com a divindade de Jesus Cristo.

Contudo, muitos sustentam que o que é rejeitado no Alcorão não é o ensino cristão ortodoxo sobre a Trindade, mas, sim, certas visões aberrantes e heréticas que circulavam na época de Maomé. O Sura 5:116, por exemplo, parece pressupor que os cristãos acreditam que Maria, mãe de Jesus, é um dos três membros da Trindade.

Mas a rejeição da Trindade pelos muçulmanos não pode ser explicada simplesmente como motivada por mal-entendidos. Pois, mesmo quando os mal-entendidos comuns são esclarecidos, não é incomum que os muçulmanos insistam que a crença cristã no Pai, no Filho e no

---

[25]Denis Gril, "Love and affection", in: Jane Dammen McAuliffe, ed., *Encyclopedia of the Qur'an* (Leiden: Brill, 2003), p. 234, 235.

Espírito Santo como Deus compromete a unidade divina. No centro da disputa, está a questão da divindade de Jesus.[26]

Aqui, a regra trinitária (*opera Dei triune non divisa sunt*: as obras do Deus trino e uno não estão divididas [entre as pessoas]) é útil. Isso nos lembra que as obras do Pai não devem ser separadas das do Filho. O Filho ajuda a identificar o caráter do Pai, pois o caráter do Pai é revelado pelo Filho: "Quem me vê, vê o Pai" (Jo 14:9). Se o Filho disse aos seus discípulos que Deus ama o mundo (Jo 3:16), que eles deveriam amar a Deus de todo o coração (Mt 22:37) e que deveriam amar a todos, incluindo seus inimigos (Mt 5:44), podemos inferir que o Pai disse e ordenou o mesmo. Esse Pai é claramente diferente, então, do Alá do Alcorão.

Além disso, o ensino cristão sobre o Filho transforma até mesmo os predicados mais básicos atribuídos ao Deus e Pai de Jesus. Por exemplo, tanto cristãos como muçulmanos dizem que Deus é um. Mas, enquanto os muçulmanos insistem que Deus é numericamente um, sem diferenciação, Jesus mostrou e ensinou que a unidade também é trina.

Outro predicado compartilhado por ambas as religiões é que Deus é todo-*poderoso*. No entanto, a demonstração do Filho de que o *verdadeiro* poder é encontrado na *fraqueza* da cruz é enfaticamente rejeitada pelos muçulmanos.[27] Portanto, se o Pai não está separado do Filho, sendo, de fato, revelado pelo Filho, até mesmo os predicados mais básicos de Deus como entendidos pelos muçulmanos e pelo Deus bíblico são diferentes. Deus é um de maneiras muito diferentes para muçulmanos e cristãos, e o mesmo se aplica ao poder de Deus. Portanto, devo concordar com Lamin Sanneh – o grande estudioso de Yale que cresceu como muçulmano e agora é um cristão ortodoxo – que afirmar a semelhança da compreensão islâmica de Deus e do Deus bíblico "é adequado uma vez que há apenas um Deus, mas inadequada no que diz respeito ao caráter de Deus, do qual dependem questões de compromisso e identidade".[28]

---

[26]Veja Kenneth Cragg, *Jesus and the Muslim: an exploration* (Oxford: Oneworld, 1999); Geoffrey Parrinder, *Jesus in the Qur'an* (Oxford: Oneworld, 2013); e Neal Robinson, *Christ in Islam and Christianity* (Albany: State University of New York, 1991).

[27]Veja 2Co 12:9. Essa ideia do Filho transformando os predicados mais básicos que as concepções islâmica e cristã de Deus compartilham foi sugerida a mim por Timothy C. Tennent, *Theology in the context of world Christianity*, (Grand Rapids: Zondervan, 2007), p. 40-1.

[28]Lamin Sanneh, "Do Christians and Muslims worship the same God?", *Christian Century* (May 4, 2004): 35.

GERALD R. MCDERMOTT

Deixe-me fechar esta seção com uma analogia. Suponhamos que dois estranhos se encontrem, conversem um pouco e depois percebam que conhecem um sr. Jones da mesma cidade. Um pede ao outro que descreva o tal sr. Jones. "Ele é uma pessoa muito amorosa. Ele sai do próprio caminho para fazer amizade com todos que encontra. Nem todos respondem com afeto e, na verdade, alguns deixam claro que não querem ser seus amigos. Mas, mesmo assim, o sr. Jones continua a compartilhar sua amizade com eles. Ele os trata com bondade e graça, mesmo que o tratem mal. Não só isso, mas ele não exerce sua influência por aí. Ele é grande e forte, e poderia maltratar qualquer um que ousasse desafiá-lo. Mas uma vez, quando um bandido surgiu e o esmurrou porque queria roubar sua carteira, o sr. Jones sorriu e disse: 'Por que você não pediu?' E entregou-lhe todo o dinheiro em sua carteira".

O outro sujeito balançou a cabeça e disse: "Bem, o sr. Jones que eu conheço é ótimo com seus amigos e com aqueles que concordam com suas crenças, cobrindo-os de favores. Mas não tem nenhuma relação com aqueles que não concordam com ele ou que não o respeitam. E, se alguém tentar desafiá-lo ou, Deus me livre, atacá-lo ou as suas coisas, o desafiante fica muito mal".

Os dois estranhos concordaram que eram dois homens *diferentes* com o mesmo nome, pois tinham personalidades distintas. Da mesma forma, eu diria, Alá e o Deus da Bíblia são deuses diferentes porque suas personalidades são diferentes.[29] Eles podem ter o mesmo título – Deus –, mas são seres fundamentalmente diferentes. Um tem amor incondicional por todos os seres humanos; o outro tem amor condicional apenas pelos muçulmanos. Um é um pai, pastor e amante que clama pela volta do amor; o outro é um Senhor que exige serviço de seus escravos. Um ordena o amor ao próximo e até mesmo aos inimigos, enquanto o outro não ordena o amor ao próximo e desaprova o amor aos inimigos. Um mostra o poder pela força; o outro, pela fraqueza. Um é numericamente um, sem diferenciação, enquanto o outro é três em um. Em suma, aqueles que adoram um não estão adorando o outro porque são dois deuses diferentes.

---

[29] Eu uso "deuses" em minúsculas porque, nesse ponto do meu argumento, estou falando historicamente de dois rivais para a afirmação do Deus verdadeiro. Quando falo normativamente sobre qual Deus é verdadeiro, uso "Deus" em maiúsculas.

Contudo, como já mencionei, há apenas um Deus, e ele é o Deus trino e uno da ortodoxia cristã. Se os muçulmanos pretendem adorar o único Criador e Redentor que existe, nesse sentido temos de dizer que eles pretendem adorar o único Deus verdadeiro. Mas, como acabamos de ver, o deus do Alcorão é um tipo diferente de Deus. E o perigo é que, porque as religiões não são simplesmente projeções humanas, mas também projetos espirituais animados pelo que Paulo considerava principados e potestades, não buscam a comunhão com o Deus verdadeiro, mas com uma imitação sombria.[30]

Essa possibilidade – de que o Islã e outras religiões são animados pelos poderes das trevas – impugna as (relativas) virtude e bondade que vemos em nossos amigos muçulmanos? Não. Paulo viu que os pagãos sem a Lei podem viver de modo virtuoso (Rm 2:14,15), mas, ao mesmo tempo, advertiu que seus cultos pagãos podem ser inspirados pelas forças das trevas (1Co 10:20-22). Entretanto, a comparação não é precisa porque os muçulmanos não são pagãos, visto que são monoteístas que reconhecem o Deus de Abraão. E existem tipos muito diferentes de islamismo, de modo que o islamismo que inspira o terrorismo e o sufismo que geralmente condena a violência religiosa são duas religiões significativamente diferentes.

No entanto, o próprio cristianismo como um movimento histórico e mundial teve muitas de suas próprias distorções demoníacas. Essa foi a principal razão pela qual, ainda nas primeiras décadas da igreja, Paulo, diante de uma diversidade religiosa comparável e forças demoníacas em ação dentro da igreja (2Co 11:13-15), julgou que os adversários religiosos da igreja do Messias judeu eram misturas diversas que podiam ser inspiradas por poderes cósmicos.

E quanto ao Deus dos judeus?

Se os cristãos não adoram o mesmo deus que os muçulmanos, o que dizer dos cristãos e judeus? Muitos negariam adorar o mesmo deus. Afinal, pensam eles, Jesus veio para iniciar uma nova religião chamada cristianismo e dispensar o judaísmo. Paulo também. Tanto Jesus como Paulo mostraram que o judaísmo era uma religião de obras, enquanto

---

[30]Veja Rm 8:38; 1Co 10:20-22; Ef 6:12; Cl 2:15. Veja tb. o capítulo 4 de McDermott, God's rivals.

o cristianismo é uma religião de graça. Ambos proclamaram que seus seguidores não estão mais sob a lei judaica, ou sob qualquer lei religiosa, aliás.

Além disso, como é comumente aceito, Jesus ensinou que Deus transferiu sua aliança do Israel judaico para a (principalmente) igreja gentílica dos seguidores de Jesus. Nada poderia ser mais diferente da ideia judaica de Deus – com apenas uma pessoa divina – do que a Trindade cristã. Nem poderia a ideia cristã de encarnação ser mais oposta às convicções judaicas de que Deus nunca habitaria na carne.

A ressurreição é outro conceito que distingue entre a fé cristã e a fé judaica. Os judeus de hoje, dizem, rejeitam a ideia de que Jesus ressuscitou dos mortos e têm apenas uma ideia vaga de uma ressurreição geral das almas no fim dos tempos.

Por essas razões, segundo muitos cristãos acreditam, é ridículo imaginar que judeus e cristãos adorem o mesmo Deus.

Jesus e judaísmo

Esse argumento poderoso só tem um problema: nenhuma de suas afirmações é verdadeira. Vejamos a primeira afirmação, de que Jesus veio para começar uma nova religião e pôr fim ao judaísmo de sua época. Jesus disse algo bem diferente em seu Sermão do Monte:

> Não pensem que vim abolir a Lei ou os Profetas; não vim abolir, mas cumprir. Digo a verdade: Enquanto existirem céus e terra, de forma alguma desaparecerá da Lei a menor letra ou o menor traço, até que tudo se cumpra. Todo aquele que desobedecer a um desses mandamentos, ainda que dos menores, e ensinar os outros a fazerem o mesmo, será chamado menor no Reino dos céus; mas todo aquele que praticar e ensinar esses mandamentos será chamado grande no Reino dos céus.

Muitos cristãos não param para perceber que Jesus está falando sobre o Antigo Testamento aqui, e, especialmente, sobre a Torá (os primeiros cinco livros). Ele insiste que seu "menor" mandamento deve ser guardado e ensinado. Presumivelmente, isso se refere aos mandamentos que os cristãos hoje consideram sem importância, como a guarda do sábado, a circuncisão e as regras *kosher*. Essas regras representam as marcas distintivas do judaísmo do primeiro século – o judaísmo que muitos cristãos pensam que Jesus estava dizendo que seus discípulos abandonassem. Mas essa passagem do Sermão do Monte sugere exatamente o oposto. Embora não haja indícios de que os "menores" mandamentos sejam os mais importantes, como alguns fariseus talvez acreditassem, Jesus afirmou claramente que mesmo os mandamentos da Torá que consideramos "judeus" não devem ser abandonados: *"Não pensem que vim abolir a Lei. [...] Todo aquele que desobedecer a um desses mandamentos, ainda que dos menores [...] será chamado menor no Reino dos céus".*

A maioria dos leitores do parágrafo anterior perguntará: "Mas Jesus não mostrou que estava abandonando a lei judaica ao dizer a seus discípulos que eles podiam colher grãos no Sábado? E ele não proclamou que era o senhor do Sábado" (Mc 2:23-28)? Quando ele falava com autoridade, sem invocar os rabinos, isso não era um sinal de que ele estava dispensando a religião baseada na Torá e estabelecendo uma nova religião com suas próprias palavras, como uma nova lei?

Por séculos, foi assim que os cristãos interpretaram Jesus. Entretanto, depois do Holocausto, os estudiosos começaram a se perguntar o que eles haviam perdido. Como o país mais cristianizado da história – a Alemanha, o berço da Reforma – pode ter alcançado o ponto que permitiu a um regime assassinar seis milhões de judeus? Começando por W. D. Davies, Krister Stendahl e E. P. Sanders, e depois por estudiosos como Mark Nanos, Mark Kinzer, Scot McKnight e Marcus Bockmuehl, os cristãos começaram a ver que Jesus era muito mais judeu que as gerações anteriores haviam imaginado.[31] Especificamente, eles concluíram que Jesus era um observador da Torá. Ele sugeriu novas interpretações da Torá, insistindo em seu significado interno, mas nunca defendeu sua abolição.

---

[31] W. D. Davies, *The gospel and the land: early Christianity and Jewish territorial doctrine* (Berkeley: University of California Press, 1974); Krister Stendahl, "The apostle Paul and the introspective conscience of the West", *Harvard Theological Review* 56, n. 3 (July 1963): 199-215; Krister Stendahl, *Paul among Jews and gentiles and other essays* (London, Reino Unido: SCM, 1977); E. P. Sanders, *Jesus and Judaism* (Philadelphia: Fortress, 1985); Mark Nanos, *The mystery of Romans: the Jewish context of Paul's letter* (Minneapolis: Fortress, 1996); Mark Kinzer, *Postmissionary messianic Judaism: redefining Christian engagement with the Jewish people* (Grand Rapids: Brazos, 2005); Scot McKnight, *A new vision for Israel: the teachings of Jesus in national context* (Grand Rapids: Eerdmans, 1999); Markus Bockmuehl, *Jewish law in gentile churches: Halakhah and the beginning of Christian public ethics* (Grand Rapids: Baker Academic, 2000).

GERALD R. MCDERMOTT

Eles argumentaram, por exemplo, que Jesus endossava sacrifícios e ofertas ao templo. Ele elogiou a oferta da viúva pobre no templo (Mc 12:41-44), presumiu que seus discípulos trariam suas ofertas para o sacrifício no altar de holocaustos no templo ("Portanto, se você estiver apresentando sua oferta diante do altar e ali se lembrar..." [Mt 5:23]) e disse ao leproso curado que fosse purificado oferecendo uma oferta em sacrifício (Mt 8:4; Mc 1:44; Lc 5:14). Todos esses sacrifícios e ofertas foram estipulados no livro de Levítico. Após sua morte e ressurreição, seus discípulos continuaram a ir ao templo e a participar de suas liturgias e sacrifícios (At 2:46; 21:26).

Embora Jesus tenha ensinado que o futuro templo seria seu corpo, também mostrou respeito pelo templo existente. Ele se referiu ao templo como "minha casa", sugerindo que tinha ciúmes da maneira como estava sendo administrado por seus sacerdotes (Mt 21:12,13). Ele disse que Deus "habita nele" (Mt 23:21), e em Lucas 20 recontou a parábola da vinha de Isaías 5, de tal forma que, de fato, desafiou seus sacerdotes (os arrendatários), e não a própria vinha (o templo).

Lucas nos disse que os pais de Jesus visitavam o templo todos os anos durante a Páscoa, e mostrou os pais do primo de Jesus orando no templo por ocasião da oferta de incenso, quando os judeus fiéis normalmente o faziam (Lc 1:10).

Mas não era apenas o templo que Jesus tratava com uma reverência semelhante à de seus contemporâneos judeus. Jesus também parecia observar as leis de pureza judaicas. Ele advertiu contra andar sobre túmulos não sinalizados (Lc 11:44) e contra dar aos cães o que é sagrado (Mt 7:6). Ele ordenou aos espíritos imundos que entrassem nos porcos que mergulharam no mar (Mc 5:1-13). Já vimos que ele aprovou a necessidade da purificação sacerdotal após a limpeza da lepra. Ele também considerava camelos e mosquitos impuros (Mt 23:24). Ele nem sempre se sentia à vontade com gentios e samaritanos (Mt 10:5; 18:17; Mc 7:26,27), mesmo que ultrapassasse as fronteiras tradicionais dessas comunidades.[32] Portanto, ele não aboliu a distinção entre limpo e impuro.

---

[32]Esse parágrafo reitera o que escrevi em "Covenant, mission, and relating to the other", in: Robert Jenson; Eugene Korn, orgs., *Covenant and hope: Christian and Jewish reflections* (Grand Rapids: Eerdmans, 2012), p. 23-4. Esse tratamento diferenciado de gentios e samaritanos talvez refletisse a hierarquia de amores que Tomás de Aquino descreveu (e-mail de Gavin D'Costa, 16 de março de 2018), mas também refletiu as distinções judaicas tradicionais.

Embora Jesus tenha advertido seus seguidores a não fazerem o que os fariseus faziam, exortou seus discípulos a "praticar e proteger" (*poiēsate kai tēreite*) seus ensinos (Mt 23:3). Essa última ordem é um sinal significativo para a identificação de Jesus com a religião judaica de seus dias, e é esquecido pela maioria dos leitores cristãos do Novo Testamento. Os ensinamentos dos fariseus incluíam não apenas regras de pureza, mas também coisas como dízimo e borlas. Jesus ensinou o dízimo (Mt 23:23) e usava borlas em seu xale de oração. Quando os Evangelhos mencionam que foi tocada a "orla" de sua vestimenta tanto pelo doente em Genesaré como pela mulher que teve hemorragia por doze anos, eles usam a mesma raiz grega – κρασπέδ – adotada para as franjas que os fariseus usavam e para as borlas que Deus ordenou que seu povo usasse na Septuaginta (Mt 9:20; 14:36; 23:5; Nm 15:37-39).

E quanto ao sábado? A tradição rabínica afirmava que o propósito do sábado era a vida e, portanto, era permitido colher grãos no sábado se você estivesse faminto.[33] A versão de Mateus dessa história diz exatamente isso – os discípulos estavam com fome (12:1). Então, Jesus estava de acordo com a tradição judaica – não se opôs a ela – ao permitir que seus discípulos colhessem grãos no sábado, quando pareciam precisar de alimento. Além disso, Jesus apelou para a Bíblia judaica e sua descrição de Davi – o maior dos reis judeus – para se defender dos críticos: "Vocês não leram o que fez Davi quando ele e seus companheiros estavam com fome? [...] como ele entrou na casa de Deus e, junto com os seus companheiros, comeu os pães da Presença, o que não lhes era permitido fazer, mas apenas aos sacerdotes?" (Mt 12:3,4). Aqui Jesus estava invocando uma regra rabínica, no sentido de que é justificável quebrar um dos menores mandamentos da lei para cumprir um mandamento maior.[34] Por isso Jesus se referiu aos "preceitos mais importantes da lei" (Mt 23:23).

Em suma, Jesus não estava rejeitando o judaísmo de seus dias, mas ilustrando seu significado interno. Portanto, os Evangelhos não apoiam a noção de que os cristãos que adoram Jesus como o Filho de Deus estão adorando um Deus diferente do Deus do judaísmo bíblico.

---

[33]Mishná *Yoma* 8:6. Embora esse seja o fim do primeiro século d.C., o Talmude Babilônico *Yoma* 35b (Baraita) atribui o princípio aos rabinos no primeiro século a. C. Veja Bockmuehl, *Jewish law in gentile churches*, p. 7.

[34]Bockmuehl, *Jewish law in gentile churches*, p. 6-8.

Paulo e judaísmo

Mas e quanto a Paulo?[35] Os estudiosos chegaram a conclusões semelhantes sobre Paulo, embora reconheçam que isso é mais complicado
no caso do apóstolo dos gentios. Há tensão, por exemplo, entre o tratamento de Paulo da lei em Gálatas, passagem em que ele é "quase estri-
dentemente negativo", e em Romanos, passagem na qual a lei é "boa em
si mesma, mas não fornece uma solução suficiente para os problemas
ocasionados pela Queda". No entanto, quando as duas cartas são lidas
em conjunto, Romanos parece "incluir a interpretação mais acentua-
damente negativa de Gálatas em um todo sintético maior".[36]

Deixe-me explicar um pouco mais. Paulo disse: "declaro a todo
homem que se deixa circuncidar que ele está obrigado a cumprir toda
a Lei" (Gl 5:3). Aliás, ele também disse: "embora eu mesmo não esteja
debaixo da Lei" (1Co 9:20), mas Bockmuehl e o estudioso do Novo Testamento Mark Kinzer sugerem que, com isso, Paulo quis dizer que ele
não era como os judeus que viviam em estrita separação dos gentios.
Agora, que a era messiânica havia começado, ele queria reunir judeus
e gentios. Portanto, Paulo estava "dentro" da Lei (*ennomos*), mas não
"sob a Lei" (*hupo nomon*). Ele também não está "fora da lei" (*anomos*).
Todas estas frases são usadas por Paulo em 1Coríntios 9: "Para os que
estão *debaixo da Lei*, tornei-me como se estivesse *sujeito à Lei* (embora eu mesmo não esteja debaixo da Lei), a fim de ganhar os que estão
debaixo da Lei. Para os que estão sem lei, tornei-me como sem lei
(*embora não esteja livre da lei de Deus, e sim sob a lei de Cristo*), a fim
de ganhar os que não têm a Lei" (v. 20,21).

A questão é que, embora Paulo não adotasse a abordagem estri-
tamente étnica da Lei que os fariseus mais conservadores adotavam,
ele poderia adaptar-se a ela se ajudasse a ganhar alguns deles para
o Messias. Portanto, ele podia ser flexível em sua abordagem da Lei,
mas nunca estava livre dela. Nem queria estar. Não há evidência de
que Paulo alguma vez tenha quebrado as regras judaicas básicas para

---

[35]A próxima seção é uma adaptação de um trecho de *Israel matters: why Christians
must think differently about the people and the land*, de Gerald McDermott, copyright
©2017. Usado com permissão de Brazos, uma divisão do Baker Publishing Group [edição
em português: *A importância de Israel: por que o cristão deve pensar de maneira diferente
em relação ao povo e à terra* (São Paulo: Vida Nova, 2018)].

[36]Gary Anderson, revisão de *The church's guide for reading Paul*, de Brevard Childs,
First Things 194 (June/July 2009): 46.

viver de acordo com a Lei, digamos, comendo alimentos não *kosher* ou profanando o sábado ou os dias santos judaicos.[37]

Você pode perguntar, então, o que Paulo quis dizer com Gálatas 3:10-14, passagem em que disse que Cristo "nos redimiu da maldição da Lei quando se tornou maldição em nosso lugar" (v. 13). A melhor coisa a lembrar primeiro é que esse é o mesmo Paulo que disse: "a Lei é santa, e o mandamento é santo, justo e bom" (Rm 7:12), e que a fé em Cristo não anula "a Lei pela fé?", mas, de fato, "confirmamos a Lei" (Rm 3:31). Portanto, não faz sentido pensar, como muitos cristãos pensaram, que para Paulo a própria lei era a maldição.

Michael Wyschogrod foi um teólogo judeu que compreendeu o contexto rabínico de Paulo. Ele escreveu que, na estrutura rabínica, Deus é lei e misericórdia, mas não há maneira de saber qual aspecto do caráter de Deus predominará – a maldição que está ligada à desobediência à Torá ou a misericórdia que tempera a justiça de Deus. "A existência judaica é, portanto, muito insegura." Mas, para Paulo, Jesus na cruz era o "para-raios que atraiu para si todo o castigo, protegendo, assim, todos os outros". Portanto, a maldição da lei é a *punição* que vem por desobedecer à lei, que em si é santa e boa.[38]

O historiador de Princeton John G. Gager afirma que Gálatas foi mal interpretado porque seu público foi mal compreendido. Na realidade, ele diz, Paulo estava se dirigindo apenas aos gentios nessa carta, e seu propósito era explicar a relação da lei com os gentios – que é nenhuma para Paulo. "Os gentios [na Galácia eram] [...] pressionados por outros apóstolos, dentro do movimento de Jesus, para fazer a circuncisão e uma observância seletiva da lei." Então, Paulo explicou que "a lei nunca foi o caminho pretendido para os gentios". Gager argumenta que Gálatas dirige-se apenas aos gentios porque "as descrições das circunstâncias dos gálatas antes de Cristo só podem aplicar-se aos gentios: 'estávamos escravizados aos princípios elementares do mundo' (v. 3); 'vocês não conheciam a Deus' (v. 8); e 'eram escravos

---

[37]Kinzer, *Postmissionary Messianic Judaism*, p. 88. Veja David J. Rudolph, *A Jew to the Jewish: Jewish contours of Pauline flexibility* em *1 Corinthians 9:19-23* (Tübingen: Mohr-Siebeck, 2010).

[38]Michael Wyschogrod, *Abraham's promise: Judaism and Jewish-Christian relations*, edição de R. Kendall Soulen (Grand Rapids: Eerdmans, 2004), p. 196-7. Veja tb. Hillary LeCornu; Joseph Schulam, *A commentary on the Jewish roots of Galatians* (Jerusalem: Academon, 2005).

GERALD R. MCDERMOTT

daqueles que, por natureza, não são deuses' (v. 8)". Mesmo as palavras "os que estavam sob a Lei" se referem aos gentios, pois "não é expressão característica nos textos judaicos para se referir à relação entre a lei e os judeus". Portanto, o Paulo de Gálatas pode ser reconciliado com o Paulo de Romanos. Gálatas diz aos gentios que a lei não é para eles, enquanto Romanos insiste que a lei para os judeus é "santa, justa e boa" (7:12). Os dois são compatíveis porque as regras legais e cerimoniais do Pentateuco (Torá) são para judeus, não para gentios.[39]

Existem muitos outros sinais de que Paulo respeitou a Lei: ele circuncidou Timóteo, fez e manteve um voto de nazireu e participou de outro voto de nazireu (At 16:1-3; 18:18; 21:21-24). No último voto, Paulo provou a "Tiago, e todos os presbíteros [que] estavam presentes" da igreja de Jerusalém, que pareciam satisfeitos com o fato de que "milhares de judeus creram, e todos eles são zelosos da lei", que ele próprio "continua vivendo em obediência à lei" (At 21:18,20,24). Lucas se desdobrou nessa história para mostrar que Paulo *não* estava "ensina[ndo] todos os judeus que vivem entre os gentios a se afastarem de Moisés, dizendo-lhes que não circuncidem seus filhos nem vivam de acordo com os nossos costumes" (21:21). Por "nossos costumes", Paulo certamente quis dizer dieta *kosher*, guardar o sábado e circuncisão – e provavelmente outros costumes específicos dos judeus. Em Romanos, Paulo afirmou que o propósito de Deus ao enviar Jesus era que seus discípulos cumprissem "as justas exigências da Lei" (Rm 8:4).

Em um aspecto, Paulo era ainda mais judeu do que Jesus: ele tinha uma abordagem mais positiva dos fariseus do que aquela que vemos nos Evangelhos. Ele orgulhosamente se apresentou como fariseu (At 23:6), e Lucas relata que os fariseus vieram em sua defesa (At 23:9). Ao longo de Atos 21–26, Paulo "afirma sua identidade como um judeu observador da Torá, na verdade um fariseu, e não culpado de violar a Torá ou profanar o Templo".[40] O grande estudioso católico da Bíblia

---

[39]John G. Gager, *Reinventing Paul* (New York: Oxford University Press, 2000), p. 86, 89, 91.

[40]Mark Nanos, "The myth of the 'law-free' Paul standing between Christians and Jews" (jornal, December 10, 2008), p. 6, disponível em: www.marknanos.com/Myth-Lawfree-12-3-08. pdf. Veja tb. Nanos, "Paul and the Jewish tradition: the ideology of the Shema", in: Peter Spitaler, org., *Celebrating Paul: Festschrift in honor of Jerome Murphy-O'Conner, O. P. and Joseph A. Fitzmyer, S. J.*, Catholic Biblical Quarterly Monograph (Washington: Associação Bíblica Católicada América, 2012); Nanos, "Rethinking the' Paul and Judaism' paradigm: why not 'Paul's Judaism'?" (artigo, May 28, 2008), disponível em: www.marknanos.com/Paul%27sJudaism-5-28-08.pdf.

Visão da revelação compartilhada

Raymond Brown especulou que, se Paulo tivesse um filho, ele o teria circuncidado. Michael Wyschogrod se perguntou: "Será que Paulo era, afinal, um judeu ortodoxo?".[41]

De acordo com Mark Nanos, Paulo "afirmou a Torá sem ambiguidades". Suas diferenças em relação aos seus companheiros judeus não eram sobre a observância da Torá, mas sobre quem era Jesus: "As diferenças no tempo de Paulo [entre o judaísmo de Paulo e o de outros judeus] não alteravam as visões depreciativas tradicionais da Torá, ou as reações a elas. [...] Em vez disso, mudavam o significado de Cristo para o povo de Israel e as demais nações".[42] Talvez a verdadeira questão para judeus e cristãos não seja saber se Jesus ou Paulo aceitaram a validade contínua da lei, pois há evidências crescentes de que eles o fizeram, mas se Jesus era, como disse o teólogo judeu Irving Greenberg, "um suposto redentor para as nações".[43]

O cristianismo era uma nova religião?

Portanto, voltamos à seguinte pergunta: Jesus e Paulo começaram uma nova religião, o que sugere que cristãos e judeus adoram deuses diferentes?

Como já sugeri, os cristãos têm vários motivos para responder sim a essa pergunta. Um dos mais importantes – e talvez o mais amplamente usado – é a questão da Torá, a Lei judaica. Jesus anulou a Torá, foi dito, e Paulo disse que a Torá não é mais válida, pois o Messias Jesus se tornou a nova Torá. Apenas suas palavras, e as palavras de seus seguidores inspirados que escreveram o Novo Testamento, são obrigatórias aos cristãos.

Mas e se acontecer de Jesus não ter a intenção de deixar a Torá de lado, mas se ver ensinando e incorporando o significado interno da Lei? De forma que a Torá ainda seria válida para seus seguidores judeus e importante em um sentido diferente para seus seguidores gentios, mas agora vista com nova clareza por meio de suas palavras e ações?

---

[41]Wyschogrod, _Abraham's promise_, p. 232, 234.

[42]Nanos, "Myth", p. 2, 6. Veja tb. Daniel R. Langton, "The myth of the 'traditional view of Paul' and the role of the apostle in modern Jewish-Christian polemics", _Journal for the Study of the New Testament_ 28, n. 1 (2005): 69-104.

[43]Irving Greenberg, _For the sake of heaven and earth: the new encounter between Judaism and Christianity_ (Philadelphia: Jewish Publication Society, 2004), p. 229.

E, se descobrirmos que Paulo era um observador da Torá, ao contrário daquilo em que a maioria dos cristãos acreditava? Que ele também via a Lei como obrigatória para os judeus em todos os seus mandamentos e uma fonte de ensino – se não de observância detalhada – para os seguidores gentios de Jesus? Por exemplo, embora as regras *kosher* não se apliquem aos gentios, ensinam gratidão pela comida e a necessidade de obedecer a nosso Senhor mesmo quando não compreendemos todos os seus mandamentos?

Se essas coisas são verdadeiras, então a principal razão para a tese "Jesus e Paulo tiveram o objetivo de começar uma nova religião" se dissolve. É claro que o judaísmo e o cristianismo *evoluíram* para religiões bem diferentes. Hoje são diferentes. Mas Jesus e Paulo não tinham em mente começar uma nova religião. Jesus veio para mostrar a seus companheiros judeus o cumprimento de sua Lei (ele mesmo!), enquanto Paulo trouxe essa mensagem aos gentios para que eles pudessem ser adotados na família abraâmica do Messias.

Ainda restam, no entanto, várias objeções importantes que articulei no início desta seção. Por exemplo, graça *versus* obras. Jesus não veio para mostrar a um povo judeu obcecado por obras que seu relacionamento com Deus não era causado por suas obras? E Jesus não estava tentando ensinar-lhes que eles poderiam ter um relacionamento *pessoal* com o Deus de Israel em vez de ficarem a distância, no sopé do monte Sinai, encolhendo-se de medo?

Os cristãos têm dito esse tipo de coisa aos judeus e seus rabinos há séculos. E os rabinos têm respondido de várias maneiras nesses mesmos séculos. "Nosso relacionamento com Deus se baseia em obras? Você não sabe", retrucam eles, "que pegamos um garotinho de oito dias e o circuncidamos, proclamando a nós mesmos e ao mundo que algo cósmico acaba de acontecer: que esse garotinho foi trazido para a família da aliança divina chamada Israel, e que seu destino mudou para sempre? Achamos que esse bebezinho fez alguma coisa para merecer esse privilégio cósmico? Claro que não! Ele recebeu um presente gratuito de Deus – a própria noção do que vocês, cristãos, chamam de graça.

"E o que você acha que acreditamos ser o motivo da escolha de Israel por Deus? Havia alguma relação com o mérito de nossos patriarcas Abraão, Isaque e Jacó, como a Torá sugere em Deuteronômio 10:15.

Mas todos nós – seus descendentes – somos incluídos por um dom divino, outro ato de graça que não depende de nossas obras.

"Portanto, acreditamos que primeiro entramos na aliança por meio de um dom – pela graça. Também acreditamos que, se quisermos *permanecer* na aliança, devemos seguir observando a lei de Deus, que consideramos não um fardo, mas um presente maravilhoso que nos foi dado por nosso Pai amoroso, que deseja que tenhamos vida abundante: 'Andem sempre pelo caminho que o Senhor, o seu Deus, ordenou a vocês, para que tenham vida, tudo vá bem com vocês e os seus dias se prolonguem na terra da qual tomarão posse' (Dt 5:33). Por isso o salmista exclamou: 'Como eu amo a tua lei!' (Sl 119:97).

"É aqui que muitos cristãos pensam que nos afastamos de sua visão de um Deus da graça. Eles acham que introduzimos uma ideia estrangeira – que, para permanecer na aliança de Deus, devemos guardar seus mandamentos. Mas o seu fundador, Jesus, não disse algo bem semelhante – 'Se vocês obedecerem aos meus mandamentos, permanecerão no meu amor' (Jo 15:10)?

"Você também afirma que nós, judeus, nada sabemos sobre o relacionamento pessoal com o Deus de Israel. Se você pensa assim, não deve saber que nosso livro de orações, que usamos todos os dias, se baseia em todos os Salmos. Os Salmos são ilustrações vivas do relacionamento pessoal que Davi e outros salmistas tiveram com Deus. Oramos os Salmos como *nossas* orações, ao Deus que ama Israel e fala ao povo de Israel como seus filhos e filhas amados."

Vamos recapitular o argumento até agora apresentado. Tentei mostrar que Jesus e Paulo não pensavam estar começando uma nova religião para substituir o judaísmo em cujo seio cresceram. Eles realmente ensinavam que o Messias finalmente viera em Jesus, e que por essa razão o judaísmo do primeiro século havia chegado a um momento histórico em que as maiores promessas começaram a se *cumprir*. O judaísmo estava encontrando seu significado interno e o grande clímax porque o israelita perfeito apareceu como a personificação da Lei e do próprio Israel. Mas isso não significa que o judaísmo estivesse sendo substituído por outra religião de caráter fundamentalmente diferente. Em vez disso, significa que o Deus de Israel estava levando o povo de Israel ao apogeu prometido quando seu Messias foi revelado como o Filho de Deus, o significado de tudo o que eles já conheciam. Em vez de se opor à lei judaica, Jesus e Paulo a observaram, inclusive quando testificaram que Jesus era sua encarnação viva. Alguns leitores levantarão mais alguns obstáculos neste ponto: encarnação, ressurreição e Trindade. Esses conceitos fundamentalmente cristãos não provam a incompatibilidade das concepções judaica e cristã de Deus? Em outras palavras, o Deus cristão está encarnado, e o Deus judeu, não; o Deus cristão ressuscitou dos mortos, enquanto o Deus judeu parece despreocupado com a ressurreição; o Deus cristão é trino e uno, enquanto o Deus judeu é unitário.

Encarnação

Deixe-me sugerir que as coisas não são tão simples quanto essas declarações sugerem. Primeiro, a ideia de encarnação não é estranha ao judaísmo. O Antigo Testamento fala de Deus habitando em seu povo, e o Talmude – que é a maior autoridade para a tradição judaica – fala a mesma coisa.[44] Um famoso filósofo/teólogo judeu escreveu extensamente sobre Deus habitando no povo de Israel. Michael Wyschogrod defendeu "a habitação de Deus em Israel" e acrescentou que, embora os cristãos discordem dos judeus quanto à localização do mais alto grau de encarnação, sua diferença é mais quantitativa do que qualitativa. Ele diz que os cristãos tomam o conceito de encarnação, que é judeu, e "veem a intensificação dessa habitação em um judeu". A questão é que, enquanto os judeus rejeitam a ideia de que Jesus é a encarnação de Deus, a *ideia em si* de encarnação é judaica.[45]

Benjamin Sommer, professor de Bíblia e línguas semíticas antigas no Jewish Theological Seminary, escreveu recentemente que "a encarnação divina, paradoxalmente, emerge [...] como muito mais importante para o judaísmo do que para o cristianismo".[46] Para Sommer, encarnação significa uma "misteriosa fluidez e uma multiplicidade", segundo as quais o Deus da Bíblia hebraica assume diferentes formas corporais. Por exemplo, ele desce do céu à terra para dar uma olhada na torre que os seres humanos estão construindo (Gn 11:5), faz um passeio no

---

[44]É claro que a Tanach também fala de Deus habitando no templo, assim como Jesus (Mt 23:21).

[45]Wyschogrod, *Abraham's promise*, p. 178.

[46]Benjamin D. Sommer, *The bodies of God and the world of ancient Israel* (Cambridge: Cambridge University Press, 2009), p. 10.

jardim do Éden (Gn 3:8) e vai até a tenda de Abraão e conversa com ele (Gn 18). O profeta Amós diz "vi o Senhor junto ao altar" (Am 9:1), enquanto Moisés falou com Deus face a face, "como quem fala com seu amigo" (Êx 33:11). De acordo com Sommer, o cristianismo não estava fazendo nada radicalmente novo quando proclamou que Deus assumiu uma forma corporal na encarnação. "O Israel bíblico conhecia doutrinas muito semelhantes, e essas doutrinas não desapareceram do judaísmo após o período bíblico"; elas continuaram durante as eras do Talmude.[47]

Ressurreição

A ressurreição, da mesma forma, é uma doutrina exclusivamente cristã. Na verdade, é cristã *porque* é judaica. A igreja primitiva foi capaz de aceitar a ressurreição de Jesus porque seus fundadores eram leitores da Bíblia hebraica e discípulos em escolas rabínicas nas quais a ressurreição era a base da escatologia judaica. Jon D. Levenson, professor de Estudos Judaicos na Harvard Divinity School, argumentou que a ressurreição é parte integrante das Escrituras hebraicas, além de "ser uma viga que sustentava o peso no edifício do judaísmo rabínico".[48]

Trindade

E quanto à Trindade? Não é uma dificuldade insuperável para quem tenta alegar que o Deus dos judeus e o Deus dos cristãos são o mesmo? Como é possível um Deus "três em um" ser igual ao Deus daqueles que protestam que Deus é um, e não três?

A resposta é que havia uma tradição judaica substancial no sentido de que a unidade de Deus é diferenciada, uma unidade complexa, e não uma unidade matemática.[49] A razão mais importante para essa

---

[47]Sommer, *The bodies of God and the world of ancient Israel*, p. 135, 8.

[48]Jon D. Levenson, *Resurrection and the restoration of Israel: the ultimate victory of the God of life* (New Haven: Yale University Press, 2006).

[49]Depois de relatar a identificação de Cristo, de Justino Mártir, com o autor da Tanach, Daniel Boyarin escreve: "Deixe-me enfatizar que não apenas o pensamento judaico está em ação aqui, mas também as práticas hermenêuticas judaicas: a associação da palavra criativa de *Bereshit* com a companheira/agente da Sabedoria de Deus em Provérbios. Segue-se, então, que na teologia do *Logos*, tanto João como Justino representam padrões judaicos comuns e antigos de pensamento religioso e prática midráshica". Daniel Boyarin, *Border lines: the partition of Judaeo-Christianity* (Philadelphia: University of Pennsylvania Press, 2004), p. 106. Para conhecer a ponta do

GERALD R. MCDERMOTT

tradição é a própria Bíblia hebraica. Em Gênesis 1, lemos sobre "Deus" e "o Espírito de Deus" (v. 1,2). Não há sugestão no texto de que esses sejam dois deuses, mas, de alguma forma, o Espírito de Deus é distinto e, ainda assim, também é Deus. Em toda a Bíblia hebraica, lemos sobre "Deus" e "a Palavra de Deus". Por exemplo, em 1Samuel lemos que, "naqueles dias, raramente o Senhor falava", mas vinha regularmente a Samuel (1Sm 3:1; 15:10). Em todos esses casos, a implicação é que Deus é um, mas de alguma forma a Palavra é uma manifestação distinta de Deus. Então, em Provérbios 8, somos apresentados à "Sabedoria" de Deus de tal forma que a Sabedoria é tanto separada de Deus quanto é o próprio Deus. Em todos esses casos, a unidade de Deus é misteriosamente complexificada, como se houvesse uma diferenciação interna que não compromete a unidade de Deus. Deus ainda é um, mas, dentro dessa unidade, existem distinções. Esse fenômeno bíblico levou gerações de rabinos judeus a especular sobre a complexidade envolvida no ser de Deus.

Por exemplo, de acordo com o historiador judeu Daniel Boyarin, havia uma "[crença] amplamente aceita pelos judeus na era pré--cristã" de "uma segunda entidade divina, a Palavra de Deus (*Logos*) ou a Sabedoria de Deus, que medeia entre a totalmente transcendente divindade e o mundo material".[50] Portanto, não foi um salto quântico que a igreja judaica primitiva teve de dar quando ponderou sobre como Deus poderia ser um e, ainda assim, o Filho de Deus também poderia ser Deus, e então uma terceira entidade, o Espírito Santo, também poderia ser Deus. As mentes judaicas que escreveram o Novo Testamento podiam escrever dessa maneira porque sua tradição judaica já sustentava a diferenciação interna dentro da unidade de Deus. A Trindade cristã, que finalmente emergiu dessa matéria-prima no Novo Testamento, estava, portanto, em continuidade, e não em oposição fundamental, à tradição judaica. O Deus de Israel *havia*

---

iceberg da erudição sobre a unidade diferenciada no pensamento judaico, comece com Erwin Goodenough, *The theology of Justin Martyr: an investigation into the conceptions of early Christian literature and its Hellenistic and Judaistic influences* (Amsterdam: Philo, 1968); Jarl Fossum, *The name of God and the Angel of the Lord: Samaritan and Jewish conceptions of intermediation and the origin of gnosticism* (Tübingen: Mohr-Siebeck, 1985); Alan F. Segal, *Two powers in heaven: early rabbinic reports about Christianity and gnosticism* (Leiden: Brill, p. 1077).

[50]Boyarin, *Border lines*, p. 30-31, 112-37.

muito era conhecido por ser um ser com diferenciação interna. Consequentemente, a igreja primitiva poderia alegar que estava adorando o Deus de Israel, mas com uma nova clareza sobre as identidades dentro dessa diferenciação. Indiscutivelmente, os autores dos Evangelhos e epístolas acreditavam estar escrevendo sobre o Deus de Israel, e não sobre um novo Deus diferente do Deus de Israel. Eles pensavam que estavam adorando o mesmo Deus que seus irmãos e irmãs judeus não messiânicos adoravam, mas acreditaram que haviam reconhecido novos desenvolvimentos na história da redenção de seu povo por aquele Deus. Isso mudou sua compreensão desse Deus de Israel, mas não os convenceu de que estavam adorando um Deus diferente.

O *pensamento mais maduro de Paulo*

Qual é a prova dessas minhas últimas afirmações – de que os escritores do Novo Testamento acreditavam adorar o mesmo Deus de Israel, como seus oponentes judeus? A melhor prova é a carta de Paulo à igreja em Roma. Aqui encontramos a expressão mais madura do pensamento de Paulo, escrita não muito tempo antes de sua morte. Já se haviam passado quase trinta anos desde a sua conversão para seguir *Yeshua* como *Mashiach*. Embora dezenas de milhares de judeus em Jerusalém se tenham "tornado crentes", a maioria dos judeus daquela geração não o fez. Paulo sentiu "grande tristeza e constante angústia" por esses irmãos que resistiram à sua mensagem sobre Jesus (Rm 9:2). Talvez ele tenha sentido alguma raiva, pois os chamou de "inimigos por causa de vocês" (Rm 11:28). No entanto, ao mesmo tempo, eles "são amados por causa dos patriarcas" (v. 28). Como eles ainda poderiam ser amados se estivessem resistindo ao Filho de Deus, recusando-se a aceitar a proclamação de Paulo de que ele era o Messias que Deus havia prometido? A razão, acrescentou ele imediatamente, era que "os dons e o chamado de Deus são irrevogáveis" (v. 29). Deus deu a eles "a adoção de filhos; deles são a glória divina, as alianças, a concessão da Lei, a adoração no templo e as promessas" (Rm 9:4), e ele não aceitaria nenhum deles de volta. Deus não faz isso, Paulo insistia em todas as suas cartas. Ele é fiel às suas promessas. Ele prometera tomar a descendência judaica de Abraão como seu povo, e não estava revogando essa promessa, mesmo que a maioria recusasse seu próprio Filho, o Messias. Eles ainda eram seu povo; e ainda estavam em aliança com ele.

Há muito a ser dito sobre essas declarações importantes e notáveis, porém a mais importante para nós está clara: Paulo, a toda prova, considerava o Deus dos judeus não messiânicos o mesmo que o seu Deus. Foi o Deus de Israel que chamou o povo judeu para fazer uma aliança com ele, e esse Deus continuou a amar o povo judeu que recusava seu Messias. Ele não era um Deus novo ou diferente. Esse mesmo Deus enviou sobre a maioria de Israel um "endurecimento em parte" (Rm 11:25), para que eles *não* vissem que Jesus era o seu Messias, e isso foi "por causa de vocês", ou seja, por causa dos gentios (provavelmente a maioria na igreja de Roma). Os rabinos haviam ensinado que, quando o Messias viesse, todo o Israel o aceitaria, e essa era chegaria ao fim.[51] Paulo parece ter acreditado nisso, e então sugere aqui que Deus propositalmente cegou a maioria de Israel a fim de que o espaço e o tempo pudessem ser abertos para trazer milhões, talvez bilhões, de gentios nos séculos posteriores.

Se minha opinião sobre o raciocínio por trás de "por causa de vocês" (Rm 11:28) está correta, é, no entanto, manifestamente evidente que Paulo acreditava que seus irmãos judeus não messiânicos ainda estavam em aliança com o Deus de Israel. Eles estavam adorando o mesmo Deus que Paulo adorava, mas ele via os desígnios de Deus e o Filho de uma forma que eles não viam. Esses não eram dois deuses diferentes, mas porções diferentes de Israel em diferentes estados de percepção e obediência. Essa divisão não era nova na história de Israel, que, por longos períodos da história bíblica, viu distinção entre uma maioria que reivindicava o Deus de Israel e um remanescente fiel. Paulo se referiu a essa distinção em Romanos 9:6: "Nem todos os descendentes de Israel são Israel". Mas, apesar dessa distinção terrível, Paulo deixou claro que o Deus de Israel permanece em aliança com aquela parte de Israel que não reconhece Jesus. Eles ainda são "amados" por ele. De alguma forma misteriosa, ele ainda é o Deus deles. Eles adoram o Deus que Paulo adorava.

---

[51]Por exemplo, o texto rabínico primitivo (provavelmente do segundo século d.C.) *Seder Olam* prediz que "primeiro virá o messias, então este mundo chegará ao fim e, finalmente, o mundo vindouro será inaugurado". Embora seja do segundo século, provavelmente reflete também o pensamento do primeiro século. Chaim Milikowsky, "Trajectories of return, restoration and redemption in rabbinic Judaism: Elijah, the Messiah, the war of God and the world to come", in: James M. Scott, org., *Restoration: Old Testament, Jewish, and Christian perspective* (Leiden: Brill, 2001), p. 271.

Visão da revelação compartilhada

Em suma, os judeus não diferem substancialmente (embora sejam materialmente diferentes) dos cristãos em todas as questões frequentemente relacionadas às diferenças substanciais: lei, graça, obras, encarnação, ressurreição, unidade divina com distinções internas. Eles diferem quanto à Trindade e à identidade de Jesus. Eles concordariam com Paulo, no sentido de que "o Messias crucificado" é um "escândalo" para os judeus (1Co 1:23). Ainda assim, Paulo considerava que até mesmo os judeus que divergiam sobre Jesus mas adoravam o Deus de Israel tinham zelo pelo mesmo Deus, embora esse zelo não se baseasse "no conhecimento" (Rm 10:2). Eles precisavam ouvir e receber o evangelho (Rm 1:16), mas estavam adorando o mesmo Deus.

Enquanto o Deus de Israel é o Pai de Jesus Cristo e compartilha o mesmo ser e o mesmo caráter de Jesus, Alá não o faz. YHWH perdoa e salva por meio do sacrifício conforme prescrito pela Torá, e então por meio do sacrifício perfeito que foi prenunciado nos sacrifícios da Torá. Ele mostra em ambos os Testamentos que seu povo deve perdoar e amar seus inimigos. Ele é o Pai de seu povo, o amor em sua essência. Isso é verdade em relação ao Deus revelado em ambos os Testamentos. Nenhuma dessas características pode ser encontrada em Alá. Enquanto cristãos e judeus compartilham a integralidade (para judeus) ou a maior parte (para cristãos) de suas Escrituras, cristãos e muçulmanos não compartilham parte alguma. Por todas essas razões, devemos dizer que os cristãos não adoram o mesmo Deus designado por Alá, mas que os cristãos adoram o mesmo Deus que os judeus que consideram o Antigo Testamento a Palavra de Deus.

■ RÉPLICA A GERALD R. MCDERMOTT

WILLIAM ANDREW SCHWARTZ E JOHN B. COBB JR.

Para Gerald McDermott, a questão sobre judeus, muçulmanos e cristãos adorarem ou não o mesmo Deus é resolvida pelo fato de eles terem o mesmo ensino sobre Deus. Se houver grandes diferenças, então o "Deus" das diferentes tradições não pode ser o mesmo. Achamos que essa não é a maneira certa de decidir.

Conceitualidade vs. realidade

Há uma diferença importante entre adorar uma ideia de Deus (concepções e descrições) e adorar o ser de Deus (realidade ontológica). Que os dois conceitos não são um e o mesmo, isso está implícito em McDermott, embora seja amplamente inexplorado. McDermott admite que, em algum nível, deveríamos dizer que muçulmanos e cristãos adoram o mesmo Deus, "porque, como monoteístas, todos concordamos que existe apenas um Deus. Ontologicamente, pode haver apenas um Deus criador eterno" (p. 123). Mas essa distinção implícita entre conceitualidade e realidade, ou o que outros neste volume descreveram como a diferença entre sentido e referência, parece solapar a conclusão de McDermott de que diferentes ensinamentos sobre Deus implicam que eles ensinam sobre diferentes deuses.

Quem ou o que é Deus? Uma ideia? Um somatório de descrições encontradas nos textos sagrados? Se Deus é entendido como realmente existente (como afirmam os teístas), então ele deve ser mais do que uma mera ideia ou um conceito. A condição ontológica de um Deus *real* não é uma questão menor. Como Shakespeare escreveu: "O que há em um nome? Aquilo que chamamos de rosa por qualquer outro nome teria o mesmo aroma doce". Efetivamente, o que Shakespeare estava dizendo é que nossos nomes, nossas palavras, nossas descrições da realidade não alteram a realidade como tal. A rosa tem um aroma doce, independentemente do que digamos a seu respeito. Da mesma forma, a admissão de McDermott de que, ontologicamente, muçulmanos e cristãos adoram o mesmo Deus parece tornar irrelevantes seus argumentos adicionais sobre eventuais descrições divergentes. Deus é Deus. Não importa o que digamos ou acreditemos sobre Deus, a realidade ontológica subsiste. A distinção entre conceitualidade e realidade significa que uma diferença nos ensinamentos sobre Deus é insuficiente para concluirmos que muçulmanos e cristãos adoram deuses diferentes.

McDermott prossegue em sua defesa com uma analogia de dois estranhos conversando sobre o "sr. Jones". Conforme ele explica, as descrições contrastantes do sr. Jones levam os estranhos conversadores a concluir que estão falando sobre dois homens diferentes que têm o mesmo nome. Deixamos claro o fato de concordarmos que duas comunidades podem estar se referindo com a mesma palavra a realidades diferentes. Por exemplo, se alguém descreve Deus como uma pessoa divina compassiva e o outro insiste que Deus não tem forma nem sentimentos, julgaríamos que suas referências podem muito bem ser diferentes. Por outro lado, até mesmo descrições bem diferentes podem não implicar referências distintas.

Imagine um cenário em que os dois estranhos de McDermott terminam de falar sobre o sr. Jones e começam a falar sobre a figura mostrada aqui. Um descreve a figura como o perfil de duas faces olhando uma para a outra. O outro a descreve como um vaso branco. Os rostos são muito diferentes dos vasos. Isso significa que os estranhos estão falando de imagens diferentes? Certamente, não. Existe uma única imagem que pode ser vista de mais de uma maneira. *Então, por que as descrições conflitantes do sr. Jones sugerem duas pessoas diferentes, enquanto as descrições conflitantes da figura do rosto/vaso se referem a uma única imagem?* Realidade. No caso do sr. Jones, existem duas pessoas diferentes com o mesmo nome. No caso da imagem ambígua, há uma única imagem descrita de maneiras diferentes.

No entanto, tais complexidades não são relevantes para a questão dos objetos de devoção por muçulmanos e cristãos. Aqui, a semelhança do ensino é muito mais notável do que as diferenças. As escrituras de ambos falam de um Deus criativo pessoal profundamente compassivo. A menos que suponhamos que a doutrina da Trindade é sobre um Deus diferente, certamente não implica um objeto de adoração diferente do islamismo. Claro, existem diferenças, assim como haveria diferentes declarações sobre o sr. Jones, mesmo que se referissem à mesma pessoa. Os estranhos podem contar histórias sobre coisas bem diferentes que o sr. Jones fez em diferentes momentos de sua vida, por exemplo. Um talvez o tenha considerado uma pessoa fácil de lidar, enquanto o outro o considerou formal e rígido. Mas, se ambos também soubessem algumas coisas muito distintas que o sr. Jones fez, isso tornaria difícil convencê-los de que estavam falando de pessoas diferentes. O fato de o Alcorão e a Bíblia se sobreporem dessa forma dificilmente pode ser contestado.

A *importância da diferença*

Enquanto McDermott argumenta que os muçulmanos e os cristãos adoram deuses diferentes (porque têm ensinamentos diferentes sobre Deus), também afirma o que a maioria dos cristãos sempre afirmou: osjudeus e os cristãos adoram o mesmo Deus. Ao incluir as Escrituras hebraicas na Bíblia cristã, a igreja dá a entender que está falando do mesmo Deus que os cristãos conheceram em Jesus Cristo. Uma vez que McDermott pensa que diferenças na crença sobre Deus significam diferenças no que é adorado, a única maneira pela qual ele pode afirmar essa identidade é minimizando as diferenças entre os cristãos e os judeus.

Ele fez um trabalho notável. Todos nós podemos lucrar com seu estudo cuidadoso do judaísmo de Jesus e Paulo e do Novo Testamento como um todo. Resta a diferença de que os judeus não se juntaram aos cristãos na crença de que Jesus era o Messias, mas ele concorda conosco, no sentido de que uma diferença desse tipo não torna o Deus cristão diferente daquele que é adorado pelos judeus.

Visão da revelação compartilhada

Celebramos nosso acordo sobre esse ponto e lhe agradecemos por seu cuidadoso trabalho histórico. No entanto, acreditamos que sua insistência na semelhança o levou a subestimar a diferença entre cristãos e judeus, especialmente no que diz respeito à doutrina posterior da Trindade. O ensino do Novo Testamento de que devemos ser batizados em nome do Pai, do Filho e do Espírito Santo pode ser entendido de uma forma que não viola as categorias judaicas de pensamento. Mas será mais difícil persuadir os judeus da Trindade metafísica de uma substância e três pessoas, noção incorporada no credo cristão posterior. Esse credo é formulado em termos filosóficos gregos que são estranhos à maioria dos judeus, a fim de dar sentido à deificação de Jesus, a qual, em geral, é ofensiva aos judeus. Para nós, isso não significa que os cristãos tenham deixado de adorar o Deus de Abraão, mas que nossas crenças oficiais são frequentemente interpretadas de maneiras que estão em grande tensão com o monoteísmo menos qualificado de Abraão e dos judeus e muçulmanos. Como teólogos do processo, temos problemas com a ideia filosófica de "substância" e acreditamos que, hoje, a compreensão bíblica do Pai, do Filho e do Espírito Santo pode ser formulada de maneiras que se adaptam melhor ao pensamento bíblico do que o credo do quarto século. A tensão com o judaísmo pode ser atenuada.

A insistência de que a diversidade de ensino sobre Deus significa que o ensino é sobre diferentes deuses leva McDermott a julgar que o Alcorão trata de um Deus diferente do cristão. Uma vez que existe, de fato, apenas um Deus, McDermott não quer dizer que os muçulmanos adoram outro Deus. Ele usa a crítica de Paulo aos deuses gregos para mostrar que a falta de ensinamento cristão específico no Alcorão significa que sua adoração não é do Deus cristão.

Isso é intrigante, uma vez que a crítica de Paulo é à idolatria grega, e o islamismo é particularmente veemente em sua evitação da idolatria. McDermott parece identificar o islamismo com uma forma de paganismo em sua crítica, embora saiba que não é uma tradição pagã. Ele reconhece que a ênfase no amor que ele acha que falta no Alcorão se tornou parte da fé islâmica, mas descarta isso como algo desprovido de importância. Enquanto a rejeição judaica da doutrina cristã oficial da Trindade não implica que o Deus deles seja diferente, uma rejeição semelhante pelo islamismo, aparentemente, tem essa implicação.

WILLIAM ANDREW SCHWARTZ E JOHN B. COBB JR. ■

Não seria melhor ver todas as três tradições com a intenção de adorar o Deus de Abraão? Já nas Escrituras hebraicas, há diversidade de compreensão de Deus e da vontade de Deus para Israel e para os homens em geral. O cristianismo introduziu mudanças que abriram as portas aos gentios, aumentaram a influência das tradições gentias na igreja e geraram muito mais diversidade. O Alcorão surgiu do ensino hebraico sobre Deus, mas também o moldou de uma nova maneira: honrava profundamente Jesus, ao contrário dos judeus em geral.

Os cristãos podem muito bem pensar que tanto judeus como muçulmanos não se beneficiaram do que Jesus revelou sobre Deus. Podemos pensar que essa revelação mais completa remodela a adoração de uma forma crucial. Mas ainda afirmamos adorar o Deus de Abraão, apesar de termos muitas crenças sobre Deus que se encontram distantes do entendimento de Abraão. Não há razão para pensar que os muçulmanos estão adorando um Deus diferente do Deus de Abraão, embora suas crenças, como as nossas, certamente não estivessem todas presentes em Abraão. Essa é a sua intenção. Procuremos entender o islamismo como ele entende a si mesmo. Podemos, então, reconhecer nossas discordâncias sobre Deus e desenvolver nossos acordos com ele no mesmo espírito que anima o excelente trabalho de McDermott sobre o judaísmo.

Nossa visão de que as três tradições abraâmicas adoram o mesmo Deus se baseia no fato histórico de que todas afirmam fazê-lo. Todas traçam as revelações desse Deus a partir da tradição hebraica. Na verdade, seus ensinamentos são notavelmente semelhantes. Com isso, não queremos dizer que todas as grandes tradições espirituais do mundo enfatizem o mesmo Deus. Nem todos são caminhos para a mesma montanha. Em nosso capítulo, vemos alguns como orientados para o cosmo ou para este planeta. Alguns são orientados para o metafísico supremo (criatividade ou o Ser em si). E outros ainda são orientados para o Deus que as três tradições aqui tratadas remontam a Abraão.

Entre as tradições abraâmicas, o cristianismo foi o mais influenciado pela ideia do metafísico supremo. Essa influência ganhou foco nítido na obra do teólogo cristão mais influente, Tomás de Aquino. Ele entendia que Deus deve ser a Realidade Suprema e a base de todo ser. Isso o levou a articular e esclarecer a noção de *esse ipsum*. Nós

Visão da revelação compartilhada

traduzimos isso como Ser em si. Nada pode existir independentemente da participação no Ser em si. Mas o Ser em si não é um ser entre outros seres. Ainda assim, Tomás identifica o Ser Supremo, o Deus monoteísta de Abraão, com o Ser em si.

Boa parte das características comumente atribuídas a Deus se ajusta ao Ser em si muito melhor do que o Ser Supremo, a Pessoa ou o Espírito. Por exemplo, o Ser em si é, de fato, intransponível e imutável, não influenciado por nada que aconteça. No entanto, é difícil combinar essas características com as histórias sobre Deus nas escrituras das tradições abraâmicas.

As escrituras das três tradições falam de Deus muito mais como o Ser ou a Pessoa Suprema. Muitos membros de todas essas religiões insistem que Deus é verdadeiramente uma Pessoa ou um Espírito. Em vez de descrever a Pessoa ou o Espírito divino como impassível, eles falam da compaixão perfeita de Deus – Deus sentindo com as criaturas em sua alegria e em seu sofrimento. Esses judeus, cristãos e muçulmanos adoram a Pessoa ou o Espírito Supremo perfeitamente amoroso, e não o impassível metafísico supremo. Alguns deles chamam a Pessoa Suprema de "Deus" e a metafísica final, a "Divindade".

Outros cristãos consideram essa crença de que Deus tem as qualidades de uma pessoa uma concessão enganosa à piedade popular. Eles sustentam que qualquer linguagem que atribua formas ou qualidades ao Ser em si é, na melhor das hipóteses, simbólica e não literal. Estes entendem que sua espiritualidade está cultivando a relação com o Ser em si ou percebendo que já são instâncias dele. A adoração em sentido típico é uma resposta menos natural a Deus do que a meditação.

Acreditamos que a Pessoa divina que encontrou Abraão é uma realidade diferente do metafísico supremo com o qual os místicos e metafísicos têm-se preocupado acima de tudo. Estamos felizes com o fato de que todas as tradições abraâmicas estejam abertas a ambas as características da realidade, embora nós mesmos estejamos mais focados em nossa espiritualidade e adoração na Pessoa ou no Espírito das Escrituras do que no aspecto impessoal supremo. Uma metafísica whiteheadiana nos permite entender que o Ser em si e o Deus de Abraão são reais e que ambos são requisitos para a existência de qualquer mundo. Uma formulação possível que fornece uma nova maneira de compreender essa relação é notar que, embora o Ser em si não tenha forma ou qualidade, em sua função no mundo ele é sempre caracterizado pelo Deus de Abraão.

O objetivo aqui é mostrar que não pressupomos, automaticamente, que todas as tradições espirituais se orientem ao mesmo Deus. Na verdade, a maioria dos humanos serve a ídolos, como Paulo observou sobre os atenienses. Hoje, algumas pessoas, mesmo em nossas igrejas e apesar da advertência explícita de Jesus, vivem mais a serviço do dinheiro do que de Deus.

Mesmo entre aqueles que não são idólatras, há devoção a diferentes características da realidade. Na linguagem que preferimos, alguns são orientados ao universo natural, alguns ao supremo filosófico e alguns à Pessoa ou ao Espírito Supremo. Estamos aqui nos concentrando nas tradições abraâmicas. As tradições abraâmicas não podem omitir a Pessoa ou o Espírito Supremo completamente, embora muitas vezes atribuam a Deus algumas características que pertencem à Realidade Suprema.

Se qualquer uma das religiões abraâmicas adora um Deus diferente do Deus de Abraão, essa religião é o cristianismo. No que muitas vezes é afirmado como sua forma ortodoxa, o cristianismo atribui a Deus características, como a impassibilidade, que não são compatíveis com a compaixão do Deus de Abraão. No entanto, acreditamos que a vasta maioria do cristianismo ainda é moldada em seus ensinamentos e em sua adoração mais pela Bíblia do que pela metafísica que alguns de seus líderes adotaram. Esperamos poder mostrar que uma metafísica melhor também se resume a adorar o Deus de Abraão, ao mesmo tempo que dá as boas-vindas aos místicos que exploram a experiência de alcançar a unidade com o Ser em si.

■ RÉPLICA A GERALD R. MCDERMOTT

FRANCIS J. BECKWITH

O ensaio de Gerry McDermott é um modelo de clareza e rigor. Ele observa e documenta corretamente as diferentes crenças que cristãos, muçulmanos e judeus têm sobre Deus. Quando se trata de saber se muçulmanos e cristãos adoram o mesmo Deus, ele se concentra em comparar o "Deus da Bíblia" ao "Deus do Alcorão". Ele conclui que cristãos e muçulmanos não adoram o mesmo Deus, pois "Alá e o Deus da Bíblia são deuses diferentes porque suas personalidades são diferentes" (p. 125). Ao comparar o judaísmo com o cristianismo, McDermott conclui que eles adoram o mesmo Deus porque "os judeus não diferem substancialmente (embora sejam materialmente diferentes) dos cristãos em todas as questões frequentemente relacionadas às diferenças substanciais: lei, graça, obras, encarnação, ressurreição, Em suma, os judeus não diferem substancialmente (embora difiram materialmente) dos cristãos em todas as questões frequentemente consideradas como sendo de diferença substancial: lei, graça, obras, encarnação, ressurreição, unidade divina com distinções internas. unidade divina com distinções internas" (p. 142). Como McDermott e eu não discordamos sobre a questão de saber se judeus e cristãos adoram o mesmo Deus, minha avaliação de seu capítulo se concentrará exclusivamente em sua afirmação de que muçulmanos e cristãos não adoram o mesmo Deus.

Islamismo, cristianismo e o caráter de Deus

O ponto central de McDermott é que as representações do caráter de Deus no islamismo e no cristianismo são tão radicalmente diferentes que deveria ser óbvio a qualquer pessoa que cada fé não se refere ao mesmo Deus. Ele escreve:

> Um [o Deus cristão] é um pai, pastor e amante que clama por uma volta do amor; o outro [o Deus muçulmano] é um senhor que exige serviço de seus escravos. Um ordena o amor ao próximo e até mesmo aos inimigos, enquanto o outro não ordena o amor ao próximo e desaprova o amor aos inimigos. Um mostra o poder pela força; o outro, pela fraqueza. Um é numericamente um sem diferenciação, enquanto o outro é três em um. Em suma, aqueles que adoram um não estão adorando o outro porque são dois deuses diferentes (p. 125).

Uma dificuldade com essa abordagem é que há lugares na Bíblia cristã em que Deus parece instruir seus seguidores a se envolverem em atos hediondos, incluindo genocídio, o que não parece ao leitor casual exibir afeição paterna, fraqueza ou amor pelos inimigos. Nos últimos anos, essa acusação tem sido a base de um pequeno grupo de escritores conhecidos como os Novos Ateus.[52] Por esse motivo, é preciso ser cauteloso ao traçar um contraste tão marcante entre o "Deus da Bíblia" e o "Deus do Alcorão" sem primeiro fazer as devidas advertências e distinções.[53]

Dito isso, não acho que o caráter de Deus, conforme descrito no Alcorão ou na Bíblia, seja decisivo para responder à pergunta se muçulmanos e cristãos adoram o mesmo Deus. Considere, por exemplo, o encontro entre Eva e a serpente no livro de Gênesis, que menciono em meu capítulo. A serpente disse a Eva: "'Certamente não morrerão! Deus sabe que, no dia em que dele comerem [do fruto da árvore no meio do

---

[52]Como diz Richard Dawkins: "O Deus do Antigo Testamento é indiscutivelmente o personagem mais desagradável de toda a ficção: ciumento e orgulhoso de si mesmo; um maníaco por controle mesquinho, injusto e implacável; um eliminador étnico vingativo e sanguinário; um valentão misógino, homofóbico, racista, infanticida, genocida, filicida, pestilento, megalomaníaco, sadomasoquista, caprichosamente malévolo. Aqueles de nós que foram educados desde a infância em seus caminhos podem tornar-se insensíveis ao horror deles". Richard Dawkins, *The God delusion* (London, Reino Unido: Bantam, 2006), p. 31 [edição em português: *Deus: um delírio* (São Paulo: Cia das Letras, 2007)]. Praticamente todos os relatos dos Novos Ateus incluem Dawkins, o falecido Christopher Hitchens, Sam Harris e Daniel Dennett.

[53]Veja, por exemplo, a resposta de dois estudiosos cristãos: Paul Copan e Matthew Flannagan, *Did God really command genocide? Coming to terms with the justice of God* (Grand Rapids: Baker, 2014) [edição em português: *Deus realmente ordenou o genocídio? Como compreender a justiça de Deus* (São Paulo: Vida Nova, 2020)].

jardim], seus olhos se abrirão, e vocês, como Deus, serão conhecedores do bem e do mal'" (Gn 3:4,5). A serpente está, claro, mentindo. Ela não está apenas dizendo a Eva algo que Deus não disse, como também está dizendo a ela algo que não condiz com o caráter de Deus. Na verdade, sua resposta inicial à pergunta da serpente (Gn 3:1) indica que ela nutria dúvidas quanto à sua opinião sobre o caráter de Deus: "Respondeu a mulher à serpente: 'Podemos comer do fruto das árvores do jardim, mas Deus disse: Não comam do fruto da árvore que está no meio do jardim, nem toquem nele; do contrário vocês morrerão'" (Gn 3:2,3). E, no entanto, a serpente não está se referindo a "outro Deus". Ele está se referindo ao mesmo criador do universo ao qual Eva se refere.

Considere outro exemplo, que tanto McDermott como eu tratamos em nossos capítulos: o encontro de Paulo com seu público pagão enquanto ele pregava no Areópago em Atenas. Embora McDermott esteja correto ao dizer que Paulo não exibe nada além de desprezo pelos cultos de adoração aos ídolos que ele vê por toda a cidade, o apóstolo cuidadosamente distingue entre os "deuses" dos adoradores de ídolos e o único Deus verdadeiro. Como observa McDermott, Paulo "notou um altar 'a um deus desconhecido' e sugeriu aos seus ouvintes que eles estavam pensando erroneamente sobre Deus morando em um templo e sendo servido por mãos humanas" (p. 118). Esse Deus, segundo o apóstolo, é o criador providencial soberano do universo, aquele de quem dependem todas as coisas contingentes existentes, "embora não esteja longe de cada um de nós. 'Pois nele vivemos, nos movemos e existimos'" (At 17:27,28). Esse apelo à teologia natural – que alguém pode saber sobre o único Deus verdadeiro sem o benefício da revelação especial – condiz com o que o apóstolo escreve em outro lugar: "Pois o que de Deus se pode conhecer é manifesto entre eles, porque Deus lhes manifestou. Pois, desde a criação do mundo, os atributos invisíveis de Deus, seu eterno poder e sua natureza divina têm sido vistos claramente, sendo compreendidos por meio das coisas criadas" (Rm 1:19,20).

Depois de identificar Deus, Paulo passa a compartilhar o evangelho. Mas observe como ele faz isso. Em primeiro lugar, ele estabelece a referência correta a Deus e, em seguida, explica como Deus designou Cristo para julgar o mundo, e nós sabemos que isso é verdade, pois Deus ressuscitou Jesus dos mortos (At 17:31). Compare isso com o que ocorreu no início de Atos 17, quando Paulo (acompanhado por Silas) estava tentando convencer um público judeu da messianidade de Cristo. Nesse encontro, não havia necessidade de estabelecer a referência certa a Deus, pois aquela disputa era sobre Jesus ser ou não o Messias prometido no Antigo Testamento pelo único Deus verdadeiro, cujas existência e referência não foram contestadas entre as duas partes.

Suponhamos, contudo, que alguns membros do público ateniense de Paulo que não estavam convencidos de que Jesus é o messias de Deus passassem a acreditar que o Deus descrito por Paulo é, de fato, o único Deus verdadeiro. Parece perfeitamente correto dizer que os membros desse grupo acreditam no mesmo Deus que os cristãos e judeus e, ao mesmo tempo, rejeitam as reivindicações revelatórias de ambos os grupos, incluindo a crença de que Jesus é o Messias de Deus, a quem Deus ressuscitou da morte. Agora imagine que um membro desse grupo de teístas atenienses (TAs) passe a acreditar que esse Deus revelou especialmente a ele que os TAs deveriam escravizar, torturar e matar os seguidores de Jesus sob a justificativa de que eles erroneamente acreditam que Deus é trino e uno. Suas vítimas cristãs podiam dizer-lhes com razão: "Deus nunca ordenaria algo assim! Não condiz com o caráter dele!". Mas Eva também poderia ter dito isso, em resposta à serpente, se não tivesse sido tão crédula. Em ambos os casos, cada parte não está se referindo a um Deus diferente; antes, uma das partes está errada sobre o caráter do Deus a quem ambas se referem.

Para ilustrar sua posição, McDermott nos conta a história de dois estranhos que afirmam conhecer um sr. Jones da mesma cidade. Enquanto compartilham entre si o que cada um sabe sobre o sr. Jones a partir do que selecionaram de suas crenças e comportamento, eles chegam à conclusão de que o caráter de cada "sr. Jones" é tão diferente que não devem estar se referindo ao mesmo sr. Jones. Mas eu não acho que essa ilustração seja bem-sucedida quando se trata do mesmo Deus em questão, uma vez que a identidade de Deus não está em disputa entre muçulmanos e cristãos: ele é o Criador providencial soberano do universo, aquele de quem dependem todas as coisas contingentes existentes (ou como eu observei em meu capítulo: *aquele que é metafisicamente supremo e tem existência não derivada*).

De uma forma irônica, McDermott não parece contestar isso. Ele escreve: "Então, o que devemos dizer sobre a afirmação de que muçulmanos e cristãos 'adoram o mesmo Deus'? Em algum nível, é claro, temos de dizer *sim*, porque, como monoteístas, todos concordamos que existe apenas um Deus. Ontologicamente, pode haver apenas um Deus criador eterno" (p. 123). No entanto, o que *está em disputa* são aqueles traços de caráter divino que McDermott atribui ao que cada fé acredita que Deus revelou por meio das escrituras sagradas: a Bíblia ou o Alcorão. Mas, dado o fato de que cada fé recebe a referência correta a Deus, tudo isso significa que uma ou ambas as religiões não têm uma verdade especialmente revelada sobre o mesmo Deus verdadeiro. Assim, no fim das contas, cristãos e muçulmanos adoram o mesmo Deus, mesmo que o último ou o primeiro tenham crenças errôneas sobre o mesmo Deus.

Outra maneira de pensar sobre isso

Agora, vamos imaginar o surgimento de uma nova religião que se autodenomina "neocristianismo". Seu credo afirma que a natureza divina é numericamente diferenciada – que a Divindade consiste em Pai, Filho e Espírito Santo, que é descrito nas novas escrituras da religião como "um pai, pastor e amante clamando pela volta do amor" e que "ordena o amor ao próximo e até mesmo aos inimigos" e mostra poder pela fraqueza (p. 125). Assim, o neocristianismo afirma reunir todas as características distintivas sobre Deus que, segundo McDermott, são encontradas na Bíblia e que estão supostamente ausentes do Alcorão. Agora suponha que nos aprofundemos mais nessa nova fé e descubramos que Pai, Filho e Espírito Santo não são ensinados pelos neocristãos a serem uma substância em três pessoas, como está implícito no Credo Niceno (381 d.C.), mas, sim, três seres superiores separados que são chamados de Divindade porque sua unidade é meramente uma unidade de propósito. Descobrimos ainda que os neocristãos não acreditam que essa Divindade seja o Criador providencial soberano do universo, aquele de quem todas as coisas existentes contingentes dependem, ou pelo menos não da maneira afirmada pelos cristãos comuns. Em vez disso, os neocristãos acreditam que cada deus na Divindade é ele mesmo uma criatura em um universo eterno não criado, e que tais seres são chamados de "deuses" porque são a forma mais elevada de ser individual que o universo é capaz de produzir e porque têm o incrível poder de "criar" mundos, como a Terra, de matéria preexistente (como o Demiurgo de Platão) e oferecer a promessa de vida eterna a seus habitantes humanos, os quais são trazidos à existência pela habilidade da Divindade. Portanto, é apenas nesse sentido altamente qualificado que os neocristãos podem reivindicar (com alguma justificativa) que sua Divindade é o Criador providencial soberano do mundo.

Cristãos e neocristãos adoram o mesmo Deus? A resposta é não. Mas não porque o cristão e o neocristão simplesmente tenham concepções diferentes de Deus, pois, nesse caso, eles poderiam muito bem estar na mesma posição que os cristãos e os muçulmanos (como argumento em meu capítulo), na medida em que ainda poderiam estar se referindo ao mesmo Deus, apesar de seus relatos contrários a respeito. Em vez disso, é porque o cristianismo e o neocristianismo abraçam entendimentos fundamentalmente diferentes do que constitui a natureza divina, tanto com cristãos e como com muçulmanos; embora eles discordem sobre o que constitui uma verdade revelada infalível sobre Deus, concordam que pode existir, em tese, apenas um Deus: aquele que é metafisicamente supremo e não tem existência derivada. Assim, embora, sem dúvida, McDermott esteja correto ao dizer que o cristianismo e o islamismo atribuem características diferentes a Deus, essas características são consideradas por cada fé verdades reveladas sobre o único ser que poderia, em tese, ter uma natureza divina. Por essa razão, essas características diferentes, por mais importantes que sejam para a integridade de cada fé, não são relevantes para a questão de cristãos e muçulmanos adorarem ou não o mesmo Deus. Consequentemente, quando McDermott escreve que "os muçulmanos não são pagãos, visto que são monoteístas que reconhecem o Deus de Abraão" (p. 126), eu me pergunto se a distância entre nossas posições é realmente tão grande.

■ RÉPLICA A GERALD R. MCDERMOTT

JERRY L. WALLS

Eu concordo amplamente com o ensaio de Gerald e acho que minhas diferenças com ele são relativamente pequenas em comparação às minhas discordâncias com os outros dois ensaios. Ele e eu concordamos que cristãos e muçulmanos não adoram o mesmo Deus, e seu argumento bíblico-teológico para essa afirmação converge perfeitamente com meu argumento filosófico-teológico e se volta à mesma conclusão. Além disso, também concordo com grande parte da segunda metade de seu ensaio. Eu não contestaria suas observações sobre Jesus e o judaísmo ou sobre Paulo e o judaísmo. Tampouco contestaria sua afirmação de que "Jesus e Paulo não pensaram que estavam começando uma nova religião para substituir o judaísmo em cujo seio cresceram" (p. 136). Gerald continua no mesmo parágrafo para explicar: "Significa, em vez disso, que o Deus de Israel estava levando o povo de Israel ao apogeu prometido quando seu Messias foi revelado como o Filho de Deus, o significado de tudo o que eles já conheciam" (p. 136). Até então, tudo bem.

No parágrafo seguinte, no entanto, Gerald cautelosamente se aproxima dos elefantes na sala que estão ameaçando debandar. Ele escreve: "Alguns leitores levantarão mais alguns obstáculos neste ponto: encarnação, ressurreição e Trindade" (p. 137). Essas doutrinas, claro, parecem ser logicamente incompatíveis com o judaísmo e, na verdade, representam uma barreira intransponível a qualquer alegação de que judeus e cristãos adorem o mesmo Deus. No entanto, Gerald não acha que esses "poucos obstáculos a mais" sejam tão intransponíveis quanto possam parecer. Na verdade, as relativamente poucas páginas que ele dedica a essas doutrinas sugerem que constituem barreiras menores a serem superadas.

Antes de considerarmos seu argumento com mais cuidado, vamos relembrar essas palavras de sua crítica ao islamismo a respeito de sua negação da Trindade. Como ele observou, às vezes os críticos tentam minimizar a rejeição muçulmana da Trindade, sugerindo que não entendem realmente a doutrina, que o que eles rejeitam é apenas uma caricatura do ensino cristão real. Gerald rejeita acertadamente esta afirmação:

> Mas a rejeição da Trindade pelos muçulmanos não pode ser explicada simplesmente como motivada por mal-entendidos. Pois, mesmo quando os mal-entendidos comuns são esclarecidos, não é incomum que os muçulmanos insistam que a crença cristã no Pai, no Filho e no Espírito Santo como Deus compromete a unidade de Deus. No centro da disputa está a questão da divindade de Jesus (p. 123-4).

A rejeição muçulmana à encarnação e à Trindade é a principal razão pela qual Gerald insiste que os muçulmanos não adoram o mesmo Deus que os cristãos, embora concordem em vários atributos importantes de Deus. Quero argumentar que o que se aplica aqui ao islamismo também se aplica ao judaísmo.

Vamos agora examinar a tentativa de Gerald de superar as dificuldades apresentadas pelas três principais doutrinas cristãs que ele reconhece como obstáculos ao seu projeto. Embora ele comece pela encarnação, eu vou partir da ressurreição de Jesus. Faço isso porque a ressurreição foi o acontecimento singular que conduziu às doutrinas da encarnação e da Trindade. É muito importante enfatizar que essas duas doutrinas não foram produto de especulação filosófica; em vez disso, a igreja foi impelida a formulá-las sob o impacto dos acontecimentos impressionantes de vida, morte e ressurreição de Jesus.

A análise de Gerald sobre a ressurreição está contida em um breve parágrafo no qual ele afirma que a "igreja primitiva foi capaz de aceitar a ressurreição de Jesus porque seus fundadores eram leitores da Bíblia hebraica e discípulos em escolas rabínicas nas quais a ressurreição era a base da escatologia judaica" (p. 138). Agora, ele está certo de que a ressurreição era a base da escatologia judaica e foi afirmada por muitos judeus, inclusive pelos fariseus. No entanto, os judeus não esperavam que a escatologia entrasse para a história com a ressurreição de um único homem antes do fim dos tempos, nem esperavam que seu Messias fosse crucificado e ressuscitasse. Portanto, a ressurreição de Jesus foi uma surpresa completa para seus discípulos. Embora ele tenha predito sua morte e ressurreição várias vezes, os discípulos não estavam de forma alguma preparados para isso. Foi apenas o túmulo vazio e, mais diretamente, o Cristo ressuscitado olhando-os no rosto durante várias aparições ao longo de quarenta dias que os persuadiu a aceitar sua ressurreição.

A questão entre judeus e cristãos não era meramente a ideia de ressurreição ou mesmo a expectativa de uma ressurreição no fim dos tempos. O problema era a afirmação de que Deus havia ressuscitado Jesus dos mortos. Essa alegação e suas implicações de longo alcance separaram nitidamente os cristãos dos judeus. Considere os eventos de Atos 3 e 4, quando Pedro e João curaram um mendigo coxo e depois se dirigiram a seus companheiros israelitas para explicar como a cura havia ocorrido:

> O Deus de Abraão, de Isaque e de Jacó, o Deus dos nossos antepassados, glorificou seu servo Jesus, a quem vocês entregaram para ser morto e negaram perante Pilatos, embora ele tivesse decidido soltá-lo. Vocês negaram publicamente o Santo e Justo e pediram que fosse libertado um assassino. Vocês mataram o Autor da vida, mas Deus o ressuscitou dos mortos. E nós somos testemunhas disso (At 3:13-15).

As implicações dessas palavras são extremamente marcantes: o homem que vocês mataram, o Autor da vida, *Deus* o ressuscitou dos mortos. Opor-se a Jesus é opor-se ao Deus de Abraão, Isaque e Jacó. Não pode haver apelo ao Deus revelado no Antigo Testamento para justificar a oposição a Jesus, pois foi Deus quem apôs seu selo de aprovação em Jesus ao ressuscitá-lo dos mortos. Pedro prossegue, reconhecendo que eles agiram por ignorância ao matar Jesus, mas não os isenta da necessidade de reconhecer seu erro. Em vez disso, ele ousadamente os chama ao arrependimento, lembrando-os novamente de que são descendentes dos profetas e da aliança que Deus deu a seus antepassados, começando por Abraão.

No capítulo seguinte, a questão se intensifica quando as autoridades judaicas se aproximam deles com raiva porque os apóstolos estão "ensinando o povo e proclamando em Jesus a ressurreição dos mortos" (At 4:2). Mais uma vez, a questão não é meramente a ideia ou a doutrina da ressurreição, mas a afirmação mais concreta de que a ressurreição realmente aconteceu em Jesus. Cheio do Espírito Santo, Pedro passa a enfatizar as implicações da ressurreição:

> Saibam os senhores e todo o povo de Israel que, por meio do nome de Jesus Cristo, o Nazareno, a quem os senhores crucificaram, mas a quem Deus ressuscitou dos mortos, este homem está aí curado diante dos senhores. Este Jesus é "a pedra que vocês, construtores, rejeitaram, e que se tornou a pedra angular. Não há salvação em nenhum outro, pois, debaixo do céu, não há nenhum outro nome dado aos homens pelo qual devamos ser salvos" (At 4:10-12).

Essas são afirmações expressivas e têm implicações de longo alcance. Agora que o Deus de Abraão, Isaque e Jacó ressuscitou Jesus dos mortos, a salvação não pode ser encontrada de outra forma senão reconhecendo e abraçando Jesus. Ele representa o cumprimento das promessas feitas aos patriarcas, e não pode haver fé viável no Deus dos patriarcas que rejeite o que Deus fez em e por meio de Jesus. A mesma mensagem foi proclamada por Paulo e Barnabé. Falando aos judeus em Antioquia, eles anunciaram "as boas-novas: o que Deus prometeu a nossos antepassados ele cumpriu para nós, seus filhos, ressuscitando Jesus" (At 13:32,33).

Quando nos voltamos para a abordagem de Gerald sobre a encarnação, vemos que ele adota uma estratégia semelhante para superar os obstáculos em seu ponto de que cristãos e judeus adoram o mesmo Deus. Ele entra em maiores detalhes para mostrar que, na teologia judaica, se diz que Deus habita em várias coisas, desde o Talmude até seu povo, e que há vários lugares nas Escrituras judaicas em que se diz que Deus assume a forma corporal. "A questão é que, enquanto os judeus rejeitam a ideia de que Jesus é a encarnação de Deus, a *ideia* em si de encarnação é judaica" (p. 137). Na verdade, Gerald até cita o estudioso bíblico judeu Benjamin Sommer, alegando que "a personificação divina, paradoxalmente, surge [...] como muito mais importante para o judaísmo do que para o cristianismo" (p. 137).

Visão da revelação compartilhada

Tal como acontece com sua análise sobre a ressurreição, vejo uma profunda diferença entre aceitar a ideia da encarnação e até mesmo afirmar teofanias em que Deus brevemente assumiu a forma humana, e acreditar na realidade concreta de uma encarnação real na qual o eterno Filho de Deus assumiu a natureza humana e viveu uma vida humana plena entre nós. Essa diferença ganha ainda mais peso quando lembramos que o Filho de Deus assumiu nossa natureza para oferecer a Deus Pai a obediência perfeita que nós devíamos a ele, culminando em sua morte sacrificial por nossos pecados e nas ressurreição e ascensão. A divisão significativa entre cristãos e judeus, representada pela rejeição judaica à encarnação de Jesus, não é de forma alguma diminuída porque o judaísmo tem uma ideia de encarnação. Na verdade, o fato de uma *ideia* religiosa de encarnação já estar em vigor deveria ter tornado mais dispostos aqueles que tinham essa ideia a aceitar uma encarnação *real* se Deus assumisse a natureza humana e vivesse entre nós para nos dar sua revelação suprema.

Crítica semelhante se aplica à análise de Gerald sobre a Trindade. Ele aponta para várias passagens do Antigo Testamento que deram origem a uma "tradição judaica substancial no sentido de que a unidade de Deus é diferenciada, uma unidade complexa, e não uma unidade matemática" (p. 138). Em vista dessas sugestões da Trindade, a formulação explícita posterior da doutrina pode ser vista como um desenvolvimento natural da tradição judaica anterior. "Consequentemente, a igreja primitiva poderia alegar que estava adorando o Deus de Israel, mas com uma nova clareza sobre as identidades dentro dessa diferenciação" (p. 140).

No entanto, concordo inteiramente com Gerald, no sentido de que a igreja primitiva corretamente insistiu que estava adorando o Deus de Israel. Eu continuaria acrescentando que a igreja cristã afirma acertadamente não apenas "uma nova clareza", como também a revelação definitiva de Deus das realidades eternas que foram vislumbradas nas primeiras declarações da Trindade. Meu ponto de discordância é que não vejo como nada disso justifica a afirmação de que os judeus que rejeitaram Cristo ainda estão adorando o mesmo Deus que os cristãos adoram.

Reitero que a vida, a morte e a ressurreição alteram decisivamente os termos pelos quais podemos verdadeiramente identificar e adorar a Deus. O que corretamente contou como adoração a Deus antes de Jesus não conta necessariamente como adoração adequada após a vinda de Cristo. Isso parece ser o que Jesus estava comunicando a seus críticos judeus que apelaram para as Escrituras e a autoridade de Moisés como base para rejeitar suas afirmações.

> Vocês estudam cuidadosamente as Escrituras, porque pensam que nelas vocês têm a vida eterna. E são as Escrituras que testemunham a meu respeito; contudo, vocês não querem vir a mim para terem vida. [...] "Contudo, não pensem que eu os acusarei perante o Pai. Quem os acusa é Moisés, em quem estão as suas esperanças. Se vocês cressem em Moisés, creriam em mim, pois ele escreveu a meu respeito (Jo 5:39,40,45,46).

Resumindo, os judeus não adoram o mesmo Deus que os cristãos, essencialmente pelas mesmas razões que os muçulmanos não adoram. A autorrevelação de Deus define os termos da adoração. A verdadeira adoração é uma resposta ao que Deus revelou. E tanto judeus como muçulmanos rejeitam o ato definitivo de revelação de Deus e, consequentemente, recusam aceitar o que essa revelação implica para o que agora somos obrigados a acreditar sobre Deus e como devemos responder a ele com profunda gratidão pelo que fez por nós na vida, morte e ressurreição de Jesus de Nazaré.

TRÉPLICA

GERALD R. MCDERMOTT

Para Cobb e Schwartz

John Cobb e Andrew Schwartz são inteligentes. Eles apontam para o meu reconhecimento de que, ontologicamente, existe apenas um Deus e sugerem que devo, portanto, renunciar à tese de que todas as religiões abraâmicas adoram o mesmo Deus.

Mas eu nunca disse que todos os religiosos *alcançam* o único Deus que existe. Como as Escrituras deixam bem claro, muitos não conseguem alcançar o único Deus e muitos *pensam* que o alcançaram, mas estão enganados: "Quando vocês estenderem as mãos em oração, esconderei de vocês os meus olhos; mesmo que multipliquem as suas orações, não as escutarei!" (Is 1:15); "Nem todo aquele que me diz: 'Senhor, Senhor', entrará no Reino dos céus" (Mt 7:21). Muitos que pensam adorar o Deus único ficarão desapontados ao descobrir que não alcançarão seu reino. Eles adoram, mas sem sucesso. Pensaram estar sendo ouvidos e recebidos pelo Deus verdadeiro, mas não estavam.

Os professores Cobb e Schwartz realmente parecem concordar comigo a esse respeito. Eles também reconhecem que existe apenas uma Realidade Suprema. Mas também dizem que nem todas as tradições espirituais são orientadas ao mesmo Deus. Muitos, dizem eles, não estão adorando o Deus verdadeiro, mas os ídolos. Embora pareçam não pensar que isso seja verdade para os muçulmanos, concordam que muitos estão enganados ao pensar que estão adorando o único supremo. Então, eles parecem afirmar comigo que há muitos errantes na religião – muitos que pensam estar caminhando para um

Ser Supremo ou para Deus estão enganados. E que isso é verdade, embora exista apenas um Criador e Redentor.

Cobb e Schwartz usam um desenho para ilustrar sua tese de que uma imagem pode ser vista de duas maneiras diferentes. Isso é verdade, mas observe a pressuposição – que é apenas uma imagem. Eles pressupõem o que estão tentando provar: que existe apenas um Deus, mas visto de maneiras diferentes e, portanto, adorado de maneiras diferentes e alcançado pelas três religiões abraâmicas. Mas e se houver duas imagens separadas (de duas pessoas) que realmente parecem diferentes?

Precisaríamos concluir que são diferentes porque retratam duas pessoas. Esse é o caso de Alá e do Pai de Jesus Cristo (e Cobb e Schwartz reconhecem isso quando dizem que duas pessoas diferentes podem ter o mesmo nome, mas serem confundidas como a mesma pessoa). Alá e o Deus cristão são representados de maneiras radicalmente diferentes por seus dois conjuntos de escrituras, como argumentei no meu ensaio e na resposta anteriores. O Pai de Jesus é amor, mas a maioria dos muçulmanos (e o Alcorão) diz que Alá tem pouca ou nenhuma relação com o amor. Cobb e Schwartz insistem que Alá é "profundamente compassivo". Mas, como tentei mostrar, o Deus muçulmano é compassivo apenas para com os muçulmanos. Ele não mostra compaixão por aqueles que se recusam a aceitar Maomé como seu profeta.

A forma de o Novo Testamento explicar a adoração a diferentes seres sob o mesmo nome, "Deus", é sugerir que, quando alguns pensam que estão adorando a Deus, na verdade estão adorando "demônios" ou "principados e poderes". Já abordei isso no início deste livro. Cobb e Schwartz argumentam que isso não pode ser verdade para os muçulmanos porque, enquanto Paulo usa essa linguagem para a adoração de ídolos gregos, os muçulmanos se dirigem ao Deus de Abraão. Portanto, eles não são pagãos como aqueles que Paulo diz que adoram demônios.

Mas considere o que os Evangelhos dizem sobre os samaritanos. Eles também estavam se dirigindo ao Deus de Abraão. Na verdade, eles usaram o nome judeu para Deus – Yhwh. Da mesma forma que os judeus (e os muçulmanos), eles se opunham às imagens religiosas. Como os judeus, eles guardaram a Lei de Moisés. Mesmo assim, Jesus deixou claro que eles estavam errados ao pensar que a salvação vinha por meio de sua adoração. Ele disse à mulher samaritana: "A salvação vem dos judeus" (Jo 4:22). A adoração samaritana dirigia-se a Yhwh, mas não o "conhecia". Na adoração judaica, nós adoramos o que "conhecemos" (Jo 4:22).

Cobb e Schwartz ainda sustentam que eu subestimo a importância da Trindade para este debate. Mas não acho que isso seja verdade. Comparo os judeus a quem não foi mostrada a Trindade (pelo Espírito) aos judeus anteriores à encarnação. Eles adoraram Yhwh da forma como ele havia sido revelado a eles, e Deus estava satisfeito com aqueles que o adoravam verdadeiramente. Sem a revelação de Jesus como o Messias, sua "palavra contra o Filho do homem será perdoada" (Mt 12:32). Mas, se o Espírito revelar a eles a verdadeira identidade do Filho do homem, e eles a recusarem (e, portanto, a Trindade), então falam "contra o Espírito Santo", e esse pecado "não será perdoado, nem nesta era nem na que há de vir" (Mt 12:32). Certamente, isso não está subestimando a importância da Trindade.

Para Beckwith

Há muito tempo, admiro a mente afiada e as análises filosóficas claras de Francis Beckwith. Nesse caso, porém, não tenho certeza de que sua navalha esteja cortando o problema de aço que estamos enfrentando.

Seu argumento básico é que o caráter não é decisivo para determinar a identidade divina – apenas sua definição filosófica (*aquele que é metafisicamente supremo e tem existência não derivada*) o é.

GERALD R. MCDERMOTT ■ TRÉPLICA

Agora, concordo que seus deuses neocristãos, que são um não em ser, mas em propósito, sendo criaturas em um universo eterno não criado, são seres divinos diferentes pelo fato de serem diferentes, quanto à natureza divina, do Deus que ele define (segundo vemos acima, em itálico), o qual ele diz ser compartilhado em Alá e no Deus cristão. Ele está descrevendo a divindade do mormonismo, e eu escrevi em outro lugar (assim como ele) que as concepções dos Santos dos Últimos Dias sobre Jesus e Deus são fundamentalmente diferentes das da ortodoxia cristã histórica.

Mas eu acho que há um problema básico com a definição filosófica do professor Beckwith acerca do Deus que os muçulmanos e cristãos supostamente compartilham: essa definição é necessária, mas não suficiente, para identificar a semelhança da identidade divina. Ele e alguns outros filósofos podem dizer que a definição em itálico é suficiente para identificar as duas concepções de Deus, mas a maioria dos praticantes e teólogos de ambas as religiões discordaria. Os muçulmanos dizem que é fundamental para Alá que ele rejeite a Trindade e chame Maomé para ser seu profeta principal, enquanto os cristãos afirmam que qualquer Deus além do Pai, do Filho e do Espírito Santo não é o Deus verdadeiro.

Portanto, não posso concordar que "a identidade de Deus não está em disputa entre muçulmanos e cristãos" (p. 153). Nenhum cristão ou muçulmano afirmaria que é suficiente acreditar em um metafísico supremo que tem existência não derivada. O cristão médio diria que a definição de Beckwith está muito aquém de Deus *porque* não nomeia a Trindade, e os muçulmanos rejeitariam sua suficiência *porque* falha em identificar Alá e sua revelação a seu profeta. Consequentemente, *não* é um "dado" que, como ele diz, cada fé tome a referência ao Deus correto. O ser descrito em itálico não é nem Alá nem o Deus trino e uno.

Em outras palavras, não há uma divindade geral à qual sejam adicionados outros detalhes. O verdadeiro Deus é um Deus particular, ou não é Deus de forma alguma. Essa é a fé dos muçulmanos e cristãos em suas comunidades históricas. A noção de uma divindade genérica é uma construção de filósofos, não de religiosos ou teólogos.

Essa não é uma rejeição da teologia natural, como ele sugere. Concordo quando Beckwith diz que, para Paulo, os não cristãos e os

165

Visão da revelação compartilhada

não judeus podem saber algo do verdadeiro Deus pela razão por meio da natureza (Rm 1–2). Mas, para Paulo, o verdadeiro Deus é o Deus de Israel, que enviou o Messias judeu, e não uma divindade genérica. Os não cristãos sabem, por meio da natureza, algo sobre *esse* Deus, mesmo que tudo o que percebam é que ele é o Criador todo-poderoso que inscreveu sua lei em seus corações. Quando Paulo fala sobre as divindades que outros adoram, refere-se a elas como poderes das trevas que são diferentes do Deus verdadeiro ou sombras difusas erroneamente identificadas como o Deus verdadeiro.

Beckwith apresenta vários argumentos para sua tese de que o caráter de um Deus não é decisivo para a identidade desse Deus. A primeira é que o Deus bíblico parece "instruir seus seguidores a se envolverem em atos hediondos, incluindo genocídio" (p. 151). Portanto, devo ser "cauteloso" ao fazer uma "comparação completa" entre o Deus do Alcorão e o Deus da Bíblia. Minha primeira resposta é dizer que os muçulmanos concordam com os cristãos no sentido de que a Bíblia é inspirada (os muçulmanos também dizem que o texto bíblico foi corrompido onde quer que entre em conflito com a teologia muçulmana) e não concordam com essa reivindicação. Mas eles geralmente concordam com as diferenças de caráter que identifiquei em meu ensaio inicial – que Deus não deve ser chamado de "amor" e que Alá não tem amor incondicional por todos os seres humanos. Em segundo lugar, essas acusações sobre o Deus bíblico foram levantadas por dois mil anos, desde os primeiros críticos pagãos, como Celso, até os deístas dos séculos 17 e 18 e agora pelos novos ateus. O caráter do Deus bíblico resistiu ao teste do tempo, particularmente em comparação com Alá: mesmo que existam passagens problemáticas que desafiam uma resolução fácil, comparar Alá e o Deus revelado por Jesus ainda fornece uma diferença esmagadora – até mesmo categórica.

O professor Beckwith, então, vai para a história da queda e afirma que, quando a serpente mentiu sobre Yhwh, descreveu um personagem diferente, embora referindo-se ao mesmo Criador. Acho que não. Imagine alguém que não conhece sua mãe alegando que, em tempos de fome, ela mataria o próprio filho para conseguir comida. Você provavelmente diria: "Não. Mulher errada. Você está pensando em outra pessoa". Ao falar com Eva, a serpente distorceu tão intensamente o caráter de Yhwh que representou outro deus, um falso Yhwh.

GERALD R. MCDERMOTT ■

Isso é parte do problema em relação aos teístas atenienses de Beckwith. Eles sabem que estão ouvindo um judeu (Paulo) da Judeia, que acredita que Deus é trino e uno (de acordo com a suposição de Beckwith). Sugerir que esses atenienses poderiam separar parte da afirmação de Paulo (que seu Deus é o Criador) da outra parte (que esse Deus os julgará pelo homem Jesus, a quem ele ressuscitou dos mortos) é algo totalmente implausível. Paulo estava dizendo a eles que o único Deus é o Criador e Juiz, que, dos mortos, ressuscitou o Juiz. Se, para qualquer um deles, esse Deus queria que ele e seus amigos matassem seguidores do Juiz, isso significaria rejeitar o Deus de Paulo em favor de outro.

O outro problema é que esses atenienses sabiam desde o início, de acordo com Lucas, que o Deus de Paulo está plenamente associado a Jesus e à ressurreição. Eles pediram que ele lhes falasse porque ouviram que Paulo estava falando sobre "deuses estrangeiros", ou seja, de "Jesus e da ressurreição" (At 17:18). Quando alguns zombavam e outros queriam ouvi-lo novamente, o objeto de sua zombaria e de seu interesse contínuo era o Juiz ressuscitado, e não um mero Criador (17:30-32). Em outras palavras, o caráter do Deus de Paulo era parte de sua identidade: ele não era apenas o Criador (*metafisicamente supremo, com existência não derivada*), mas o Juiz e agente da ressurreição.

Para Lucas, Paulo e os atenienses, ser metafisicamente *supremo* pode ter sido necessário, mas certamente não foi suficiente para a identidade divina. Deus não foi apenas o Criador, mas aquele que ressuscitou o Juiz dos mortos.

Para Walls

O professor Walls e eu concordamos que muçulmanos e cristãos não adoram o mesmo Deus, e concordamos que o que separa judeus (não messiânicos) e cristãos é a identidade de Jesus. Mas o professor Walls acha que não levo suficientemente a sério a última diferença, sugerindo que considero isso uma "barreira secundária". Pois, enquanto os judeus concordam conceitualmente com as ideias de ressurreição, encarnação e diferenciação em Deus, suas concepções de tudo isso carecem da concretude e do caráter revelador de seu cumprimento em Jesus. Portanto, "opor-se a Jesus é opor-se ao Deus de Abraão, Isaque e Jacó" (p. 158).

Visão da revelação compartilhada

Deixe-me afirmar que considero a identidade de Jesus muito mais do que uma pequena barreira. Isso faz toda a diferença. Jesus disse que a salvação eterna depende de se unir a ele como Messias, a revelação suprema de Deus – na verdade, o cumprimento da Torá (Jo 5:45,46). Mas eu quero dizer duas coisas em resposta ao estímulo amigável do professor Walls. Primeiro, ele mesmo escreveu que não sabemos com que clareza a luz chegou a uma pessoa em particular e que a ordem do ser não é a mesma coisa que a ordem do saber. Se a luz da revelação *sobre* Jesus não veio a uma pessoa, não podemos saber se essa pessoa (nesse caso, um judeu) rejeitou Jesus. E, em segundo lugar, alguns judeus podem estar na mesma ordem de conhecimento em que todos os judeus se encontravam antes da vinda de Jesus como messias no primeiro século. Portanto, não podemos dizer com confiança que todos os que se opõem a Jesus também se opõem ao Deus de Abraão, Isaque e Jacó. Alguns podem estar rejeitando "outro Jesus", assim como Paulo disse que os falsos apóstolos estavam proclamando aos coríntios um Jesus diferente daquele que ele havia proclamado (2Co 11:4). O próprio Jesus disse que alguém poderia falar contra o Filho do Homem e ser perdoado se o Espírito ainda não tivesse revelado a verdadeira identidade de Jesus (Mt 12:32). Essa pessoa, então, estaria na ordem de conhecimento dos judeus que viveram antes dessa revelação.

Claro, uma vez que a identidade de Jesus foi revelada a um judeu, esse judeu se encontra em uma posição perigosa. Nesse ponto, rejeitar Jesus é rejeitar o Deus de seus pais, o Deus da Torá e de Israel. Mas devemos ser humildemente cautelosos, recusando-nos a presumir que os judeus que não foram batizados estariam condenados. Durante séculos, a igreja lhes disse que eles deveriam abandonar a observância da Torá se quisessem seguir Jesus (como escrevi em minha resposta anterior ao professor Walls). Eles também foram informados pela Palavra de Deus na Torá de que desistir da observância implicaria desistir do Deus verdadeiro, o Deus de Israel, aquele que lhes deu a Torá. Eles acreditavam que deveriam escolher entre Deus e algum novo ensino. Os cristãos de sua época pensavam que os judeus estavam rejeitando Jesus e, portanto, o Deus de Abraão. Mas talvez não tenha sido esse o caso. Não devemos alegar saber o que a Escritura não deixa claro. A Escritura ensina claramente que aqueles que viram o verdadeiro Jesus e o rejeitaram perderão o verdadeiro Deus.

GERALD R. MCDERMOTT ■ TRÉPLICA

Também está claro que, para ser salvo, é preciso confessar que Jesus é o Senhor e crer que Deus o ressuscitou dos mortos (Rm 10:9). Mas as Escrituras ensinam que há uma diferença entre falar contra Jesus sem a revelação do Espírito e falar depois dessa revelação (Mt 12:32). E, embora não saibamos como e quando Deus pode revelar a verdadeira identidade de Jesus a alguém, sabemos por experiências de quase morte que muito pode acontecer (não depois) no momento da morte.

Há também a questão da culpabilidade. Paulo sugere que existem diferenças entre gentios e judeus. Os gentios estão obscurecidos em seu entendimento, alienados da vida de Deus por causa de sua ignorância, e essa ignorância se deve "ao endurecimento do seu coração" (Ef 4:18). Mas ele escreveu que os judeus de sua época que rejeitaram o evangelho o fizeram porque Deus havia cegado seus olhos "por causa" dos gentios (Rm 11:28). Deus enviou um "endurecimento parcial" (parcial porque dezenas de milhares de judeus *aceitaram* o evangelho; At 21:20) sobre a maioria dos judeus por causa da "plenitude dos gentios" (Rm 11:25), que os gentios podem ter tempo e espaço para entrar no reino do messias judeu. Mesmo que milhares de judeus rejeitassem o evangelho, eles ainda eram "amados" por ele, e seu "chamado" para ser o povo escolhido de Deus ainda se fazia presente (Rm 11:28,29). Portanto, sua culpabilidade não era a mesma dos gentios. Paulo sugeriu que o endurecimento do coração dos gentios era diferente do endurecimento dos judeus. O primeiro (endurecimento gentio) parece ter sido inteiramente causado por si mesmo, enquanto o segundo (endurecimento judaico) foi principalmente uma obra de Deus em benefício dos outros.

Não me entenda mal. Ninguém pode entrar no reino sem confessar que Jesus é o Senhor e crer que Deus o ressuscitou dos mortos (Rm 10:9). Isso é verdade tanto para judeus como para gentios. Mas não podemos saber com certeza o que acontece aos judeus que se recusam a se tornar cristãos de forma visível para nós. Sabemos que Deus ainda os ama e que eles são parte da aliança especial e irrevogável que ele tem com eles (Rm 11:29). Mas sua relação com Deus é parte do "mistério" de Israel (Rm 11:25). Proclamar com segurança que eles não adoram o verdadeiro Deus, que é o Deus de Israel, é dissolver, o mistério.

CAPÍTULO ■ QUATRO

Nenhuma adora o mesmo Deus

Visão das concepções diferentes

JERRY L. WALLS

A questão de saber se cristãos, judeus e muçulmanos adoram o mesmo Deus é tão intelectualmente formidável e fascinante quanto existencialmente estimulante. O que está em jogo encontra-se bem longe de ser um mero exercício acadêmico. O que está em jogo é a verdade sobre Deus e o que é necessário para conhecê-lo e honrá-lo adequadamente. É grande a perspectiva de que milhões de pessoas estão simplesmente erradas sobre as questões mais importantes e podem estar fatalmente equivocadas em suas convicções mais apaixonadas e fundamentais. Isso já seria ruim se as consequências fossem apenas para esta vida, mas o assunto é ainda mais urgente porque a questão da salvação eterna pode estar em jogo. Estar errado sobre essa questão levanta a perspectiva de que milhões de adoradores devotos percam a salvação, sendo, finalmente, condenados à perdição eterna.

Dadas essas realidades, o apelo emocional de uma resposta afirmativa à nossa pergunta é totalmente compreensível. Além disso, a questão prática de todos nos relacionarmos parece útil se pudermos concordar que cristãos, judeus e muçulmanos adoram o mesmo Deus.

JERRY L. WALLS

Devo, no entanto, aceitar a resposta negativa porque penso que é verdade, quaisquer que sejam os desafios que isso possa representar por outros motivos. Embora eu me concentre principalmente na questão de os cristãos e muçulmanos adorarem ou não o mesmo Deus, particularmente na primeira parte do ensaio, na qual abordo as questões de referência, o argumento que desenvolvo mais adiante também se aplica a judeus não messiânicos.[1]

Uma grande parte do que torna essa questão tão difícil é o fato de que ela se cruza com uma série de outras questões distintas, mas intimamente relacionadas a ela. Responder à nossa pergunta exigirá que nos ocupemos com uma série de outras perguntas. Entre essas questões, estão as seguintes: (1) Os muçulmanos e cristãos se referem ao mesmo Deus? (2) É necessário que muçulmanos e cristãos se refiram ao mesmo Deus para adorar esse mesmo Deus? (3) Os judeus, cristãos e muçulmanos acreditam essencialmente nas mesmas coisas sobre Deus? (4) Em caso negativo, essas diferenças de crença sobre Deus se refletem, necessariamente, em formas e expressões de adoração essencialmente diferentes? (5) Os judeus e muçulmanos podem ser salvos mesmo que não estejam adorando o mesmo Deus que os cristãos?

Deus, São Nicolau e a mudança de referência

Comecemos pelas duas primeiras questões, que consideraremos em conjunto. A primeira pergunta é a mais difícil. A resposta à segunda parece bastante clara. Se muçulmanos e cristãos nem mesmo se referem com sucesso ao mesmo Deus, é difícil ver como ambos se envolveriam na atividade mais complexa de adorar o mesmo Deus. Portanto, devo considerar que a semelhança de referência é condição necessária para que muçulmanos e cristãos adorem o mesmo Deus.

No entanto, toda a questão da referência é complicada, e tem sido assunto de alguns dos trabalhos mais notáveis da filosofia moderna e contemporânea. Em um ensaio recente, Tomas Bogardus e Mallorie Urban exploraram com perspicácia essas questões quanto à hipótese

---

[1]Daqui em diante, quando me referir aos judeus, quero dizer judeus não messiânicos.

de cristãos e muçulmanos adorarem ou não o mesmo Deus. Bogardus e Urban concentram-se no que consideram ser a questão central a ser esclarecida para decidir se acreditamos que cristãos e muçulmanos adoram o mesmo Deus. Essa questão é: "o que determina a referência de um nome, e quando e como as práticas de uso de nomes mudam seus referentes?".[2]

A noção de "mudança de referência" é central para o argumento deles, então devemos levar algum tempo para entendê-la. Eles empregam essa noção para apontar problemas em várias teorias de referência, inclusive a famosa teoria causal de Saul Kripke.[3] A teoria inovadora de Kripke foi apresentada como uma alternativa ao descritivismo, a teoria de que os nomes se referem a algo ou alguém por serem abreviados ou disfarçados por descrições da pessoa ou do lugar a que se referem. Assim, "São Nicolau " é uma abreviatura para dizer "o santo cristão que viveu nos séculos terceiro e quarto, que foi o bispo de Mira, lendário por dar presentes anônimos, cujo nome aparece no poema 'A noite antes do Natal' e assim por diante".

A teoria causal alternativa de Kripke sustenta que fatores históricos e causais determinam a referência de um nome.[4] Por sua vez, os nomes originam-se em algo como uma cerimônia batismal, ocasião em que um nome é concedido a uma pessoa. O nome é passado de pessoa para pessoa em uma cadeia histórica, e a referência é bem-sucedida, desde que os usuários posteriores do nome façam parte da cadeia causal que remonta ao batismo original e tenham a intenção de usar o nome da forma como ele é comumente usado. Os oradores podem alterar o nome de algumas maneiras e até mesmo fazer associações diferentes daquelas que os usuários originais do nome tinham; contudo, desde que os usuários posteriores pretendam usar o nome da mesma forma que as pessoas faziam no início da cadeia, a referência é bem-sucedida. Portanto, na consideração de Kripke, meu uso do nome São Nicolau no parágrafo anterior faz uma referência bem-sucedida porque se conecta por meio de uma cadeia histórica e causal que remonta, em

---

[2]Tomas Bogardus; Mallorie Urban, "How to tell whether Christians and Muslims worship the same God", *Faith and Philosophy* 34, n. 2 (2017): p. 177.

[3]Saul Kripke , *Naming and necessity* (Cambridge: Harvard University Press, 1980).

[4]Bogardus e Urban resumem de forma útil a crítica de Kripke ao descritivismo em "How to tell", p. 181-2.

última instância, à ocasião em que ele foi batizado pela primeira vez como Nicolau.

Bogardus e Urban acreditam que Gareth Evans nos forneceu uma teoria de referência mais satisfatória, que combina o melhor do descritivismo e da explicação causal de Kripke, capaz de se reconciliar com a mudança de referência.[5] Eles explicam como Evans combina as duas teorias:

> Evans afasta-se de Kripke no seguinte: uma prática de usar nomes em uma comunidade liga uma palavra nominativa a um corpo de informações sobre seu referente, um catálogo de características, o que Evans às vezes chama de *dossiê*. Agora, para Evans, um nome *não* se refere a qualquer resposta à maioria (ou à maioria ponderada) das entradas nesse dossiê – isso seria apenas uma espécie de descritivismo. E tampouco, *discordando respeitosamente* de Kripke, um nome se refere a tudo que foi originariamente apelidado por esse nome, independentemente das informações constantes no dossiê do nome ou da fonte dessas informações. Em vez disso, para Evans, um nome refere-se ao objeto que é a *fonte dominante* das informações no dossiê do nome. Dessa forma, a teoria de Evans combina a percepção da imagem causal de referência de Kripke com as percepções do descritivismo.[6]

Aqui, a ideia crucial para a visão de Evans, e para nossas preocupações, é a da fonte de informação dominante no dossiê.

O que é dominante no dossiê?

Bogardus e Urban esforçam-se para demonstrar que a identificação do domínio não é uma questão simples. Não é apenas uma questão de

---

[5]É importante notar aqui que Kripke estava ciente do caso de Papai Noel e aparentemente o reconheceu como um problema para sua visão. Bogardus e Urban o citam da seguinte forma: "Pode haver uma cadeia causal de nosso uso do termo 'Papai Noel ' a certo santo histórico, mas, ainda assim, as crianças, quando usam isso, a esta altura provavelmente não se referem àquele santo". Kripke, *Naming and necessity*, p. 93, citado em Bogardus e Urban, p. 183.

[6]Bogardus; Urban, "How to tell", p. 185. Para a teoria de Evans, veja Gareth Evans "The causal theory of names", *Proceedings of the Aristotelian society, Supplementary Volumes* 47 (1973): p. 187-208; e Gareth Evans , *The varieties of reference* (Oxford: Oxford University Press, 1982).

quantidade de informações, mas, sim, de sua centralidade e, mesmo nesses termos, pode haver uma série de critérios concorrentes para determinar o que é central. Não há necessidade de que nossas preocupações sejam detidas por todas as variações sobre o que deve ser considerado verdadeiramente central. Felizmente, como eles sugerem, podemos empregar um teste relativamente simples para determinar se algum item de informação "recebe um peso *sine qua non* perguntando: 'E se nada no mundo responder a essa parte do dossiê? O nome ainda poderia fazer referência?'"[7]

E agora voltamos a São Nicolau, que se repete ao longo de seu artigo como uma ilustração de mudança de referência. Como eles observam, "São Nicolau" costuma ser usado como outro nome para "Papai Noel". A questão é se o termo Papai Noel, conforme usado por milhões de crianças (e pais) hoje em dia, refere-se à mesma pessoa que São Nicolau. E, se nada no mundo corresponder à descrição de "Papai Noel" em nosso dossiê, mas algo responder às informações que temos de "São Nicolau"? Se pensarmos que "Papai Noel" se refere com sucesso a essa pessoa, julgamos que não há nada no dossiê que represente uma incompatibilidade muito grave com as informações do dossiê de "São Nicolau" e possa prejudicar a referência. Por outro lado, se julgamos que "Papai Noel" não se referiria com sucesso à mesma entidade que "São Nicolau", então julgamos que há algo no dossiê – indispensável para "Papai Noel" – que está radicalmente em desacordo com as informações relativas a "São Nicolau". Bogardus e Urban nos oferecem sua avaliação dessa questão da seguinte forma:

> Acreditamos que a resposta a essa pergunta seja "Não", porque algumas informações cruciais no uso atual de "Papai Noel" – informações sobre ser um elfo nórdico alegre que entrega presentes globalmente no Natal – divergem radicalmente de algumas informações do dossiê para "São Nicolau" – por exemplo, que ele era humano, não um elfo, que não tem serviço de entrega global, que está *morto* etc. Essa informação sobre o elfo nórdico alegre é tão central para o uso contemporâneo de "Papai Noel" que, até mesmo se São Nicolau é a fonte

---

[7]Bogardus; Urban, "How to tell", p. 191.

JERRY L. WALLS

de muitas das outras informações do dossiê de "Papai Noel ", São Nicolau não pode ser a *fonte dominante* do dossiê, ou seja, o referente do
nome. Em vez disso, o nome mudou sua referência – nesse caso, para a
fonte dessa informação central, crucial (mítica), ou seja, para a ficção.[8]

Com esse exemplo em mente, podemos aplicar um teste semelhante para explorar se, de uma perspectiva cristã, o nome Alá, conforme
empregado pelos muçulmanos, passou por uma mudança de referência
semelhante. "Por uma questão de fato histórico, não há dúvida de que
o uso de 'Alá' pelos muçulmanos remonta – e se ramificou – às práticas
de uso de nomes divinos de judeus e cristãos, assim como nossa prática
de usar 'Papai Noel ' remonta e ramifica-se do uso de nomes para São
Nicolau."[9] Mas esse tipo de relato causal histórico kripkeano do nome
Alá não é suficiente para se estabelecer que "Alá" tem o mesmo referente que "Deus", pois talvez o mesmo tipo de mudança de referência
tenha ocorrido com "Papai Noel".

Do ponto de vista cristão, o Deus que criou o mundo, que chamou
Abraão, que conduziu os filhos de Israel para fora do Egito e deu a Moisés os Dez Mandamentos, é o Deus trinitário que existe desde toda
a eternidade em três Pessoas: o Pai, o Filho, e Espírito Santo. Jesus é
a revelação mais elevada e definitiva de Deus. Consequentemente,
nenhuma alegada revelação, ao negar que Jesus é o Filho eterno de
Deus, como o Alcorão, poderia ser uma revelação de Deus. As experiências de Maomé na Montanha da Luz foram ilusórias ou enganosas. Agora, supondo que tudo isso seja verdade, a questão é se "Alá", tal como é
usado pelos muçulmanos, ainda se refere adequadamente a esse Deus.

Se você der uma resposta afirmativa a essa pergunta e insistir que
os muçulmanos estão, de fato, se referindo ao mesmo Deus que os
cristãos, "provavelmente é porque você está usando o nome 'Alá' de
forma atributiva, dando peso máximo a alguns predicados no dossiê de 'Alá', considerando-os individualmente necessários e *conjuntamente suficientes* para a correta aplicação do nome".[10] Considere, por
exemplo, esta passagem do documento do Vaticano II *Nostra Aetate*:

---

[8]Bogardus; Urban, "How to tell", p. 192.
[9]Bogardus; Urban, "How to tell", p. 192.
[10]Bogardus; Urban, "How to tell", p. 196.

Visão das concepções diferentes

"A igreja considera com estima também os muçulmanos. Eles adoram o único Deus, vivendo e subsistindo em si mesmo; misericordioso e onipotente, o Criador do céu e da terra, que falou aos homens; eles se esforçam para se submeter de todo o coração até mesmo a seus decretos inescrutáveis, assim como Abraão, a quem a fé do Islã tem prazer em se vincular, se submeteu a Deus. Embora não reconheçam Jesus como Deus, eles o reverenciam como um profeta".[11] O ponto-chave aqui é que, se atribuirmos peso máximo a certos predicados de "Alá", como o criador do céu e da terra, Todo-Poderoso, que falou aos homens, e esses são considerados conjuntamente suficientes para se referir a Deus, então os muçulmanos o fazem com sucesso quando usam o nome Alá.

Agora, suponha que você dê uma resposta negativa a essa pergunta sobre "Alá", conforme usado pelos muçulmanos, referir-se ou não adequadamente a Deus. Você julga que, se a história cristã for verdadeira, os muçulmanos não se referem a Deus quando invocam Alá:

> Isso mostra que há algumas informações no dossiê de "Alá" que você considera centrais e radicalmente incongruentes com a concepção cristã de Deus. É provável que você interprete essa informação em relação à Trindade, à encarnação, à crucificação ou à ressurreição. Ou talvez a sua interpretação de alguns versículos do Alcorão o leve a acreditar que é central para a concepção associada a "Alá" de que Alá não é todo-benevolente, e você acha que isso contradiz radicalmente a concepção cristã de que Deus ama o mundo inteiro (Jo 3:16), que ama e morre pelos pecadores (Rm 5:8) etc. De acordo com você, então, a informação radicalmente incongruente com a concepção cristã de Deus tornou-se dominante no dossiê de "Alá" usado pelos muçulmanos. E então, para você, se o cristianismo for verdadeiro, houve uma mudança de referência no uso muçulmano de "Deus" em relação a Deus para a ficção.[12]

---

[11]*The documents of Vatican II*, tradução do Vaticano (Staten Island: St Pauls, 2009), p. 388.

[12]Bogardus; Urban, "How to tell", p. 196. Em uma nota para essa passagem, os autores escrevem: "Leia as suras do Alcorão, e você encontrará cerca de vinte descrições daqueles a quem Alá não ama, por exemplo, até aqueles dados ao excesso (5:90, 7:55), os corruptos (2:205, 5:6-7), os pecadores (3:57, 42:40) e os incrédulos (2:276, 3:32)".

JERRY L. WALLS

Nessa análise, então, assim como o nome Papai Noel teve origem em um personagem histórico (São Nicolau) e passou por uma mudança radical de referência para um personagem fictício, da mesma forma "Alá" passou por uma profunda mudança de referência no Islã, a ponto de não se referir mais a Deus, mas, sim, à ficção, o que significa que não se refere a nada.

Agora, é importante ter em mente o que toda essa análise filosófica pretende mostrar. Como o título do artigo de Bogardus e Urban indica, eles estão preocupados apenas em mostrar como podemos dizer se cristãos e muçulmanos adoram o mesmo Deus. Partindo do pressuposto de que a igualdade de adoração requer igualdade de referência, eles tentaram nos mostrar quando dois nomes se referem à mesma pessoa ou ao mesmo lugar, e quando isso não acontece. A posição deles depende, é claro, do momento crucial em que a mudança de referência ocorreu a tal ponto que a igualdade de referência foi perdida. O que pensamos sobre esse assunto determina se consideramos que a condição necessária de igualdade de referência foi satisfeita para que a semelhança de adoração se torne possível. Apenas em sua breve conclusão, Bogardus e Urban colocam a questão da igualdade de adoração em foco, expondo as opções possíveis para decidir se a condição necessária para tal adoração foi satisfeita:

> Se você acha que houve uma mudança de referência em ambos os casos ["Deus" e "Alá"], então os cristãos e os muçulmanos não se referem ao – e, portanto, não adoram o – mesmo Deus. Se você acha que houve uma mudança de referência em um caso, mas não no outro, então se os cristãos e os muçulmanos se referem e adoram o mesmo Deus, isso dependerá de você achar que o islamismo ou o cristianismo são verdadeiros. Se você acha que não houve uma mudança de referência em nenhum dos casos, então o caminho está aberto em sua visão para que cristãos e muçulmanos se refiram ao – talvez *adorem* o – mesmo Deus.[13]

Estou particularmente interessado na segunda e na terceira opções aqui. Como alguém que pensa que o cristianismo é verdadeiro, estou

---

[13]Bogardus; Urban, "How to tell", p. 197-8.

inclinado a arrazoar que, de fato, houve uma mudança de referência no caso do islamismo, mas não do cristianismo. Ou seja, o dossiê para "Alá" inclui afirmações que estão tão radicalmente em desacordo com as afirmações da verdade cristã central de que uma mudança de referência ocorreu de modo que "Alá" não se refere a Deus. Uma vez que cristãos e muçulmanos nem mesmo se referem ao mesmo Deus, não adoram o mesmo Deus.

Portanto, quando um muçulmano se converte ao cristianismo (ou vice-versa), deve concluir que seu antigo objeto de adoração não existe de fato, e não apenas que Deus é diferente em aspectos importantes do que ele pensava anteriormente, de forma semelhante a quando se revela a uma criança a verdade sobre Papai Noel. A criança não diz: "Bem, o Papai Noel ainda é real, mas é bem diferente do que eu pensava. Ele é na verdade um santo morto, e não um elfo alegre com poderes mágicos para entregar presentes a bons meninos e meninas em todo o mundo". Em vez disso, a nova revelação a leva a dizer: "Papai Noel não existe e todos os presentes que pensávamos serem dele vieram da mamãe e do papai". Isso não quer dizer que todos os convertidos articulem sua nova fé nesses termos, mas tão somente que essa é a maneira mais precisa de fazê-lo.

Antes de passar para a terceira opção, é importante observar que alguns podem sustentar que simplesmente não está claro se houve uma mudança tão radical que cristãos e muçulmanos não se referem ao mesmo Deus. Talvez alguns pensem que o assunto é um tanto nebuloso e indistinto. Talvez pensem que as diferenças entre "Alá" e "Deus" são profundas, mas acham que, na melhor das hipóteses, limita dizer que, de fato, houve uma mudança de referência.

Mas e a terceira opção? E se você achar que não houve uma mudança de referência em nenhum dos casos? Isso significa que cristãos e muçulmanos adoram o mesmo Deus? Não. Segue-se apenas que "o caminho está aberto" para abraçar essa conclusão. Uma vez que a igualdade de referência é apenas necessária, mas não suficiente, para a igualdade de adoração, pode-se muito bem sustentar que cristãos e muçulmanos se referem ao mesmo Deus, mas não adoram o mesmo Deus. Portanto, a questão agora é o que é necessário para cristãos e muçulmanos adorarem o mesmo Deus, além de se referirem ao mesmo Deus.

Igualdade de referência não é suficiente para igualdade de adoração

A seguir, argumento que as condições suficientes para a igualdade de adoração não se mantêm, mesmo que seja discutível que a mudança de referência não ocorreu. Ou seja, mesmo que se pense que é razoavelmente claro que a igualdade de referência é preservada, é claro que as condições necessárias para a adoração não foram preservadas.

Talvez possamos continuar a pensar no assunto sob a perspectiva de dossiês e mudança. Talvez haja uma espécie de mudança que preserve a referência, mas ainda mine a igualdade da adoração. Vamos chamar isso de "desorientação da adoração". Supondo que o cristianismo seja verdadeiro, argumentarei que, quando a desorientação é suficientemente severa, esses adoradores não adoram o mesmo Deus que os cristãos. Escolhi o termo *desorientação* para enfatizar o fato de que a adoração é uma atividade dirigida. Contém um alvo, por assim dizer, e é de natureza intencional. Além disso, quem fornece a direção para a adoração adequada é o próprio Deus. Ele faz isso se revelando a nós e nos informando sobre o que devemos fazer para honrá-lo e louvá-lo. Deixe-nos declarar isso no que diz respeito a uma afirmação geral que acredito aplicar-se às "pessoas do Livro", sejam judeus, cristãos ou muçulmanos. Vamos chamar isso de "princípio genérico de adoração".

> Princípio genérico de adoração: todos os adoradores do Deus do Livro reconhecem humildemente o que Deus revelou a eles e oferecem um louvor grato pelo que ele fez em seu nome, uma vez que sejam devidamente informados dessas verdades.

A adoração, então, é uma resposta de nossa parte à iniciativa de Deus de se tornar conhecido a nós. Realmente adoramos a Deus quando reconhecemos sua revelação e respondemos conforme ele nos orientou. Considere estas palavras dos Dez Mandamentos:

> "Eu sou o SENHOR, o teu Deus, que te tirou do Egito, da terra da escravidão.
> "Não terás outros deuses além de mim.

Visão das concepções diferentes

"Não farás para ti nenhum ídolo, nenhuma imagem de qualquer coisa no céu , na terra, ou nas águas debaixo da terra. Não te prostrarás diante deles nem lhes prestarás culto, porque eu, o Senhor, o teu Deus, sou Deus zeloso, que castigo os filhos pelos pecados de seus pais até a terceira e quarta geração daqueles que me desprezam, mas trato com bondade até mil gerações aos que me amam e obedecem aos meus mandamentos (Êx 20:2-6).

Observe primeiro que Deus merece honra e obediência por causa de seu grande ato de salvação em tirar os israelitas do Egito. Observe também que Deus tem ciúme de qualquer adoração dirigida a outros deuses e não tolerará qualquer forma de idolatria. Além disso, Deus também revela seu caráter como um Deus de amor constante, em cuja palavra é possível confiar.

Agora, consideremos um caso de desorientação da adoração que é mais pertinente ao texto que acabamos de examinar, a saber, o famigerado evento do bezerro de ouro que Arão construiu enquanto Moisés estava na montanha recebendo a lei de Deus. É muito revelador considerar as palavras ditas pelo povo depois que o bezerro foi formado, e então a proclamação de Aarão: "'Eis aí os seus deuses, ó Israel, que tiraram vocês do Egito!' Vendo isso, Arão edificou um altar diante do bezerro e anunciou: 'Amanhã haverá uma festa dedicada ao Senhor'" (Êx 32:4,5).

À luz de nossa análise acima, observe que esse bezerro de ouro foi identificado como aquele destinado a receber crédito e honra por tirar os israelitas do Egito, e o povo insistia fervorosamente que esse era o deus que deveria ser adorado por direito. Assim, o bezerro de ouro é referido como uma demonstração diferente do poder divino que Deus decretou ao resgatar os israelitas da escravidão, o próprio ato que Deus atribuiu a si mesmo no início do Decálogo. Portanto, os israelitas identificaram esse deus como aquele que os libertou. Tanto Moisés como outros israelitas fiéis, além dessas pessoas que agora adoravam o bezerro de ouro, concordariam que "Deus" é aquele que os redimiu do Egito, nada diferente do que muçulmanos e cristãos creem, ou seja, nas palavras de *Nostra Aetate* (documento já citado), que o único Deus é "misericordioso e todo-poderoso, o Criador do céu e da terra, aquele que falou aos homens".

Além disso, observe que até mesmo Arão acompanhou o povo quando disse que honraria o bezerro de ouro com uma festa. De forma ainda mais notável, ele parecia identificar o bezerro com o Senhor, ou seja, como Yahweh, que é o nome pelo qual Deus se revelou. Realizar um festival em homenagem ao bezerro de ouro era homenagear Yahweh. Uma clara cadeia causal histórica associa a revelação original de Deus, ou seja, de seu nome como Yahweh, ao uso de Arão do nome nessa passagem.

Mas, com a mesma clareza, Yahweh não estava sendo honrado, elogiado ou adorado nesse evento. Aliás, sua ira foi incitada, e ele disse a Moisés que os israelitas "muito depressa se desviaram daquilo que lhes ordenei e fizeram um ídolo em forma de bezerro, curvaram-se diante dele, ofereceram-lhe sacrifícios e disseram: 'Eis aí, ó Israel, os seus deuses que tiraram vocês do Egito'" (Êx 32:8). Deus ficou tão zangado que ameaçou consumir os israelitas e recomeçar com Moisés, e eles só foram salvos desse destino porque Moisés intercedeu por eles.

Portanto, para fins de argumentação, vamos concordar que os israelitas se referiram ao Senhor em algum sentido quando o identificaram como aquele que "os tirou da terra do Egito", uma descrição que pertencia exclusivamente ao Senhor, e que eles sabiam corretamente, por uma cadeia causal histórica, que o nome do Deus que os libertara era Yahweh. Mas, mesmo admitindo isso, é claro que eles não estavam adorando Yahweh nesse episódio; na verdade, estavam falhando profundamente em honra e obediência a ele. Sua adoração havia sido radicalmente mal direcionada, de tal forma que eles não estavam adorando o mesmo Deus que realmente os libertou do Egito.

A comemoração e a celebração do ato de Yahweh de libertar os israelitas do Egito constituem a base para uma das mais distintas representações anuais de adoração do judaísmo, a saber, a Páscoa. Esse ato anual de lembrança celebra a impressionante demonstração do amor de Deus, bem como seu poder em libertar os israelitas da escravidão. Yahweh é aquele que deve ser louvado e adorado por esse sinal de salvação, mas nunca deve ser confundido com um bezerro de ouro. Adorá-lo e honrá-lo por esse ato de salvação exige abstenção até mesmo de fazer ídolos, quanto mais confundi-los com Yahweh ou curvar-se a eles e adorá-los.

A revelação do Novo Testamento muda tudo

Essa abordagem poderia ser consideravelmente ampliada, mas vamos nos voltar para outra afirmação fundamental que está por trás de meu argumento de que cristãos e muçulmanos não adoram o mesmo Deus. Isso se baseia no ponto mais genérico sobre o que é exigido do Deus do Livro. Vamos chamar essa afirmação de "revelação do Novo Testamento".

> Revelação do Novo Testamento: o Deus do Antigo Testamento se manifestou a nós na revelação do Novo Testamento, no sentido de que tem um Filho eterno que encarnou em Jesus e providenciou a salvação em nosso nome por meio de sua morte e ressurreição. Na verdade, esse é o ato supremo de autorrevelação de Deus e o ato de amor em nosso nome.

Para esclarecer melhor, podemos distinguir entre o que chamamos de ordem do ser e ordem do saber. Na ordem do ser, a questão sempre foi que Deus tem um Filho e que, de fato, ele é uma Trindade. A realidade eterna e original é que Deus existe em três Pessoas – Pai, Filho e Espírito Santo. O Deus trinitário criou o mundo, chamou Abraão, deu a Lei a Moisés, falou aos profetas e assim por diante. No entanto, no período do Antigo Testamento, a natureza trinitária de Deus não havia sido revelada e não era conhecida. Na ordem de existência, a segunda Pessoa da Trindade assumiu a natureza humana muitos anos após a Criação, morreu na cruz para expiar nossos pecados, foi ressuscitada dos mortos e ascendeu ao céu .

Na ordem do saber, entretanto, as coisas se desenvolvem exatamente na direção oposta. Na ordem do saber, a ressurreição de Jesus foi o acontecimento explosivo que levou ao desenvolvimento das doutrinas cristãs essenciais. A ressurreição mostrou que a morte de Jesus na cruz não foi uma mera tragédia, mas, sim, um sacrifício pelos pecados do mundo. E deixou claro que ele não era uma pessoa meramente humana, mas também divina. Como Paulo disse, foi Jesus "que, mediante o Espírito de santidade, foi declarado Filho de Deus com poder, pela sua ressurreição dentre os mortos: Jesus Cristo, nosso Senhor" (Rm 1:4). E foi a reflexão sobre a divindade de Jesus e sua relação distinta com o Pai, bem como a vinda do Espírito Santo no Pentecostes, o que acabou levando a igreja a definir formalmente a doutrina da Trindade .

A importância vital desses pontos dificilmente pode ser exagerada para este debate, e aqui nós vemos que esses pontos se aplicam às diferenças entre judeus e cristãos, bem como entre muçulmanos e cristãos. O fato é que judeus, cristãos e muçulmanos acreditam em coisas radicalmente diferentes sobre Deus e o que ele nos revelou. Começando com a ressurreição de Jesus e terminando com a Trindade, judeus e muçulmanos negam toda a revelação distintamente cristã sobre Deus. O fato é que as afirmações fundamentais dessas três religiões são simplesmente incompatíveis do ponto de vista lógico e não podem ser todas verdadeiras. Pelo menos duas dessas religiões estão profundamente enganadas quanto ao que acreditam sobre Deus e o que ele exige de nós quanto à obediência e à adoração.

Uma maneira de tentar mitigar essas contradições lógicas aparentemente inconciliáveis é destacar a natureza misteriosa da Trindade, e a essência divina em geral, e promover uma abordagem mais apofática da teologia que faça afirmações mínimas sobre o que podemos saber. De acordo com Reza Shah-Kazemi, as diferenças entre o islamismo e o cristianismo podem ser resolvidas focando mais na intenção mística do que no conteúdo dogmático. Ele defende essa abordagem extensamente, argumentando que cristãos e muçulmanos não apenas acreditam, como também, em última análise, adoram o mesmo Deus. Enquanto os teólogos dessas diferentes religiões se concentrarem em "toda uma miríade de premissas, suposições e fundamentos", há pouca chance de concordar que eles acreditam no mesmo Deus.

Se, entretanto, a atenção é desviada da definição teológica de Alá, e para seu referente suprateológico ou metafísico – a Essência suprema (al-Dhat), que é absolutamente inefável e inominável; e se, da mesma forma, olharmos além da definição teológica da concepção trinitária de Deus e nos concentrarmos em seu referente suprateológico e ou metafísico – o "Superessencial", para citar São Dionísio, a quem retornaremos mais tarde –, então estaremos em posição de afirmar que, apesar dos diferentes nomes pelos quais a Realidade Suprema é conhecida nas duas tradições, a Realidade assim aludida é, de fato, uma e a mesma.[14]

É significativo notar que Shah-Kazemi identifica a encarnação e a Trindade como os obstáculos aparentemente mais intransponíveis para sua linha de argumentação.[15] O que eu acho revelador é que, embora ele dê considerável atenção a essas doutrinas, especialmente à Trindade, ignora ou dá pouca atenção ao ato decisivo de revelação que deu origem a essas doutrinas, a saber, a ressurreição.[16] E é esse evento dramático que deve ser enfrentado diretamente em qualquer análise sobre judeus, cristãos e muçulmanos adorarem ou não o mesmo Deus.

Na verdade, é vital enfatizar que a morte e a ressurreição de Jesus são, antes de tudo, afirmadas pelos cristãos como eventos históricos. A morte e a ressurreição de Jesus estavam no centro da pregação cristã primitiva que transformou o Império Romano. Como Paulo resumiu: "Pois o que primeiramente lhes transmiti foi o que recebi: que Cristo morreu pelos nossos pecados, segundo as Escrituras, foi sepultado e ressuscitou no terceiro dia, segundo as Escrituras, e apareceu a Pedro e depois aos Doze" (1Co 15:3-5). Ao contrário das doutrinas da encarnação e da Trindade, que são doutrinas altamente misteriosas e conceitualmente complexas, a morte e a ressurreição de Cristo são afirmações relativamente claras. Nesses acontecimentos, Deus demonstrou não apenas a profundidade de seu amor por nós, mas também seu poder onipotente em ressuscitar Jesus dos mortos. Novamente, é difícil exagerar a importância e as implicações de longo alcance desses eventos.

É importante refletir sobre a negação dos muçulmanos a respeito do que os cristãos veem como um ato supremo de amor divino.

---

[14]Reza Shah-Kazemi, "Do Muslims and Christians believe in the same God?", in: Miroslav Volf, org., *Do we worship the same God? Jews, Christians and Muslims in dialogue* (Grand Rapids: Eerdmans, 2012), p. 79.

[15]Shah-Kazemi, "Do Muslims and Christians believe in the same God?", p. 77.

[16]Mais tarde em seu ensaio, Shah-Kazemi identifica os "três mistérios – Trindade, encarnação e a redenção forjada por meio da crucificação", resumidos na "enunciação desafiadora" de Vladimir Lossky: "O dogma da Trindade é uma cruz para formas humanas de pensamento". Shah-Kazemi, "Do Muslims and Christians believe in the same God?", p. 142. Mas a ressurreição não está incluída.

JERRY L. WALLS

Quando Cristo estava morrendo na cruz, os cristãos veem uma expressão maravilhosa de graça com sua oração: "Pai, perdoa-lhes, pois não sabem o que estão fazendo" (Lc 23:34), enquanto os muçulmanos negam que Cristo realmente morreu na cruz. E, embora os judeus não neguem a morte de Jesus na cruz, veem esse acontecimento de maneira totalmente diferente da visão dos cristãos. Na verdade, os judeus do primeiro século que queriam Jesus crucificado pensaram que ele era culpado de blasfêmia e merecia morrer.

Crenças diferentes exigem adoração diferente

Essas diferenças não são disputas meramente históricas e factuais; elas refletem profundas diferenças de crença sobre o amor de Deus e a adoração e a gratidão que lhe são devidas. É digno de nota que o ato mais ecumenicamente central do culto cristão, a saber, o sacramento da comunhão, é uma celebração da morte de Cristo para nossa salvação e uma expectativa de seu retorno. A ordem para participar desse sacramento vem a nós diretamente dos lábios de Cristo. A comunhão é um componente essencial do culto cristão. Além disso, a gratidão atônita pela morte de Cristo por nossa salvação é um tema que permeia a devoção cristã. Um dos muitos lugares em que podemos ver isso é nos hinos cristãos. Considere alguns exemplos, primeiro do hino de Charles Wesley, Ó *divino amor*:

> Ó amor divino! O que fizeste!
> O Deus imortal morreu por nós!
> O Filho coeterno do Pai, Jesus,
> Levou todos os meus pecados sobre a cruz
> O Deus imortal morreu por nós:
> Meu Senhor, meu Amor, em morte atroz.

Ou considere estas famosas linhas do hino de Isaac Watts, *Quando eu examino a cruz maravilhosa*:

> Se fosse meu todo o reino da natureza,
> Essa era uma oferta muito pequena.
> Amor tão incrível, tão divino,
> Exige minha alma, minha vida, meu tudo!

Visão das concepções diferentes

A "exigência" por "minha alma, minha vida, meu tudo" provém do amor. O culto cristão é essencialmente formado pelo reconhecimento e pela celebração das extraordinárias boas-novas de que o Deus trinitário, que é amor em sua natureza eterna, ofereceu esse mesmo amor às suas criaturas humanas pecadoras e rebeldes. O mesmo amor que existiu desde toda a eternidade entre as Pessoas da Trindade foi exibido na vida, morte e ressurreição de Jesus. "Como o Pai me amou, assim eu os amei; permaneçam no meu amor" (Jo 15:9).

Desviar nossa atenção da prazerosa Trindade, cujos membros se amam e se deleitam uns com os outros, demonstrando o desejo de compartilhar esse amor conosco de forma tão incrível, e, em vez disso, direcionar a atenção, como Shah-Kazemi nos exorta, para a noção mais genérica da "essência suprema" ou "superessencial", leva-nos a experimentar uma desorientação da adoração que nos deixa imaginando como ainda adoramos o mesmo Deus. Da mesma forma, é possível interagir, conhecer, amar e adorar o Deus que vem a nós na carne de maneiras distintamente pessoais, as quais são severamente diminuídas se a encarnação for negada.

Nesse sentido, é esclarecedor refletir sobre os versículos iniciais de Hebreus à luz das diferenças fundamentais entre o judaísmo, o cristianismo e o islamismo:

> Há muito tempo Deus falou muitas vezes e de várias maneiras aos nossos antepassados por meio dos profetas, mas nestes últimos dias falou-nos por meio do Filho, a quem constituiu herdeiro de todas as coisas e por meio de quem fez o universo. O Filho é o resplendor da glória de Deus e a expressão exata do seu ser, sustentando todas as coisas por sua palavra poderosa. Depois de ter realizado a purificação dos pecados, ele se assentou à direita da Majestade nas alturas, tornando-se tão superior aos anjos quanto o nome que herdou é superior ao deles (Hb 1:1-4).

Essa é uma passagem extremamente rica, e dificilmente posso abordá-la em qualquer tipo de detalhe, mas ela exibe poderosamente a diferença radical entre a narrativa que informa as teologias cristã, judaica e muçulmana, a quem adoramos e por que ele exige nossa adoração amorosa. Essas diferenças se resumem de muitas maneiras pelo profundo contraste que o autor traça entre Deus falando conosco por intermédio dos profetas e falando conosco por um Filho que é "o resplendor da glória de Deus e a expressão exata do seu ser" (Hb 1:3). Existe um abismo infinito entre um profeta meramente humano, por maior que seja e por mais poderosas que sejam suas palavras, e o próprio Filho de Deus "sustentando todas as coisas por sua palavra poderosa". As diferenças entre ver Jesus como um profeta meramente humano, ou pior, um pecador que merecia a crucificação, e vê-lo como aquele que fez a "purificação dos pecados" e agora está sentado "à direita da Majestade nas alturas" são tão vastas que as três posições são simplesmente incomensuráveis.

Vamos relembrar essas questões no início deste ensaio: (3) Os judeus, cristãos e muçulmanos acreditam essencialmente nas mesmas coisas sobre Deus? (4) Em caso negativo, essas diferenças de crença sobre Deus se refletem, necessariamente, em formas e expressões de adoração essencialmente diferentes? Tenho argumentado que a resposta à pergunta 3 é "não", e a resposta à 4 é "sim". As crenças radicalmente diferentes que judeus, cristãos e muçulmanos têm sobre Deus envolvem formas e expressões de adoração essencialmente diferentes. Enfatizar esse ponto é fundamental. É precisamente o fato de que essas diferentes expressões de adoração têm como premissas crenças radicalmente diferentes sobre quem é Deus e como ele se revelou mais claramente que nos leva a concluir que judeus, cristãos e muçulmanos não adoram o mesmo Deus.

Apresentando formalmente o argumento

Quero oferecer agora um argumento mais formal a essa conclusão de que judeus, cristãos e muçulmanos não adoram o mesmo Deus. Esse argumento pressupõe o princípio genérico de adoração e a revelação do Novo Testamento explicitada e defendida acima. Dados esses princípios, podemos agora observar que a revelação do Novo Testamento impõe requisitos diferentes para a adoração. Vamos chamar isso de "requisito de adoração do Novo Testamento".

Requisito de adoração do Novo Testamento: todos os adoradores de Deus, que é totalmente revelado apenas no Novo Testamento,

Visão das concepções diferentes

humildemente reconhecem que ele tem um Filho eterno que encarnou em Jesus, e que Jesus providenciou a salvação em nosso favor por meio de sua morte e ressurreição, e eles oferecem grato louvor por isso quando devidamente informados dessas verdades.

Enfatizo aqui que o argumento procede da suposição de que o cristianismo ortodoxo é verdadeiro, que o único Deus que existe é o Deus que é totalmente revelado apenas no Novo Testamento. Com base nessa suposição, há boas razões para pensar que o islamismo representa uma desorientação da adoração, de modo que cristãos e muçulmanos não adoram o mesmo Deus. Para voltar à distinção entre a ordem do ser e a ordem do saber, embora Deus sempre tenha tido um Filho, é nossa incumbência apenas reconhecer isso e adorar a Deus à altura, uma vez que ele revele o fato de que tem um Filho eterno que estava encarnado em Jesus, e assim por diante.

A noção de que nossa resposta ao Filho encarnado é decisiva para determinar se realmente conhecemos e adoramos a Deus é o tema principal do Evangelho e das epístolas de João. Agora que o Verbo se fez carne e habitou entre nós, e nós vimos sua glória, e a graça e a verdade vieram por meio dele, não pode haver apelo a Abraão que ignore Jesus e sua revelação. Antes de Abraão, Jesus existia, e Abraão se alegrou ao ver o seu dia. Portanto, aqueles que estão realmente seguindo os passos de Abraão e adorando o Deus de Abraão se alegrarão em conhecer Jesus. Tampouco há qualquer apelo ao Antigo Testamento para fugir das reivindicações de Cristo, pois essas mesmas escrituras testificam sobre ele. Aqueles que realmente acreditam em Moisés acreditarão em Jesus. Não pode haver conhecimento do Pai sem conhecimento do Filho, e qualquer pessoa que conhece o Filho também conhece o Pai. A verdade surpreendente de que Jesus e o Pai são um só nos deu a palavra definitiva sobre o que significa conhecer, amar, honrar e adorar a Deus.[17]

O fato de que essas palavras destruidoras de paradigmas foram dirigidas aos judeus dos dias de Jesus ressalta a realidade de que essas

---

[17]Veja João 1:14-18; 4:23-26; 5:39-46; 6:46; 8:19,39,42,58; 10:30; 14:7,24; 16:2,3,14,15,27; 17:11,21.

questões se aplicam a judeus e muçulmanos. Embora seja verdade que o Deus que é o Pai de Jesus é o mesmo Deus que chamou Abraão e falou a Moisés, e que aqueles que adoram o Pai e o Filho estão adorando o mesmo Deus que falou a Abraão e a Moisés, não é menos verdade que aqueles que se recusam a crer em Jesus e adorá-lo não estão adorando o Deus que chamou Abraão e se revelou a Moisés. A vinda de Jesus alterou radicalmente os termos do que é necessário para adorar e obedecer ao Deus de Abraão. Esse é o mesmo ponto que Paulo indica em Romanos 9–11, passagem em que ele traça uma distinção entre o Israel étnico e o verdadeiro Israel. A questão principal é que o Israel étnico deu de encontro na pedra de tropeço, que é Cristo. É altamente significativo que, no contexto de Romanos 9:33, Paulo esteja citando passagens do Antigo Testamento em referência ao próprio Yahweh e aplicando-as a Cristo. Portanto, rejeitar Cristo é rejeitar Yahweh!

Agora, então, aqui está o argumento formal:

1. Nenhum adorador devidamente informado que rejeita conscientemente a encarnação e a ressurreição de Jesus é um adorador do Deus que é totalmente revelado apenas no Novo Testamento.
2. Todos os judeus e muçulmanos devidamente informados rejeitam conscientemente a encarnação e a ressurreição de Jesus.
3. Nenhum judeu ou muçulmano devidamente informado é adorador do Deus que é totalmente revelado apenas no Novo Testamento.
4. Se nenhum judeu ou muçulmano devidamente informado adora o Deus que é totalmente revelado apenas no Novo Testamento, nenhum judeu ou muçulmano devidamente informado adora o mesmo Deus que aqueles que adoram o Deus que é totalmente revelado apenas no Novo Testamento.
5. Nenhum judeu ou muçulmano devidamente informado adora o mesmo Deus que aqueles que adoram o Deus totalmente revelado apenas no Novo Testamento.
6. Todos os cristãos devidamente informados adoram o Deus totalmente revelado apenas no Novo Testamento.
7. Nenhum judeu ou muçulmano devidamente informado adora o mesmo Deus que os cristãos devidamente informados adoram.

Visão das concepções diferentes

Agora comentarei e defenderei algumas das premissas do argumento. O argumento é formalmente válido; então, sua solidez certamente dependerá de todas as premissas serem verdadeiras.

O termo-chave da premissa 1, e que se repete ao longo do argumento, é "devidamente informado". Frequentemente, alega-se que os muçulmanos (bem como os adeptos de outras religiões) entendem mal o que os cristãos afirmam quando dizemos que Deus tem um Filho, que Deus é uma Trindade e assim por diante.[18] Dada a natureza difícil e francamente impressionante dessas doutrinas, isso é totalmente compreensível. Estou pressupondo, no entanto, que há muitos muçulmanos devidamente informados, bem como adeptos de outras religiões que estão corretamente informados sobre a real substância das mais fundamentais asseverações doutrinárias da fé cristã. Na minha opinião, presumir o contrário seria uma atitude arrogante. Assim, qualquer um que rejeite conscientemente essas doutrinas não está rejeitando uma mera caricatura ou uma apresentação simplista ou polemicamente equilibrada delas.

Com relação ao termo-chave 2, vale ressaltar que a rejeição à encarnação, morte e ressurreição de Jesus é essencial para o islamismo, e que o Islã é polemicamente posicionado contra o cristianismo de uma forma que outras grandes religiões mundiais não são. Isso se deve ao fato de que o Islã foi fundado depois do cristianismo e tem como premissa a crença de que encarnação, expiação e ressurreição são doutrinas falsas. Portanto, ser um muçulmano devidamente informado é conhecer essa história e acreditar que Jesus foi apenas um profeta e que a revelação do Alcorão substitui a do Novo Testamento. A premissa 3 é uma conclusão preliminar que advém diretamente de 1 e 2.

A premissa 4 é uma condicional cujo antecedente é 3. A questão é se o consequente segue do antecedente. Argumentei que a rejeição consciente e informada da ressurreição, da expiação e da encarnação de Jesus representa uma desorientação radical da adoração, de modo que judeus e muçulmanos não estão adorando o mesmo Deus que os cristãos. Aqueles que foram convencidos por meu argumento

---

[18]Cf. Shah-Kazemi, "Do Muslims and Christians believe in the same God?", p. 87ss.; Bogardus; Urban, "How to tell", p. 197.

se inclinarão a aceitar a premissa 4. A premissa 5 segue de 3 e 4, e eu considero 6 obviamente verdadeira. A conclusão, 7, resulta de 5 e 6.

A salvação final é outra questão

Finalmente, chegamos à pergunta 5 na introdução deste ensaio: os judeus e os muçulmanos podem ser salvos mesmo que não estejam adorando o mesmo Deus que os cristãos? A urgência dessa questão é o que, sem dúvida, impulsiona grande parte dessa disputa e nos incita a concordar que os muçulmanos adoram o mesmo Deus que os cristãos. Ao abordar essa questão, é útil notar que pensadores cristãos importantes, desde alguns pais da igreja até John Wesley e C. S. Lewis, afirmaram que as pessoas que não ouviram explicitamente o evangelho podem, não obstante, estar em um relacionamento salvífico com Deus. Considere, por exemplo, esta passagem de John Wesley na qual ele aborda várias formas de fé, desde o materialismo e o deísmo até a fé cristã plenamente formada. Falando particularmente dos muçulmanos, ele escreveu: "Não posso deixar de preferir isso diante da fé dos deístas; porque, embora abarque quase os mesmos objetos, eles são mais dignos de pena do que culpados pela estreiteza de sua fé. E o fato de não acreditarem em toda a verdade não se deve à falta de sinceridade, mas meramente à falta de luz [...] Não se pode duvidar de que esse apelo valerá para milhões de 'pagãos' modernos. Uma vez que pouco é dado a eles, pouco será exigido".[19]

Em outro sermão, Wesley escreveu de forma semelhante sobre aqueles que não ouviram o evangelho e suas perspectivas de salvação. "Não somos obrigados a determinar nada que diga respeito ao seu estado final. Como será do agrado de Deus, o Juiz de todos, lidar com *eles*, podemos deixar para o próprio Deus. Mas nós sabemos que ele não é o Deus dos cristãos somente, mas também o Deus dos pagãos; que ele 'abençoa ricamente todos os que o invocam' [Rm 10:12], 'pois o mesmo Senhor é Senhor de todos'; e que, 'de todas as nações, aceita todo aquele que o teme e faz o que é justo' [At 10:35]".[20]

---

[19]John Wesley, *The works of John Wesley*, edição de Albert C. Outler (Nashville: Abingdon, 1986), 3:494, 4 vols.

[20]Wesley, *The works of John Wesley*, 3:296.

Visão das concepções diferentes

Essa é a linha de pensamento que também aparece na famosa cena perto do fim do livro de C. S. Lewis *The last battle*,[21] em que Emeth, o adorador de Tash, é aceito por Aslam. Sem saber, ele estava realmente servindo a Aslam porque sua adoração era motivada pelo amor à verdade e à retidão. O ponto é que Cristo morreu por todas as pessoas, quer elas saibam, quer não, e o Espírito Santo está trabalhando para atraí-las a Cristo, quer elas saibam, quer não, e elas podem estar respondendo verdadeiramente à "luz" que têm e, consequentemente, estar no caminho para a salvação final.

No entanto, nossa pergunta é mais complicada, pois nosso argumento de que os judeus e muçulmanos não adoram o mesmo Deus que os cristãos adoram particulariza o caso para judeus e muçulmanos que estão devidamente informados e rejeitam conscientemente a ressurreição, a encarnação de Jesus e assim por diante. A questão é se esses judeus e muçulmanos devidamente informados que não estão adorando o Deus cristão podem ser salvos, pressupondo que o cristianismo seja verdadeiro.

A resposta a essa pergunta é direta para os cristãos ortodoxos – e a razão é clara. Se Deus é uma Trindade e Jesus é o Filho de Deus que morreu e ressuscitou para nos salvar, e a salvação é um relacionamento correto com Deus, então a salvação requer aceitar Cristo e confessá-lo como Senhor. Assim como é verdade que rejeitar Cristo persistentemente é rejeitar o único Deus que existe, também é verdade que conhecê-lo é conhecer o único Deus verdadeiro. Jesus insiste que, porque ele e o Pai são um, o conhecimento de Deus é inseparável de conhecê-lo, e que conhecê-lo é conhecer seu Pai. "Se Deus fosse o Pai de vocês, vocês me amariam", disse Jesus (Jo 8:42). Essa lógica trinitária percorre especialmente o Evangelho e as epístolas de João, conforme já observado. Observe: isso implica que é possível conhecer Deus antes de conhecer Cristo explicitamente, mas também significa que quem realmente conhece e ama o Pai também amará Jesus quando for verdadeiramente apresentado a ele. Emeth estava servindo a Aslam antes de ele se dar conta disso, mas sua salvação final envolveu um encontro explícito com Aslam e o conhecimento de quem ele era.

---

[21]C. S. Lewis, *The last battle* (1956; New York: HarperTrophy, 2002) [edição em português: *A última batalha* (São Paulo: WMF Martins Fontes, 2015)].

Novamente, o que conta como uma relação salvadora com Deus e a verdadeira adoração a ele é definitivamente revelado pela gloriosa luz da encarnação para aqueles que encontraram Cristo.

Mas é aqui que nosso conhecimento é interrompido, porque não estamos em posição de julgar quão claramente a "luz" de Cristo veio para judeus, muçulmanos e adeptos de outras religiões que conhecem pouco ou nada do evangelho. Mesmo aqueles que pensamos ter ouvido de Cristo claramente podem não ter feito isso em virtude dos vários fatores que os impedem de ouvir o evangelho de forma justa ou precisa. Só Deus sabe quem realmente ouviu e viu, e como eles responderam. E, mesmo que haja muitos judeus e muçulmanos devidamente informados que rejeitam conscientemente Cristo, não se segue que eles não possam vir a aceitá-lo no futuro e vir a participar da adoração a Deus, que só é totalmente revelado no Novo Testamento.

Nesse ínterim, vamos reunir o máximo de clareza possível ao abordar essas questões, ao mesmo tempo que oramos por caridade por todos os lados, começando por nós mesmos. No entanto, não devemos confundir graça e amor por todas as pessoas com comunhão cristã, nem devemos presumir ou afirmar que aqueles que não professam Cristo como Senhor são nossos irmãos e irmãs *em uma fé comum*. Isso falha em promover respeito e compreensão genuínos, assim como quando presumimos conhecer o coração dos outros ou seu destino eterno.[22]

---

[22]Agradeço a Tomas Bogardus e Ronnie Campbell pelos comentários úteis sobre uma versão anterior deste capítulo.

■ RÉPLICA A JERRY L. WALLS

WILLIAM ANDREW SCHWARTZ E JOHN B. COBB JR.

É necessário que muçulmanos, cristãos e judeus se refiram ao mesmo Deus para adorar o mesmo Deus? Jerry L. Walls responde a essa pergunta interessante com um inequívoco "Sim". Como Francis Beckwith, no capítulo 2, Walls concentra-se em questões de sentido e referência em sua resposta. Enquanto Beckwith conclui que muçulmanos, judeus e cristãos discordam no nível do sentido, mas compartilham um referente (o mesmo Deus), Walls argumenta que diferentes concepções de Deus são o resultado de "mudanças de referência" (referindo-se a diferentes deuses).

Ele usa o exemplo de São Nicolau, um nome que foi originariamente usado em referência a uma figura histórica, mas que, ao longo do tempo, serviu para se referir a um personagem fictício – inspirado, mas a partir de suas origens históricas. Walls argumenta que a mudança na referência ocorre quando há uma discrepância significativa em relação à "fonte dominante das informações" sobre o(s) referente(s) em questão (p. 173). No caso de São Nicolau, o dossiê contendo informações cruciais sobre o Papai Noel atual (um elfo nórdico com renas voadoras) representa uma divergência radical do dossiê de informações sobre São Nicolau (bispo cristão do século terceiro). Consequentemente, houve uma mudança de tal forma que o nome "São Nicolau" pode ser usado em referência a duas pessoas totalmente diferentes (uma histórica, outra fictícia).

Boa parte do que Walls argumenta parece razoável. Sem dúvida, quanto maior a concordância entre duas descrições de um objeto, maior a probabilidade de as pessoas estarem falando do mesmo objeto. No entanto, consideramos o assunto um pouco mais complicado. O aspecto inferior do argumento do dossiê de Walls é o reconhecimento de que nomear (como toda linguagem) é sempre, em algum sentido, ambíguo. Mesmo as palavras que são "fonte dominante de informação" implicam uma generalização abstraída da totalidade da informação como tal. Há um julgamento de valor inerente nesse processo, por meio do qual algumas informações são consideradas irrelevantes ou imprecisas simplesmente por se desviarem da narrativa "dominante". A prática de usar o nome de uma comunidade envolve avaliação subjetiva. Decidir onde traçar a linha que circunscreve as informações "dominantes" distintas das informações marginais é um processo complexo. Se a distinção entre informação dominante e marginal for, em alguma medida, arbitrária, então as divergências entre os dossiês se tornam ainda mais ambíguas. Como interpretações conflitantes de uma pintura abstrata, ter dossiês diferentes faz pouco para sugerir a existência de vários deuses.

A "verdade" da matéria

Outro problema que temos com o argumento de Walls é a introdução da "verdade" na análise das mudanças de referência. Citando Bogardus e Urban, Walls escreve: "Se você acha que houve uma mudança de referência em um caso, mas não no outro, então se os cristãos e os muçulmanos se referem e adoram o mesmo Deus, isso dependerá de você achar que o islamismo ou o cristianismo são verdadeiros" (p. 177). No entanto, não está claro como a verdade é relevante para as mudanças de referência. Veja o exemplo do Papai Noel. O fato de ter havido uma mudança de referência em relação a São Nicolau não implica que houve, em algum momento, uma pessoa humana real à qual o nome se referia. É igualmente plausível que uma mudança de referência possa ocorrer de uma fantasia para outra. Não há nada sobre a lógica das mudanças de referência exigindo que a mudança seja do real para o falso ou do verdadeiro para o falso. A mudança de referência é apenas isso, ou seja, uma mudança. Portanto, mesmo que se conclua que houve uma mudança de referência de Deus para Alá, isso não significa que qualquer um deles seja verdadeiro. Pode ser que ambos estejam errados, que nem o Deus cristão nem o Deus muçulmano existam como referências reais. A questão é que as mudanças nas referências podem ter relevância para responder à pergunta sobre a semelhança do Deus adorado por muçulmanos, judeus e cristãos, mas não têm relação com a verdade dessas tradições.

O ponto crítico aqui é a distinção entre nossas práticas de uso de nomes e o referente real de nossos nomes (in sich). Deve-se ter o cuidado de distinguir entre as reivindicações de verdade e a verdade em si, entre a realidade e nossa experiência da realidade. O argumento de Walls parece turvar essas distinções de uma forma que força um ultimato binário – concluindo que o cristianismo é verdadeiro e todas as outras religiões são falsas. Acreditamos que a realidade é mais complexa e que essa conclusão é o resultado de questões confusas de verdade e referência.

Ao longo destas linhas, contestamos o argumento de Walls de que a conversão religiosa é como uma criança que ouviu a verdade sobre o Papai Noel, levando a primeira crença a ser rejeitada como falsa. A fé é mais precisamente retratada como um processo que inclui o amadurecimento. Como tal, o fato de que a concepção de Deus como criança é diferente da concepção de Deus como adulto não significa que a fé infantil tenha de ser rejeitada como falsa. Em vez de dizer: "O Deus que adorei na infância não existe", é mais apropriado declarar: "Minha visão de Deus se aprofundou, expandiu-se e mudou".

Mudanças de referência ou referentes de mudança?

Outro grande problema com o argumento da mudança de referência de Walls é que ele implica um referente estático imutável pelo qual as mudanças na referência são deslocamentos do referente original para algo novo. Mas por que pressupor isso? Não é possível que as diferenças entre os dossiês sejam o resultado de uma mudança no referente, e não na referência? Em vez de mudar de um referente para outro, talvez haja um único referente que passa por mudanças. Parece igualmente possível que o dossiê de Deus tenha de ser atualizado, tanto porque aprendemos mais sobre Deus como porque o "tamanho" de Deus aumenta.[23]

---

[23]Veja Bernard M. Loomer, "The size of God", American Journal of Theology and Philosophy 8, n. 1-2 (January e May 1987): p. 20-51.

Esse reconhecimento é particularmente importante no que diz respeito à análise de Walls sobre a Trindade. Walls acredita que os cristãos necessariamente adoram a Trindade por meio da qual a morte do Filho de Deus na cruz redimiu todos os que creem. Esse não pode ser o mesmo Deus, pensa ele, como aquele que não é trinitário e não experimentou a morte na cruz. Essa posição parece criar graves problemas para os cristãos.

Jesus adorava nas sinagogas judaicas. Presumivelmente, ele adorava o Deus de Israel da forma como foi revelado no que nós, cristãos, chamamos de Antigo Testamento. Por algum tempo, essas Escrituras foram as Escrituras da igreja primitiva. Os cristãos criam que Jesus era o Messias para quem essas Escrituras apontavam. A maioria dos judeus não concordava com isso. Mas não há nenhuma indicação na igreja primitiva de que o Deus que os cristãos adoravam não fosse o Deus revelado nessas Escrituras.

Mais tarde, alguns cristãos chegaram a pensar que o Deus revelado em Jesus não era o Deus das Escrituras judaicas. Walls pode estar do lado de Marcião, mas não parece possível afirmar que, ao fazer isso, ele represente o cristianismo ortodoxo. Dizer que nós, cristãos, não adoramos o mesmo Deus que os judeus, que compartilham conosco esses escritos, faz parecer que estamos adorando um Deus diferente daquele que Jesus, Paulo e os primeiros cristãos adoraram. Walls realmente quer afirmar isso?

É verdade que, ao longo do tempo, os ensinamentos da igreja sobre Jesus e o Espírito Santo levaram à doutrina trinitária. Se isso acaba com a adoração cristã de um Deus, então parece que o cristianismo não mais adora o Deus que os judeus, Jesus e Paulo adoravam. Mas a maioria dos pensadores cristãos tem trabalhado arduamente para mostrar que defender trinitarismo não implica desistir da tradição monoteísta tão fortemente afirmada em nosso Antigo Testamento. Concordamos que o pensamento trinitário pode levar ao triteísmo, e que isso levou judeus e muçulmanos a rejeitarem veementemente a Trindade. Mas, se adorar o Deus cristão requer desistir da unidade de Deus, então nós, e muitos, muitos cristãos, por fidelidade a Jesus e às Escrituras que todos honramos, seremos excluídos.

Nos primeiros dias, a questão entre judeus e cristãos era sobre o que Deus revelou no Antigo Testamento. Os cristãos afirmam que

Deus enviou o Messias, que abriu a porta da comunidade de adoração aos gentios. Em resumo, isso significava que a fidelidade a Deus não exigia circuncisão. Os cristãos de então discordavam sobre como essa discordância os separava drasticamente dos judeus. Gradualmente, as questões da encarnação e, ainda mais tarde, da Trindade tornaram-se importantes. Talvez alguns cristãos tenham deixado de adorar aquele Deus adorado por judeus e muçulmanos. Esperamos que não.

Quando Walls usa a Trindade como um sinal de ruptura entre as noções muçulmanas, judaicas e cristãs de Deus, ele afirma: "O fato concreto é que as afirmações fundamentais dessas três religiões são simplesmente incompatíveis do ponto de vista lógico e não podem ser todas verdadeiras. Pelo menos duas dessas religiões estão profundamente enganadas no que acreditam sobre Deus e no que ele exige de nós quanto à obediência e à adoração" (p. 183). Nós discordamos. Na verdade, um caminho alternativo é inerente ao apelo de Walls à Trindade. A natureza do pensamento trinitário sugere um caminho além do binário verdadeiro-falso apresentado nesse dilema. Muito parecido com o profundo pluralismo abordado em nosso ensaio, é possível que muçulmanos e judeus concentrem sua adoração em Deus-Pai sem focar em Deus-Filho ou em Deus-Espírito Santo. Uma vez que o Filho e o Espírito são distintos do Pai, essa omissão não prejudica a devoção muçulmana e judaica a Deus (ou seja, o Pai). Uma vez que o Pai, o Filho e o Espírito são indistinguíveis, adorar Deus-Pai é simplesmente adorar a Deus. Em ambos os casos, as adorações muçulmana, judaica e cristã a Deus não são logicamente incompatíveis, como sugere Walls.

Dedos e luas

Perto do fim de seu ensaio, Walls oferece um argumento formal sétuplo. O ponto crucial de seu argumento repousa em definir Deus de forma estrita (como totalmente revelado apenas no Novo Testamento), de forma que, se judeus e muçulmanos rejeitarem essa revelação do Novo Testamento, eles devem estar adorando deuses diferentes (que, segundo Walls, são falsos deuses).

Nosso primeiro problema com esse argumento é a falha em distinguir entre o Deus revelado no Novo Testamento e o Deus *como* revelado no Novo Testamento. Como confundir um dedo com a lua para a qual aponta, Walls parece estar combinando Deus (a lua) e a revelação de Deus no Novo Testamento (o dedo). Nossas declarações sobre o mundo são distintas do mundo. Ao distinguir entre Deus (em Deus) e a revelação especial de Deus no Novo Testamento, estamos inclinados a rejeitar a primeira premissa de Walls: "Nenhum adorador devidamente informado que rejeita conscientemente a encarnação e a ressurreição de Jesus é um adorador do Deus que é totalmente revelado apenas no Novo Testamento". A existência de Deus não depende do Novo Testamento. Deus existia antes. Deus existe depois. E Deus existe muito além da revelação do Novo Testamento. Como tal, não há razão para supor que o Deus revelado no Novo Testamento também não poderia ser revelado em outros lugares, épocas e formas.

O segundo problema com o argumento formal de Walls é a adoção dos critérios "devidamente informados" em todas as suas premissas. Parece que estar "devidamente informado" de forma profunda e verdadeira é ser informado de um modo que vai além do conhecimento descritivo sobre Deus para o conhecimento relacional de Deus. Desse modo, estar devidamente informado sobre o Deus revelado no Novo Testamento é ter um relacionamento com esse Deus. A discrepância em relação a saber "sobre" Deus (informação) não implica diferentes deuses (ser). Em nossa avaliação, as relações pessoais sempre superam os dossiês informativos! Portanto, mesmo que o dossiê dominante dos muçulmanos difira de maneira crítica do dossiê dos cristãos, se tanto os muçulmanos como os cristãos têm conhecimento relacional de Deus, que pensamos estar implícito no critério de ser "devidamente informado", então deve-se concluir que ambos, muçulmanos e cristãos, adoram o mesmo Deus.

■ RÉPLICA A JERRY L. WALLS

FRANCIS J. BECKWITH

Jerry Walls, com sua precisão filosófica usual, oferece uma defesa elegante da visão de que cristãos, muçulmanos e judeus não adoram o mesmo Deus.

Como Walls, considero que os relatos de Gareth Evans sobre a mudança de referência e o dossiê provavelmente estão certos. Sem dúvida, eles são úteis para se esclarecer a questão deste livro. No entanto, não acho que a teoria de Evans ajude no caso de Walls. Veja, por exemplo, o uso de Walls do documento do Vaticano II, *Nostra aetate*, que afirma que os muçulmanos "adoram o único Deus, aquele que vive e subsiste em si mesmo; misericordioso e todo-poderoso, o Criador do céu e da terra, aquele que falou aos homens".[24] Walls argumenta que, se você concorda com *Nostra aetate*, então acredita, como Evans diria, que a "fonte dominante" do dossiê para "Deus" consiste em "certos predicados para 'Alá', como o Criador do céu e da terra, todo-poderoso, que falou aos homens" (p. 176). Assim, você acredita que muçulmanos e cristãos (junto com judeus) adoram o mesmo Deus. Por outro lado, se você acha que a fonte dominante para o dossiê de Deus inclui sua natureza trinitária, a encarnação e outras doutrinas distintamente cristãs, então deve chegar à conclusão de que os cristãos não adoram o mesmo Deus que os muçulmanos e judeus. (No entanto, você pode *supor* que muçulmanos e judeus adoram o mesmo Deus.)

---

[24]*The documents of Vatican II*, tradução do Vaticano (Staten Island: St. Paul's, 2009), p. 388, e citado no capítulo de Walls.

Walls toma a segunda opção como sua: "O dossiê de 'Alá' inclui afirmações que estão tão radicalmente em desacordo com as afirmações da verdade cristã central de que uma mudança de referência ocorreu, de modo que 'Alá' não se refere a Deus" (p. 178). Por essa razão, ele argumenta que, "quando um muçulmano se converte ao cristianismo (ou vice-versa), deve concluir que o que quer que seja que ele adorava anteriormente não existe de fato, não apenas que Deus é diferente em aspectos importantes do que ele pensava anteriormente, de forma semelhante a quando se revela a uma criança a verdade sobre Papai Noel" (p. 178). A menção de Papai Noel é um exemplo que Tomas Bogardus e Mallorie Urban empregam para ilustrar o conceito de mudança de referência.[25] Eles argumentam que houve uma mudança de referência em algum ponto no desenvolvimento do Papai Noel fictício a partir do histórico São Nicolau, de modo que devemos concluir que o verdadeiro "São Nicolau" da história não é o fictício "São Nicolau" que viaja em renas voadoras. Walls argumenta que, assim como as diferenças nos dossiês entre o Deus cristão e o Deus muçulmano (e presumivelmente o Deus judeu) são tão profundas quanto as diferenças entre os dossiês dos dois São Nicolaus, os muçulmanos e cristãos não se referem ao mesmo Deus.

Baseando-se em Borgardus e Urban, Walls ressalta que identificar o que conta como a fonte dominante de um dossiê "não é uma questão simples". Segundo ele, "não é apenas uma questão de quantidade de informações, mas, sim, de sua centralidade" (p. 173-4). Embora isso possa ser verdade no atacado, nem sempre é verdade no varejo, como no caso da questão do mesmo Deus. Como observei em meu capítulo, as doutrinas distintamente cristãs às quais Walls apela, com o fim de sustentar a mudança de referência, pressupõem a fonte dominante do dossiê do divino: *aquele que é metafisicamente supremo e tem existência não derivada.* Não se pode dizer, por exemplo, que Deus é uma Trindade – da maneira que o Concílio de Niceia quis dizer – sem primeiro saber o que é uma natureza divina. Por isso a disputa entre Ário e Santo Atanásio é mais bem caracterizada como uma discordância sobre a vida interna daquele que é metafisicamente supremo

---

[25]Tomas Bogardus; Mallorie Urban, "How to tell whether Christians and Muslims worship the same God", *Faith and Philosophy* 34, n. 2 (2017): p. 192.

Visão das concepções diferentes

e tem existência não derivada. Ou seja, a questão para os pais do concílio era se o ser subsistente tem dentro de si acompanhamento e relações eternas, incluindo o Filho sendo gerado eternamente do Pai. Portanto, se fôssemos perguntar se Ário e Santo Atanásio adoravam o mesmo Deus, teríamos que responder afirmativamente, uma vez que eles concordaram sobre a fonte dominante do dossiê de Deus. Por outro lado, se perguntássemos se Ário e Santo Atanásio tinham as mesmas opiniões sobre Jesus e o Espírito Santo, teríamos de responder negativamente. Como cristãos, poderíamos razoavelmente concluir que Ário mantinha visões equivocadas *sobre* o único Deus verdadeiro, mas não poderíamos dizer que ele adorava um Deus diferente, uma vez que ele e Santo Atanásio compartilhavam a mesma referência: aquele que é metafisicamente supremo e tem existência não derivada.

Walls não vê isso porque parece pensar em Deus e em suas qualidades da mesma forma que pensamos em coisas comuns como São Nicolau, eu, você ou o planeta Vênus. Esses objetos – como muitos filósofos contemporâneos costumam dizer – são substâncias individuais complexas que consistem em uma coleção de propriedades e partes. Por isso o enigma da mudança de referência sobre São Nicolau faz muito sentido. Walls aparentemente vê os predicados que os cristãos atribuem a Deus – onisciente, onipotente, todo-benevolente, trino e uno , encarnado em Cristo – como uma lista de atributos que podemos comparar com a lista de propriedades que os muçulmanos atribuem ao seu Deus. No raciocínio de Walls, uma vez que as doutrinas da "Trindade " e da "encarnação " distinguem claramente o cristianismo de seus concorrentes monoteístas e são essenciais para a natureza da fé, "Deus" na fé muçulmana constitui uma mudança de referência. Por isso ele afirma que os defensores da tese do mesmo Deus acreditam nisso, porque dão peso máximo a "certos predicados de 'Alá', como o criador do céu e da terra, todo-poderoso, que falou aos homens" (p. 176). A implicação aqui é que os defensores do mesmo Deus estão escolhendo caprichosamente como fonte dominante aqueles predicados do Deus cristão e do Deus muçulmano que confirmam sua tese, mas ignoram aqueles que podem refutá-la.

Mas essa maneira de abordar a natureza divina parece incoerentes com os pressupostos metafísicos que fizeram do Credo Niceno uma formulação coerente do Deus trino e uno .[26] Para entender o motivo, observe que, em sua lista dos "predicados de 'Alá'", retirada de *Nostra aetate*, Walls deixa de fora o mais importante: "viver e subsistir em si mesmo". Pois, se Deus está "vivendo e subsistindo em si mesmo" – o que é apenas outra maneira de dizer que Deus é metafisicamente supremo e tem existência não derivada –, então Deus não pode, em tese, ser criado ou depender de qualquer coisa para seu ser. Além disso, como argumento em meu capítulo, só pode haver um tal ser autossubsistente e, portanto, ele deve ser a fonte de toda a realidade contingente. Dada essa compreensão de Deus, concluímos que ele é a plenitude do ser e, por essa razão, atribuímos a ele certas perfeições de poder, conhecimento, ser e assim por diante, assim como encontramos nas Escrituras. Mas, se muçulmanos e judeus acreditam e adoram esse Deus, então eles adoram o mesmo Deus que os cristãos, ainda que alguém acredite, como Walls, que essas religiões não cristãs estão profundamente equivocadas de várias maneiras.

Para ajudar a esclarecer esse ponto, vamos retornar a duas das ilustrações que empreguei em meu capítulo. Ao pregar no Areópago em Atenas, Paulo primeiro distingue entre o Deus vivo e verdadeiro e os falsos ídolos adorados pelas massas:

> O Deus que fez o mundo e tudo o que nele há é o Senhor dos céus e da terra e não habita em santuários feitos por mãos humanas. Ele não é servido por mãos de homens, como se necessitasse de algo, porque ele mesmo dá a todos a vida, o fôlego e as demais coisas. [...] "Pois nele vivemos, nos movemos e existimos", como disseram alguns dos poetas de vocês: "Também somos descendência dele" (At 17:24,25,28).

Depois de estabelecer a referência certa a Deus – aquele que é metafisicamente supremo e tem existência não derivada –, Paulo apresenta o evangelho ao proclamar a ressurreição de Cristo e o juízo final (At 17:29-31). O texto nos diz que alguns na multidão "juntaram-se a ele e creram. Entre eles, estavam Dionísio, membro do Areópago, e

---

[26]Para um bom relato dessas suposições, veja David Bentley Hart, *The experience of God: being, consciousness, bliss* (New Haven: Yale University Press, 2013).

Visão das concepções diferentes

uma mulher chamada Dâmaris, e outros com eles" (At 17:34). Suponha que houvesse dois outros na audiência que, embora não se tenham tornado cristãos, saíram convencidos de que Paulo estava correto sobre Deus. Vamos chamá-los de Nicolas e Helena. Agora imagine que, várias semanas depois, eles encontrem Dionísio e Dâmaris em um mercado de frutas em Atenas. Os quatro iniciam uma conversa sobre a pregação de Paulo. Embora satisfeitos em saber que Nicolas e Helena abandonaram a adoração de ídolos e agora creem no único Deus vivo e verdadeiro, Dionísio e Dâmaris estão tristes por seus novos amigos permanecerem não convencidos do restante da mensagem de Paulo. Seria certo que Dionísio e Dâmaris, nesse ponto, dissessem a seus amigos que, caso se convertessem ao cristianismo, "deveriam concluir que tudo o que [eles] adoravam anteriormente não existe de fato, não apenas que Deus é diferente de maneiras importantes do que [eles] pensavam anteriormente, não muito diferente de um [pagão] a quem se diz a verdade sobre [Zeus]?" (p. 178). Mas é precisamente isso que Walls sugere, embora Paulo afirme inequivocamente que estava proclamando ao seu público ateniense a referência correta à natureza divina, o "Deus que fez o mundo e tudo o que nele há" (At 17:24), aquele em quem "vivemos, nos movemos e existimos" (At 17:28). Por isso não nos deve surpreender que, em sua Epístola aos Romanos, Paulo reconhece plenamente que aqueles que não estão familiarizados com a revelação especial podem vir a saber o suficiente sobre Deus para obter a referência correta: "Pois o que de Deus se pode conhecer é manifesto entre eles, porque Deus lhes manifestou. Pois desde a criação do mundo os atributos invisíveis de Deus, seu eterno poder e sua natureza divina, têm sido vistos claramente, sendo compreendidos por meio das coisas criadas, de forma que tais homens são indesculpáveis" (Rm 1:19,20).

Vamos agora relembrar a troca entre Moisés e Deus no monte Horebe:

> Moisés perguntou: "Quando eu chegar diante dos israelitas e lhes disser: 'O Deus dos seus antepassados me enviou a vocês', e eles me perguntarem:'Qual é o nome dele?' Que lhes direi?". Disse Deus a Moisés: "Eu Sou o que Sou. É isto que você dirá aos israelitas: 'Eu Sou me enviou a vocês'" (Êx 3.13,14).

Como observei em meu capítulo, o ensino sistemático da igreja sobre essa passagem é que Deus está revelando a Moisés que ele existe por si mesmo, e que ele é radicalmente diferente de qualquer um dos deuses criados e adorados como ídolos. Por essa razão, Walls engana-se quando afirma que o relato do Êxodo sobre a adoração desorientada do bezerro de ouro como Deus pelos filhos de Israel é análogo à adoração muçulmana e judaica a Deus. Walls escreve:

> Tanto Moisés como outros israelitas fiéis, além dessas pessoas que agora adoravam esse bezerro de ouro, concordariam que "Deus" é aquele que os redimiu do Egito, nada diferente do que muçulmanos e cristãos creem, nas palavras de *Nostra aetate* (citado acima), que o único Deus é "misericordioso e todo-poderoso, o Criador do céu e da terra, que falou aos homens" (p. 180).

Mas isso não pode estar certo. Pois o que tornou a adoração do bezerro de ouro uma adoração desorientada foi sua natureza como um ídolo, um objeto finito que não é aquele autoexistente em Êxodo 3, o único Deus que está vivendo e subsistindo em si mesmo de *Nostra Aetate*, e o único em quem "vivemos, nos movemos e existimos" do sermão de Paulo. O que quer que se possa pensar sobre a adoração judaica ou muçulmana, não se trata de adoração de ídolos.

Pelas restrições de espaço, não posso dizer muito em resposta ao argumento formal de Walls (p. 188), exceto para dizer que ele não pode decolar até que primeiro nos traga a definição do termo "cristão devidamente informado". Dado o número de filósofos cristãos analíticos contemporâneos da religião que discordam profundamente sobre a natureza de Deus, Trindade, encarnação, alma e simplicidade divina, é difícil saber quem conta como devidamente informado.

■ RÉPLICA A JERRY L. WALLS

GERALD D. MCDERMOTT

Há muito no ensaio do professor Walls com que eu concordo. Fico feliz por ele lembrar aos nossos leitores que essa questão tem implicações graves. Afinal, o Novo Testamento adverte que a salvação é uma questão de se unir ao Deus verdadeiro em decorrência de aceitar e viver em sua revelação (Rm 10:9-13). Jesus avisa que, no dia do julgamento, teremos de prestar contas de cada palavra descuidada que falamos (Mt 12:36) e do que fizemos com nosso testemunho sobre ele mesmo (Lc 12:8,9; Jo 12:48)

Também concordo com o professor Walls que uma resposta afirmativa à pergunta deste livro tem grande apelo emocional. Quem não gostaria, em abstrato, de afirmar as convicções mais profundas de pelo menos metade do mundo? Mas devemos estar dispostos a seguir as evidências pelo caminho que nos conduzem, mesmo que entrem em conflito com o que, a princípio, é emocionalmente atraente.

O professor Walls está absolutamente correto ao nos alertar contra julgar o destino eterno de um muçulmano ou judeu que imaginamos ter ouvido o evangelho, mas, aparentemente, não o aceitou. Não sabemos com que clareza a luz chegou àquela pessoa. Lembro-me de uma jovem compartilhando sua versão do evangelho comigo quando eu tinha dezessete anos. Tenho certeza de que, quando disse sim a ela, queria o plano maravilhoso de Deus para minha vida e estava feliz por Jesus ter tirado meus pecados, ela pensou que havia ganhado outra alma para o reino. Ao olhar para trás, no entanto, agora percebo que eu não tinha ideia do que era o evangelho. Eu estava muito mais focado na jovem e em seu interesse por mim do que no que ela dizia

GERALD D. MCDERMOTT ■

sobre Jesus. Se eu tivesse dito não, não teria sido a Jesus, a quem não vi nem entendi, mas, sim, ao seu convite para me juntar ao seu grupo. Walls aconselha duas coisas em situações tenebrosas como essas: não sabemos o que aquele amigo judeu ou muçulmano encontrará no futuro e não sabemos quanta luz surgiu quando esse amigo ouviu algo que pensamos ser o evangelho.

Concordo com Walls, no sentido de que a semelhança de referência é necessária para afirmar a adoração do mesmo Deus. No caso dos muçulmanos, ele está certo ao dizer que suas informações sobre Deus são radicalmente incongruentes com a concepção cristã de Deus pelo que se tornou dominante no dossiê de Alá. Ou seja, Alá não é benevolente para com todos os seres humanos. Como argumentei em meu ensaio e em outras respostas, Alá não ama todas as suas criaturas humanas; se ele tem amor, é condicional. Ele também não é racional, em nada próximo ao sentido de que o Deus dos judeus e cristãos é racional (veja minha resposta ao professor Beckwith). Tampouco Alá é perfeito da mesma forma que o Deus de Israel, a quem judeus e cristãos adoram, pois, no âmago de sua perfeição, está o amor.

Walls também está correto ao rejeitar a essência mística e filosófica do Ser, que os professores Cobb e Schwartz sugerem ser o referente comum para a adoração de todos os cristãos, judeus e muçulmanos. Como Walls observa apropriadamente, o mandamento de Jesus aos seus discípulos de "celebrar" a ceia do Senhor em sua memória sugere que o objeto de sua adoração deve incluir a morte e a ressurreição, que têm implicações concretas e teístas, e estão a anos-luz da meditação sobre o Ser em si.

Mas, com todos esses acordos sendo registrados, quero questionar algumas coisas. Primeiro, os leitores de sua observação sobre "os judeus do primeiro século que queriam Jesus crucificado" podem ter a impressão de que isso era verdade para todos os judeus do primeiro século. Na verdade, Jesus era popular entre milhares de judeus no primeiro século. E cada vez mais historiadores percebem que os judeus que o queriam crucificado eram um pequeno círculo no estabelecimento do templo que se sentia ameaçado por sua popularidade entre as multidões de judeus. Isso foi obscurecido pela tradução incorreta de *Ioudaioi* no Evangelho de João, em que, na maioria das vezes, deveria ser traduzido por "habitantes da Judeia", e não por "judeus".

Visão das concepções diferentes

João retrata certos líderes da Judeia, não os judeus em geral, como querendo matar Jesus. Aprendemos com Lucas em Atos que *myriadoi* (miríades ou milhares) em Jerusalém estavam entre aqueles "judeus [que] creram" (21:20). Isso significa que, menos de duas décadas após a morte de Jesus, havia pelo menos 20 mil (pelo menos duas *miríades*, pois uma *miríade* é igual a 10 mil) crentes judeus seguindo Jesus somente em Jerusalém.

Walls prossegue afirmando que "rejeitar Cristo é rejeitar Yahweh". Agora, como vimos, Walls já qualificou essa generalização, advertindo-nos de que não sabemos se alguém rejeitou Cristo apenas porque pensamos ter ouvido alguém "entregar" o evangelho. Não sabemos quanta luz verdadeira essa pessoa recebeu.

Mas existem outras considerações igualmente importantes. Primeiro, Paulo sugere que, mesmo que os judeus de sua geração tivessem rejeitado sua mensagem sobre Jesus, eles ainda eram "amados" por Yahweh (Rm 11:28). Suas participações na escolha de Israel por Yahweh eram "irrevogáveis" (Rm 11:29). Paulo não afirma, nesse ponto, se a rejeição a Jesus como messias significava que eles estavam rejeitando Yahweh, mas sugere que ele não os rejeitou. No mínimo, Yahweh ainda os amava de maneira especial, diferente de sua preocupação com os gentios. Esse foi um "chamado" especial para os judeus em Israel que os gentios não receberam (Rm 11:29). Os gentios poderiam ser adotados como membros associados em Israel se fossem unidos ao Messias de Israel (Ef 2:11-22). Mas havia uma relação especial entre Yahweh e seu povo escolhido, os judeus.

Tanto Paulo como Jesus tornaram isso mais complicado, o que significa que é ainda mais difícil saber com segurança, sobre um judeu que teria rejeitado Jesus, se isso significa que ele também rejeitou Yahweh. Paulo disse que o próprio Deus fez com que a maioria dos judeus em seus dias rejeitasse Jesus (mesmo que uma minoria aceitasse e seguisse Jesus): "Deus lhes deu um espírito de atordoamento, olhos para não ver e ouvidos para não ouvir. [...] Um endurecimento em parte, até que chegue a plenitude dos gentios" (Rm 11:8,25).

Por que Deus faria isso? Paulo diz aos gentios em Roma, que ali constituem a maioria da igreja: "Quanto ao evangelho, eles [os judeus que rejeitam Jesus] são inimigos [de Deus] por causa de vocês" (Rm 11:28). Por que *por causa de vocês*? Aparentemente, Paulo aceitou a previsão dos rabinos de que, quando o Messias viesse, "todo o Israel será salvo" (Rm 11:26) e o mundo acabaria. Portanto, para que o tempo e o espaço se abrissem para bilhões de futuros gentios antes que a aceitação do Messias por Israel trouxesse o fim do mundo, Deus propositalmente fechou os olhos e os ouvidos dos judeus. Esse endurecimento seria mantido até a "plenitude dos gentios". Em verdade, era por causa dos gentios, para que eles pudessem ser salvos.

Jesus aumentou a complexidade. Ele disse: "Todo aquele que disser uma palavra contra o Filho do Homem será perdoado, mas quem falar contra o Espírito Santo não será perdoado, nem nesta era nem na que há de vir" (Mt 12:32). Em outras palavras, uma coisa é rejeitar Jesus sem a revelação do Espírito Santo, mas outra coisa completamente diferente se a alguém foi mostrado pelo Espírito quem ele é.

Depois, há o evento posterior do Holocausto, que apenas cimentou o endurecimento para milhões de judeus. A maioria dos judeus que conheço perdeu parentes nas mãos de alemães e de outros que mataram judeus nos horrores dos campos de extermínio nazistas. Para muitos judeus, esses eram cristãos europeus que seguiam o ensino "cristão" de que Deus rejeitou os judeus porque eles rejeitaram Jesus. A maioria dos cristãos não pensa nos nazistas ou trabalhadores de campos de extermínio como cristãos, mas Hitler tinha muitos "executores voluntários" que iam à igreja aos domingos e matavam judeus nas segundas-feiras.[27] Por essa razão, parece a milhões de judeus que aceitar Jesus, em cujo nome seus parentes foram assassinados, é rejeitar não apenas seus parentes, mas também o Deus de Israel e sua aliança com eles. Para eles, continuar a amar Yahweh implica rejeitar Jesus.

Portanto, devemos ser cautelosos em aceitar a declaração de Walls de maneira uniforme: "Rejeitar Cristo é rejeitar Yahweh". E os milhares de judeus nos séculos após Constantino que foram informados pela igreja que eles deveriam desistir da observância da Torá se aceitassem Jesus e fossem admitidos pela igreja?[28] Tanto Moisés como Cristo

---

[27]Daniel Goldenhagen, *Hitler's willing executioners: ordinary Germans and the Holocaust* (New York: Vintage, 1997).

[28]Mark Kinzer, *Postmissionary messianic Judaism: redefining Christian engagement with the Jewish people* (Grand Rapids: Brazos, 2005).

Visão das concepções diferentes

disseram que os judeus deveriam obedecer à Torá (Dt 11:1-32; 28:1-14; Mt 5:18,19; 23:1-3), mas a igreja disse a eles que deveriam desistir da Torá para seguir Jesus. Para eles, obedecer à igreja significava rejeitar Yahweh. Foi fácil concluir que o Cristo da igreja não deve representar o verdadeiro Jesus que afirmou a Torá.

Walls diz: "Nenhum judeu ou muçulmano devidamente informado é adorador do Deus que é totalmente revelado apenas no Novo Testamento" (p. 189). Isso é verdade para todos os judeus e muçulmanos a quem o Espírito Santo revelou a verdadeira identidade de Jesus. Recusar isso seria o mesmo que recusar o Deus de Israel, que é o verdadeiro Deus. Mas é útil aqui recuperar a distinção de Walls entre a ordem do ser e a ordem do saber. Walls observa que a natureza trinitária de Deus não foi revelada ou divulgada na época do Antigo Testamento. E, se muitos judeus hoje ainda estão nessa posição na ordem do saber, de forma que ainda não foi revelado a eles pelo Espírito Santo que Jesus é seu Messias e, portanto, Deus é trinitário? Isso se torna ainda mais plausível pela declaração de Paulo de que Deus fechou os olhos da maioria dos judeus no tempo dos gentios. O próprio Deus escondeu deles a revelação do Espírito.

Isso não quer dizer que não devemos testemunhar a eles que Jesus é seu Messias. Mas, sim, que eles estão em uma situação especial, diferente dos muçulmanos. As Escrituras judaicas são nossas. Deus fechou os olhos deles por causa dos gentios. Ele não disse isso sobre os muçulmanos. Os judeus são um povo especialmente escolhido, ao contrário dos muçulmanos. Deus ainda tem um relacionamento especial com eles, ao contrário dos muçulmanos. Deus ama os muçulmanos como qualquer outro grupo de povos gentios. Mas Deus escolheu os judeus como nenhum outro grupo de pessoas no mundo. A situação deles é diferente.

Walls cita Emeth, de C. S. Lewis, em *The last battle*.[29] Seu ponto é que, "sem saber, ele estava realmente servindo a Aslam porque sua adoração era motivada pelo amor à verdade e à justiça [...] [e outros como ele] podem estar respondendo verdadeiramente à 'luz' que têm e, consequentemente, estar no caminho para a salvação final"

---

[29]C. S. Lewis, *The last battle* (1956; New York: HarperTrophy, 2002) [edição em português: *A última batalha* (São Paulo: WMF Martins Fontes, 2015)].

(p. 192). Eu discordo do inclusivismo de Lewis – e talvez de Walls –, que sugere que os não cristãos podem vir a Cristo sem reconhecê-lo. Mas também sou agnóstico sobre quando e como o Espírito de Deus revela Cristo às pessoas que buscam a verdade e a justiça de Deus, especialmente os judeus, que, pelo Espírito, amam o Deus verdadeiro da forma que conhecem. Quando Aslam, a imagem de Lewis para Jesus, finalmente se revela a Emeth, ele diz ao guerreiro que sempre o conheceu (Aslam), mesmo sem saber seu nome. Devemos admitir que o mesmo pode ser verdade para nossos irmãos e irmãs judeus que adoram o Deus de Israel, a quem Jesus disse ser o Deus verdadeiro (Mc 12:29; Mt 5:17,18; Jo 4:22). Podemos esperar que, se estão agora adorando o Pai de Jesus, eles aceitarão Jesus – na maneira e no tempo de Deus – como seu Filho assim que o Espírito revelar a identidade de Jesus a eles.

TRÉPLICA

JERRY L. WALLS

Para Schwartz e Cobb

Agradeço a resposta atenciosa de Andrew e John ao meu ensaio. No entanto, essa resposta ressalta a profundidade e o grau da discordância que nos divide. Observarei tantos pontos de discordância quanto puder no espaço disponível.

Entre nossos desacordos mais profundos, estão aqueles relativos à verdade e à nossa capacidade de conhecê-la. Andrew e John observam que "não está claro como a verdade é relevante para mudanças de referência", e afirmam ser "igualmente plausível que uma mudança de referência possa ocorrer de uma fantasia para outra" (p. 195). Eles fazem essas afirmações em resposta à seguinte linha de Bogardus e Urban: "Se você acha que houve uma mudança de referência em um caso, mas não no outro, então se cristãos e muçulmanos se referem a Deus e adoram esse mesmo Deus, dependerá de você pensar se o cristianismo ou o islamismo é verdade".

Em resposta, estou inclinado a concordar que a mudança de referência pode, de fato, ocorrer de "uma fantasia para outra" (p. 195). Portanto, a verdade não é uma condição necessária para uma mudança de referência. Mas isso não vem ao caso. A questão aqui é se a crença na verdade do cristianismo ou do islamismo é suficiente para garantir o julgamento de que a mudança de referência ocorreu de fato na religião que se acredita não ser verdadeira. Parece óbvio que sim. Se alguém acredita que o cristianismo é verdadeiro – que Deus tem um Filho eterno que encarnou em Jesus de Nazaré –, então qualquer religião cujo dossiê inclui uma negação dessas reivindicações cruciais não se refere

JERRY L. WALLS ■ TRÉPLICA

mais ao mesmo Deus que a religião que insiste que essas crenças são absolutamente essenciais para um relato verdadeiro de quem é Deus. Andrew e John traçam o que consideram ser uma distinção "crucial" entre os nomes que empregamos e o respectivo referente. É fundamental, eles insistem, que tracemos a distinção "entre reivindicações de verdade e a verdade em si, entre a realidade e nossa experiência da realidade" (p. 196). Eles reclamam que eu "confundo essas distinções de uma forma que conduz a um supremo binário – concluindo que o cristianismo é verdadeiro e todas as outras religiões são falsas. Acreditamos que a realidade é mais complexa e que essa conclusão é o resultado de confundir questões de verdade e de referência" (p. 196-7).

Concordo plenamente com essas distinções e não sei por que Andrew e John pensam que eu as rejeito ou mesmo as confundo. Há claramente uma distinção entre os nomes que usamos, a linguagem que empregamos, as proposições que articulamos e as realidades que designamos ou descrevemos com nossos nomes, linguagem e proposições. Além disso, não devemos ter a ilusão de que nossos nomes e proposições exaurem as realidades a que nos referimos e descrevemos, mesmo quando esses nomes são precisos, e as proposições são verdadeiras para a realidade correspondente. Isso é especialmente verdadeiro quando esses nomes e proposições se aplicam a Deus, um ser infinito que ultrapassa em muito nossa linguagem sobre ele.

Ainda assim, as proposições que usamos para nos referir a Deus devem ser coerentes e lógicas. As proposições contraditórias não podem ser verdadeiras sobre Deus. É verdadeiro ou falso que Deus existe eternamente em três Pessoas, que Jesus foi a encarnação da segunda Pessoa dea Trindade, que Deus o ressuscitou dos mortos, e assim por diante. Mas o "ultimato binário" não implica que outras religiões além do cristianismo sejam inteiramente falsas; na verdade, essas religiões podem ensinar coisas importantes sobre Deus que são verdadeiras – que há apenas um Deus, que ele é todo-poderoso, que criou o mundo. No entanto, se as afirmações distintamente cristãs são verdadeiras, então as outras religiões são falsas se negarem essas afirmações. Reconhecer os limites da linguagem e a diferença entre as afirmações de verdade e a realidade descrita não permite abraçar afirmações contraditórias.

Em vista disso, há uma diferença profunda entre o caso em que a concepção de Deus para uma criança se desenvolve em uma concepção

213

mais madura quando se é adulto e o caso em que alguém se converte a uma nova religião, do islamismo ao cristianismo, por exemplo. No primeiro caso, pode ser mais correto dizer: "Minha visão de Deus se aprofundou, expandiu e mudou", em vez de dizer: "O Deus que adorei quando criança não existe". Mas a mudança na concepção de Deus em uma conversão adulta do islamismo ao cristianismo é mais radical do que a mudança de uma concepção infantil do Deus cristão para uma visão mais cuidadosa e informada como um adulto. No caso da conversão de adultos, ao passar a crer na doutrina cristã essencial, alguém *afirma* certas coisas sobre Deus que antes pensava ser essencial *negar*. Na verdade, seria correto dizer que o Deus não trinitário no qual se cria antes da conversão não existe realmente.

Também estou bastante confuso com o fato de Andrew e John sugerirem que eu "posso ficar do lado de Marcião" ou que posso discordar de sua afirmação de que "defender o trinitarismo não implica desistir da tradição monoteísta tão fortemente afirmada em nosso Antigo Testamento" (p. 197). A teologia trinitária, claro, é insistentemente monoteísta, embora a revelação do Novo Testamento nos mostre que a unidade de Deus é mais complexa do que o Antigo Testamento pode nos levar a acreditar. Mas a ortodoxia cristã é enfática ao dizer que o referente do Deus trinitário revelado no Novo Testamento é idêntico ao referente do Deus de Abraão, Isaque e Jacó revelado no Antigo Testamento.

Finalmente, eu contestaria fortemente a sugestão de Andrew e John de que a teologia trinitária nos dá a possibilidade de que "muçulmanos e judeus concentrem sua adoração em Deus-Pai sem focar em Deus-Filho ou Deus-Espírito Santo" (p. 198). É precisamente essa possibilidade que o pensamento trinitário impede, pelo menos para judeus e muçulmanos que estão devidamente informados sobre Jesus e suas reivindicações. Como o Evangelho de João deixa claro, passagem após passagem, agora que Jesus revelou o Pai e nos ensinou que ele e o Pai são um, não pode haver adoração verdadeira ao Pai se o Filho for rejeitado. Amar e adorar uma Pessoa da Trindade é amar e adorar as três; rejeitar qualquer uma é rejeitar as três.

Para Beckwith

Quero começar agradecendo a Frank por sua resposta desafiadora ao meu artigo. Espero, com esta tréplica, esclarecer melhor nossas

JERRY L. WALLS ■ TRÉPLICA

divergências. Continuo a pensar que algumas de nossas disputas mais fundamentais giram em torno da distinção entre a ordem do saber e a ordem do ser e o fato de que ele dá prioridade à ordem do saber construída segundo as linhas tomistas. Ou seja, ele dá prioridade às crenças teístas genéricas obtidas por meio de argumentos e análises filosóficas que não se baseiam na revelação especial das Escrituras. Essas crenças genéricas e os argumentos que as sustentam são acessíveis a todas as pessoas e constituem propriedade comum entre as três grandes religiões teístas. Por outro lado, acho que a ordem do ser, que aprendemos totalmente apenas nas Escrituras, é necessária para definir o que é essencial para Deus e para determinar se judeus, cristãos e muçulmanos adoram o mesmo Deus.

Minhas diferenças com Frank vêm à tona, entre outros lugares, em seu relato sobre Niceia. Não sou um especialista em teologia histórica ou patrística, portanto falo aqui com a devida reserva. Mas eu arriscaria a sugestão de que Frank não caracterizou o assunto muito bem. Ele escreve: "Não se pode dizer, por exemplo, que Deus é uma Trindade – da maneira que o Concílio de Niceia quis dizer – sem primeiro saber o que é uma natureza divina. Por isso a disputa entre Ário e Santo Atanásio é mais bem caracterizada como uma discordância sobre a vida interna daquele que é metafisicamente supremo e tem existência não derivada" (p. 201-2).

Agora, com certeza, a própria noção de Trindade pressupõe uma natureza divina comum compartilhada pelas três Pessoas da Trindade, mas a teologia trinitária explícita é bastante modesta no Credo Niceno. Da mesma forma, o Credo nos oferece pouca definição detalhada da natureza divina. Na verdade, a declaração sobre o Pai é bastante concisa, identificando-o apenas como o "Pai todo-poderoso, Criador do céu e da terra e de todas as coisas visíveis e invisíveis". Em contraste, a maior parte do Credo explicita a identidade do "único Senhor Jesus Cristo, o unigênito Filho de Deus". A "grande questão perante o concílio", de acordo com J. N. D. Kelly, "não era a unidade da Divindade como tal; foi a coeternidade do Filho com o Pai, que os arianos negaram, sua plena divindade em contraste com a condição de criatura que eles atribuíram a ele".[30]

---

[30]J. N. D. Kelly, *Early Christian doctrines*, ed. rev. (New York: Harper One, 1960), p. 236.

Visão das concepções diferentes

A verdade da coeternidade e da divindade plena de Jesus tem, é claro, implicações profundas para a vida interna de Deus e nos revela coisas sobre a natureza divina que são muito mais fascinantes e encantadoras do que o fato de que Deus é "metafisicamente supremo e tem existência não derivada" (p. 201-2). Não é menos essencial para Deus, o Pai todo-poderoso, ter um Filho em quem se deleite eternamente do que ter todo o poder. Portanto, se, em algum sentido, é verdade que não podemos dizer que Deus é uma Trindade sem "primeiro saber o que é uma natureza divina" (p. 202), em outro sentido é igualmente importante reconhecer que verdades vitalmente importantes sobre a natureza divina dependem do conhecimento prévio de que Deus é uma Trindade. Somente sabendo que Deus é uma Trindade, entendemos que a natureza divina é essencialmente relacional, que o amor é compartilhado entre as Pessoas da Trindade desde toda a eternidade.

Mas vale a pena enfatizar que a "grande questão perante o concílio" da plena divindade de Cristo não foi movida por especulação filosófica. Mais uma vez, para citar Kelly, a objeção mais importante que Atanásio fez ao arianismo foi que "isso minou a ideia cristã da redenção em Cristo, pois, somente se o mediador fosse divino, o homem poderia esperar restabelecer a comunhão com Deus".[31] A cristologia que, por fim, levou a uma teologia trinitária plenamente desenvolvida foi impulsionada pela soteriologia. O artigo sobre o "Filho unigênito de Deus" no Credo explica em alguns detalhes como ele é aquele "que por nós, homens, e para nossa salvação, desceu do céu". Essa história da salvação não apenas nos ensina coisas cruciais sobre a natureza de Deus, como também define a adoração que devemos a Deus.

Portanto, eu faria objeções à maneira como Frank caracteriza as coisas quando diz que vejo "os predicados que os cristãos atribuem a Deus – onisciente, onipotente, todo-benevolente, trino e uno , encarnado em Cristo – como uma lista de atributos que podemos comparar com a lista de propriedades que os muçulmanos atribuem a seu Deus" (p. 202). A questão aqui não é apenas uma lista comparativa de atributos. Para ver a razão, considere o fato de que um atributo nessa lista se destaca como diferente dos demais e exige comentários, a saber, "encarnar em Cristo". Poderíamos acrescentar a isso, "ressuscitou Cristo dentre os mortos". Observe que esses atributos não

---

[31]Kelly, *Early Christian doctrines*, p. 233.

JERRY L. WALLS ■ **TRÉPLICA**

são necessariamente verdadeiros em relação a Deus, nem descrevem sua natureza essencial, como os outros o fazem. Ao contrário, isso é verdade a respeito de Deus pela forma como ele agiu livremente para mostrar seu amor por nós, para nos salvar do pecado e da morte e para nos dar sua autorrevelação suprema.

As implicações para nossa adoração a Deus são claras. A verdadeira adoração a Deus agora requer que adoremos Jesus e ofereçamos a ele nosso "sacrifício de louvor e ação de graças" por derramar seu amor por nós e nos salvar do pecado e da morte. Mesmo que Frank esteja certo ao dizer que judeus e muçulmanos se *referem* ao mesmo Deus que os cristãos, em virtude de seu acordo sobre os atributos que definem o teísmo genérico, isso não é suficiente para garantir a alegação de que eles *adoram* o mesmo Deus.

A encarnação e a ressurreição de Jesus mudam tudo. Na verdade, vemos isso no caso de Paulo no Areópago, citado por Frank. "No passado Deus não levou em conta essa ignorância, *mas agora* ordena que todos, em todo lugar, se arrependam" (At 17:30, grifo do autor). Por que o arrependimento para todas as pessoas em todos os lugares agora é ordenado? Porque Deus fixou um dia em que julgará o mundo com justiça "por meio do homem que designou. E deu provas disso a todos, ressuscitando-o dentre os mortos" (17:31). Para os devidamente informados sobre a encarnação e a ressurreição, mas rejeitam essa revelação, não podemos mais dizer que eles estão apenas "profundamente enganados de várias maneiras", como diz Frank, mas ainda creem e adoram o mesmo Deus daqueles que acreditam nessa revelação.

Por fim, gostaria de ter ouvido mais de Frank sobre meu argumento principal e menos sobre a questão relativamente secundária da referência. Ele comenta que o argumento não pode decolar sem uma definição do termo "cristão devidamente informado". As palavras "devidamente informado" estão presentes em todo o argumento, e eu as usei para distinguir tais pessoas daquelas que podem rejeitar o cristianismo porque entendem mal ou têm uma caricatura das afirmações cristãs de que Deus tem um Filho, que ele é uma Trindade, e assim por diante. Em contraste, os devidamente informados são aqueles que estão "corretamente informados sobre a real substância das mais fundamentais asseverações doutrinárias da fé cristã" (p. 190). Qualquer cristão bem-instruído nos princípios e que esteja familiarizado com o Novo Testamento se qualificaria. Os personagens de Frank, Adam, Baaqir e Candida, que fizeram um estudo intensivo das três grandes religiões, certamente seriam qualificados como devidamente informados. Com isso esclarecido, gostaria de saber qual das minhas premissas Frank rejeita.

Para McDermott

Agradeço a resposta de Gerald ao meu ensaio e sua afirmação da ampla extensão, com a qual concordamos. Minhas discordâncias quanto à sua resposta ao meu ensaio não chegam a ser tão fundamentais quanto minhas discordâncias em relação aos outros autores neste diálogo, mas ainda tenho objeções a algumas de suas afirmações.

Em primeiro lugar, como um ponto relativamente menor, não sugeri que todos os judeus no primeiro século quisessem Jesus crucificado, como Gerald diz que alguém pode pensar pelo que escrevi. Minha frase completa da qual ele cita apenas uma parte é esta: "Aliás, os judeus do primeiro século que queriam Jesus crucificado pensaram que ele era culpado de blasfêmia e merecia morrer" (p. 185). Suponho que essa frase seja ambígua o suficiente para ser lida como Gerald a leu, mas minha afirmação se aplica apenas aos judeus que acusaram Jesus de blasfêmia e exigiram sua crucificação, e não a todos os judeus.

Em segundo lugar, e de forma mais substantiva, discordo de algumas coisas que Gerald diz sobre os judeus que rejeitaram Cristo. Concordo com sua observação "mesmo que os judeus de sua geração tivessem rejeitado sua mensagem sobre Jesus, eles ainda eram 'amados'p or Yahweh (Rm 11:28)". Na verdade, eu iria mais longe e insistiria que todas as pessoas que rejeitaram Jesus permanecem amadas por Deus, e que Deus, como o pai na Parábola do Filho Pródigo, sempre deseja o arrependimento de seus filhos rebeldes, dando boas-vindas ao seu retorno. Gerald parece pensar que Deus ama Israel mais do que ama os gentios e sugere que os cristãos gentios são membros de segunda categoria do corpo de Cristo, "membros associados em Israel", como ele diz (p. 208). Ou como ele escreveu um pouco antes, "no mínimo, Yahweh ainda os amava [os judeus] de maneira especial, diferente de sua preocupação com os gentios" (p. 208).

Certamente, Israel tem um chamado especial no esquema de redenção de Deus, mas eles foram escolhidos para uma missão especial, para ser o meio pelo qual "todos os povos da terra serão abençoados"

JERRY L. WALLS ■ TRÉPLICA

(Gn 12:3). Mas a condição suprema para a salvação é a mesma para os judeus e para os gentios, a saber, a fé em Cristo. Se Gerald está afirmando que Deus escolheu Israel para a salvação de uma maneira que não escolheu os gentios, ou que Deus está mais preocupado em salvá-los do que outros grupos de pessoas, eu discordo de coração.

Na mesma linha, eu qualificaria como Gerald caracteriza a rejeição judaica de Cristo e em que sentido Deus é responsável por isso. Gerald escreve: "Paulo disse que o próprio Deus fez com que a maioria dos judeus em sua época rejeitasse Jesus" (Rm 11:8,25). E mais tarde: "Então, para que o tempo e o espaço se abrissem para bilhões de futuros gentios antes que a aceitação do Messias por Israel traga o fim do mundo, Deus propositalmente fechou os olhos e os ouvidos dos judeus" (p. 209). Dizer dessa forma parece sugerir que Deus unilateralmente fez com que os judeus rejeitassem Cristo e o fez com propósitos providenciais mais amplos.

Eu argumentaria que a rejeição de Cristo pelos judeus não foi causada unilateralmente por Deus, como sugere Gerald. Ao contrário, eles escolheram livremente rejeitar Cristo e a salvação que ele providenciou. Eu concordo, entretanto, que Deus providencialmente usou sua incredulidade para promover seus propósitos. Joe Dongell explica isso apontando o paralelo entre a rebelião do Faraó e a descrença judaica. Antes que Deus endurecesse o coração de Faraó, o próprio Faraó o endureceu (Êx 3:19; 5:2; 8:15,32). Dongell assinala:

> Deus não criou a hostilidade inicial de Faraó mais do que causou a descrença inicial de Israel. Em vez disso, Deus reforçou suas tendências de trazer uma maior proclamação de sua verdade ao redor do mundo. Enquanto alguns podem ter se perguntado se a descrença do povo escolhido de Deus frustraria seu plano de redimir o mundo por meio de Israel, Paulo nos garante que Deus triunfará ainda mais espetacularmente usando a incredulidade de Israel para servir ao seu propósito maior. Embora Paulo não explique a dinâmica envolvida, o livro de Atos mostra repetidamente que a reação hostil dos judeus à pregação cristã, na verdade, impulsionou o evangelho a um público cada vez mais amplo de gentios.[32]

---

[32]Jerry L. Walls; Joseph R. Dongell, *Why I am not a Calvinist* (Downers Grove: InterVarsity, 2004), p. 89-90. Dongell cita em uma nota de rodapé as seguintes passagens de Atos: 8:1-4,14; 11:19-23; 13:46-48; 17:1-15; 19:8-10; 23:1-11; 28:25-29.

Visão das concepções diferentes

A distinção entre a visão de Gerald aqui e a minha talvez seja um tanto sutil, mas há uma diferença significativa entre a visão de que Deus causa descrença e rejeição de Cristo e a visão de que tal rejeição é escolhida livremente, mas ainda é usada por Deus para cumprir seus propósitos.[33]

Também concordo com Gerald em sua insistência de que "uma coisa é rejeitar Jesus sem a revelação do Espírito Santo, mas outra coisa completamente diferente é se a alguém foi mostrado pelo Espírito quem ele é" (p. 209). Na verdade, a iluminação do Espírito Santo é essencial para qualquer aceitação ou rejeição de Cristo que seja realmente uma escolha livre – uma escolha pela qual alguém é responsável. É uma parte vital da narrativa do livro de Atos que depois que o Espírito Santo veio no dia de Pentecostes, sua presença e seu poder acompanharam a pregação dos apóstolos ao longo do livro, seja essa pregação aceita ou rejeitada.[34]

Ao encerrar esses comentários, reitero que só Deus sabe de forma plena quem está devidamente informado e quem aceita ou rejeita Cristo livremente. E isso me leva finalmente à questão do inclusivismo, que Gerald aborda no fim de sua resposta. Ele observa que discorda do inclusivismo de Lewis e talvez do meu também se isso significa que "os não cristãos podem vir a Cristo sem reconhecê-lo" (p. 210). Embora eu não descreva minha posição dessa forma, eu diria que é possível alguém responder positivamente à graça de Deus e estar em um relacionamento salvador com Deus mesmo que nunca tenha ouvido o nome de Cristo. Mas eu ainda insisto que tais pessoas aceitarão Cristo quando forem devidamente informadas sobre ele.

E nesse assunto Gerald e eu podemos até concordar. Ele escreve que é "agnóstico sobre quando e como o Espírito de Deus revela Cristo às pessoas que buscam a verdade e a justiça de Deus". E então ele conclui com esta linha: "Podemos esperar que, se estão agora adorando o Pai de Jesus, eles aceitarão Jesus – na maneira e no tempo de Deus – como seu Filho, assim que o Espírito revelar a identidade de Jesus a eles" (p. 211). Isso expressa lindamente uma esperança que compartilho e, com esta nota, concluo com alegria.[35]

---

[33]Estou, é claro, pressupondo que o fato de Deus determinar causalmente um ato é incompatível com o fato de esse ato ser escolhido livremente.

[34]Um exemplo notável de resistência ao Espírito é Atos 7:51-60.

[35]Para mais informações sobre minha visão do inclusivismo, veja Jerry L. Walls , *Heaven: the logic of eternal joy* (New York: Oxford University Press, 2002), p. 63-1; *Walls, heaven, hell and purgatory* (Grand Rapids: Brazos, 2015), p. 187-211

CAPÍTULO ■ CINCO

Foco no terreno comum da relação entre cristãos e muçulmanos
Uma reflexão ministerial

JOSEPH L. CUMMING

Essa "reflexão ministerial" se baseia nas lições que aprendi em mais de três décadas de ministério entre os muçulmanos. Minha esposa e eu temos o privilégio de reunir, entre nossos amigos mais queridos, muitos muçulmanos, desde aldeões não alfabetizados e beduínos no Saara até alguns dos intelectuais mais cosmopolitas, líderes religiosos e acadêmicos seniores no Oriente Médio, Sul da Ásia, norte da África e em outros lugares. Tivemos conversas privadas e sinceras com amigos muçulmanos e demos entrevistas para a televisão, em árabe, na Al-Jazeera e em outros canais. Participamos de diálogos formais com líderes muçulmanos e judeus, e tivemos conversas informais sobre fé com amigos comuns. Nossas experiências incluem quinze anos de vida em uma república islâmica no norte da África, com leis exigindo que 100% dos cidadãos sejam muçulmanos e leis que estipulam a pena de morte para apostasia. Nossas experiências também incluem longos períodos em outras nações de maioria muçulmana e amizades com líderes muçulmanos nos Estados Unidos e em outras nações ocidentais.

É claro que a maioria de nossas conversas com amigos muçulmanos – como as conversas com qualquer amigo – não tem caráter especificamente religioso. Como em todas as amizades, debatemos todos os assuntos imagináveis. E boa parte do nosso trabalho não é especificamente religiosa, exceto no sentido de que nosso trabalho humanitário para capacitar comunidades pobres é motivado pela fé em Jesus Cristo.

No entanto, o relacionamento significativo com amigos muçulmanos quase sempre inclui conversas sobre a fé. Ao contrário dos ocidentais secularistas, poucos muçulmanos consideram rude abordar questões religiosas em uma conversa; em vez disso, muitos muçulmanos que conheço mostram-se ansiosos para abordar as questões de fé – perguntando em que eu creio e compartilhando sua fé. Frequentemente, eles expressam uma esperança sincera de que eu possa vir a abraçar o islamismo.

Nosso trabalho também inclui o ministério de igrejas e líderes cristãos – tanto no Ocidente como em contextos de maioria muçulmana – que nos convidam a falar com eles sobre o islamismo e os muçulmanos.

Objetivos e convicções teológicas a priori

Antes de explorar mais as lições aprendidas com esses relacionamentos, pode ser útil apresentar um resumo dos objetivos e convicções teológicas *a priori* que trago para eles. Isso não é para duplicar o trabalho feito em outros capítulos deste livro que abordam questões bíblicas e teológicas sistemáticas de maneira mais completa. Em vez disso, é para ajudar os leitores a entender por que adoto determinada abordagem nas conversas com amigos muçulmanos e cristãos (e judeus) sobre as questões de fé.

Objetivos

Em minha experiência de diálogo formal com pessoas de outras religiões, o fator tempo limita o número de "principais prioridades" que podemos comunicar aos nossos parceiros. Parte do tempo disponível deve ser dedicada a expressar respeito por nossos parceiros como seres humanos, para refletir o amor de Cristo. Deve-se dedicar tempo para ouvir as preocupações prioritárias de nossos amigos não cristãos, e o amor de Cristo requer que reservemos algum tempo para expressar a compreensão de suas preocupações e simpatia por tudo aquilo com que podemos concordar e que pode ser legítimo entre suas preocupações. Da mesma forma, o amor exige que dediquemos tempo para aprender o que é sagrado para nossos parceiros de diálogo e, então, expressemos compreensão de suas convicções mais profundas – concordemos ou não.

O tempo restante limita o número de pontos que podemos comunicar sobre nossas próprias prioridades. Devemos refinar longas listas de questões que gostaríamos de levantar, direcionando nosso foco para talvez outros dois pontos. Isso me obriga a avaliar – em espírito de oração, bíblica e deliberadamente – quais são as duas coisas mais importantes que devem ser comunicadas aos líderes muçulmanos. Eu priorizo as seguintes:

1. Permitir que os amigos vejam a pessoa bíblica de Jesus Cristo – por meio tanto de minhas atitudes e ações como de minhas palavras como algo supremamente adorável.
2. Promover a liberdade religiosa ao longo das linhas estabelecidas no artigo 18 da Declaração Universal dos Direitos Humanos.[1]

Alguns amigos cristãos gostariam que eu priorizasse a análise sobre terrorismo, reforma política, direitos das mulheres, guerra e paz ou alguma outra questão. Tudo isso é extremamente importante, mas se devo me concentrar em apenas dois pontos, priorizo a pessoa de Cristo e a liberdade religiosa.

No ministério entre os cristãos, da mesma forma tenho duas prioridades principais:

1. Ajudar os cristãos a *entender* os muçulmanos e suas preocupações e convicções.
2. Desafiar os cristãos a *amar* os muçulmanos como Cristo os ama.

---

[1]"Toda pessoa tem direito à liberdade de pensamento, consciência e religião; esse direito inclui a liberdade de mudar sua religião ou crença, e a liberdade de, sozinha ou em comunidade, com outros e em público ou privado, manifestar sua religião ou crença no ensino, prática, adoração e observância." Veja www.un.org/en/universal-declaration-human-rights.

CONVICÇÕES TEOLÓGICAS

Eu sou um seguidor evangélico de Jesus Cristo. Acredito que as boas--novas da salvação pela graça por meio da fé em Cristo, e sua morte expiatória e ressurreição que dão vida, constituem a única esperança para o mundo. Eu acredito na autoridade, inspiração e inerrância exclusivas da Bíblia. Defendo a visão histórica niceno-constantinopolitana da triunidade divina e a visão calcedônica da pessoa de Cristo. Essas convicções moldam meu envolvimento com pessoas de outras religiões e sem religião.

Quando os cristãos me perguntam (como costumam fazer) "Os muçulmanos e os cristãos adoram o mesmo Deus?", minha resposta curta é: "Sim e não. Mas principalmente sim". Aqui está o que quero dizer com isto:

SIM

Os cristãos procuram adorar o único Deus que criou o universo e que nos julgará no último dia. Os muçulmanos também procuram adorar o único Deus que criou o universo e que nos julgará no último dia. É logicamente impossível que haja *dois* "deuses únicos" diferentes que sejam o único Criador do universo e o único Juiz do mundo. Só pode *haver* um Deus assim.

Podemos ter entendimentos radicalmente diferentes – ou mal--entendidos – de como esse Deus é e como podemos conhecê-lo. Ou alguns de nós podem estar adorando em vão. Mas não pode haver dois "deuses" diferentes. O Deus que *procuramos* adorar é um. O *referente* pretendido de nossa adoração é um.

Além disso, o Alcorão afirma explicitamente que os muçulmanos devem adorar o mesmo Deus que os cristãos adoram: "Não conteste com o povo das Escrituras [cristãos e judeus] [...] 'Nosso Deus e seu Deus são um'" (29:46; cf. 42:15).

Alguns cristãos objetam que a concepção dos muçulmanos sobre o caráter de Deus o vê como distante, transcendente e arbitrário, enquanto os cristãos veem Deus como imanente, acessível e amante da aliança. Essa é uma generalização grosseira sobre muçulmanos e cristãos. Muitos muçulmanos que conheço – principalmente os sufis – veem Deus como imanente, acessível e declaradamente amoroso, e encontram apoio para isso no Alcorão. Alguns cristãos que conheço acham que Deus é distante e arbitrário. Na verdade, meu próprio entendimento pessoal de Deus nessa área mudou ao longo do tempo, de modo que, se diferentes perspectivas nessa área significam adorar deuses diferentes, então eu estava adorando um deus diferente há dez anos, e sem dúvida estarei adorando outro deus dez anos depois, "se Jesus demorar". E você também, caro leitor.

Mas não

No entanto, os entendimentos muçulmano e cristão de Deus diferem entre si de maneiras importantes e irredutíveis. Isso inclui o seguinte:

1. 99,9% dos muçulmanos (não todos) rejeitam a triunidade divina.
2. 99,9% dos muçulmanos (não todos) rejeitam a encarnação – que Deus escolheu manifestar-se à humanidade por meio da encarnação de Cristo.
3. 99,9% dos muçulmanos (não todos) rejeitam a ideia de que o amor abnegado de Deus encontrou expressão suprema na morte expiatória de Cristo.

Essas diferenças não são apenas pequenas. De uma perspectiva cristã, as doutrinas da Trindade, da encarnação e da cruz estão no centro da fé. São doutrinas das quais depende nossa salvação eterna. A Epístola de 1João 2:22,23 diz que negar o Filho é negar o Pai.

Além disso, há outra razão pela qual não posso responder, inequivocamente, sim a essa pergunta. Desde o 11 de Setembro, tenho observado um fenômeno intrigante em contextos cristãos. Quando a maioria dos cristãos ouve alguém dizer: "Muçulmanos e cristãos adoram o mesmo Deus", o que os cristãos realmente *pensam* ouvir é: "Os muçulmanos não precisam de Jesus Cristo". Mesmo que o orador diga explicitamente que todas as pessoas – incluindo os muçulmanos – precisam de Cristo, os cristãos – depois do 11 de Setembro – muitas vezes filtram essa informação e, em vez disso, *pensam* ter ouvido: "Os muçulmanos não precisam de Jesus Cristo". Uma vez que não é isso que pretendo comunicar, evito dizer: "Muçulmanos e cristãos adoram o mesmo Deus".

Uma reflexão ministerial

MAS PRINCIPALMENTE SIM

Se quisermos manter que aqueles que não aceitam a Trindade, a encarnação e a cruz estão *ipso facto* adorando uma divindade diferente e falsa, então devemos ser coerentes e afirmar também que 98% dos judeus devotos estão adorando um deus falso. Poucos cristãos estão preparados para fazer essa afirmação.

Alguns dos líderes cristãos que mais proeminentemente afirmaram que os muçulmanos *não* adoram o mesmo Deus que os cristãos foram, na verdade, coerentes em dizer que também acreditam que os judeus não adoram o mesmo Deus. Mas eu acredito que essa postura é contrária às Escrituras.

Várias passagens em Atos (p. ex., 10:2; 13:16; 16:14; 18:7) descrevem os monoteístas não judeus que ainda não conheciam Cristo, mas são descritos como "adoradores de Deus" *antes* de conhecerem Cristo. Atos 10:4 parece claro que, pelo menos às vezes, a adoração dessas pessoas foi aceita por Deus como agradável.

Em Mateus 15:9 (e Mc 7:7), confrontando aqueles que o rejeitam explicitamente, Jesus cita as palavras de Deus em Isaías: "Este povo [...] em vão me adoram". Embora Jesus polemize contra a adoração dessas pessoas, considerando-a inaceitável, nunca afirma que elas adoram um Deus *diferente*.

Em Atos 17, dirigindo-se aos pagãos atenienses cujos ídolos o "horrorizaram" (v. 16,29), Paulo, no entanto, diz: "Ora, o que vocês adoram, apesar de não conhecerem, eu lhes anuncio" (v. 23) Se atenienses pagãos e fariseus incrédulos adoravam Deus (embora em ignorância ou em vão), e se monoteístas não judeus como Cornélio e Lídia adoravam Deus de maneira aceitável *antes* de conhecerem Cristo, então é difícil negar a mesma generosidade de espírito aos nossos amigos muçulmanos e judeus.

Alguns sugerem que uma diferença fundamental entre muçulmanos e judeus é que os judeus reconhecem a autoridade do Tanach (Antigo Testamento), enquanto os muçulmanos têm um livro sagrado diferente (o Alcorão). Mas essa é uma simplificação exagerada. Teoricamente, os muçulmanos reconhecem a autoridade da Torá e do Evangelho como livros sagrados, embora, na prática, a maioria dos muçulmanos se concentre quase exclusivamente no Alcorão.

Da mesma forma, o judaísmo rabínico reconhece a autoridade do Tanach, mas, na prática, o estudo rabínico concentra-se amplamente no Talmude, como uma codificação escrita da "Torá oral".

Conversas com muçulmanos

Conforme já explicado, minha principal preocupação quando amigos muçulmanos me perguntam sobre a fé é que eles possam ver Cristo em mim e ver a pessoa de Cristo (não necessariamente a religião cristã) como atraente.

Em tese, os muçulmanos veneram Jesus Cristo profundamente. Os muçulmanos reconhecem que o Alcorão descreve Cristo como nascido de uma virgem (19:20), como Messias (3:45), como profeta (2:136), como entre os mais próximos de Deus (3:45), como Palavra de Deus (4:171), ensinando bondade e compaixão (57:27), alimentando milagrosamente os famintos (5:112ss.), curando os enfermos e ressuscitando os mortos pelo poder de Deus (3:49), estando agora vivo no céu (3:55) e retornando no final dos tempos (43:61).

Mas, na prática, pela minha experiência, quando os muçulmanos, em sua maioria, falam com um amigo cristão sobre Jesus, eles se sentem um tanto ameaçados e na defensiva. Por quê? Os muçulmanos têm plena consciência de quatorze séculos de guerra entre muçulmanos e cristãos, em que os cristãos – às vezes marchando sob o sinal da cruz – mataram muçulmanos "em nome de Cristo". Os muçulmanos estão cientes das guerras que continuam hoje em países de maioria muçulmana, nos quais as potências ocidentais, vistas como "cristãs", desempenharam papéis inúteis, na melhor das hipóteses. Eles se sentem conscientes da discriminação e da intolerância cotidiana que os muçulmanos encontram no Ocidente por parte dos vizinhos "cristãos". Sentir-se ameaçado – até mesmo na defensiva – em tais circunstâncias é natural. É claro que isso é uma generalização: nem todos os muçulmanos se sentem assim. Mas isso expressa os sentimentos da maioria dos muçulmanos que conheço em diversos contextos ao redor do mundo.

Como cristãos, podemos objetar que essas guerras foram iniciadas por muçulmanos, que os muçulmanos também cometeram atrocidades, ou que também perseguem os cristãos. Há alguma verdade nessa objeção. Mas começar por essa objeção é ignorar a ordem de Jesus em Mateus 7:5 para remover a viga de nossos olhos cristãos antes de tentarmos ajudar os amigos muçulmanos com cisco nos olhos. Além disso, responder aos sentimentos dos amigos muçulmanos com a réplica infantil "Você começou!" não terá o efeito de ajudá-los a ver Jesus Cristo em nós.

Em razão desse histórico, a maioria dos muçulmanos que conheço (não todos) percebe um abismo enorme e intransponível entre eles e as afirmações da Bíblia sobre Jesus Cristo. Mesmo que os cristãos tenham uma apologética poderosa que "prova" a eles que as afirmações da Bíblia sobre Cristo são verdadeiras, muitos muçulmanos que conheço verão essa prova como acontecendo inacessivelmente "lá" no lado "cristão" do abismo, enquanto estão permanentemente localizados – para melhor ou para pior – no lado "muçulmano" do abismo. Literalmente, alguns amigos muçulmanos me disseram: "Sei que você está certo, e eu, errado. Eu sei o que vocês, cristãos, acreditam ser a verdade. Mas eu nasci muçulmano e morrerei muçulmano. Certo ou errado, é o que eu sou, e isso não pode mudar".

O abismo que descrevo aqui não é um de tipo barthiano entre Deus e a humanidade, que os cristãos acreditam que Cristo superou. Refiro-me a um abismo diferente, ímpio e artificial entre a "cristandade" e o "islamismo" como dois campos mutuamente hostis e literalmente armados. Os cristãos talvez tenham 50% da responsabilidade na criação desse abismo, e as passagens em Mateus 7:5 e 28:19,20 sugerem que os cristãos devem aceitar a responsabilidade primária por cruzá-lo. Assim, em conversas com amigos muçulmanos, espero mostrar que o abismo entre eles e Jesus Cristo talvez *não* seja tão grande quanto possa parecer.

Em especial, os leitores ocidentais devem entender esse abismo porque ele apresenta precisamente o desafio oposto do que os cristãos ocidentais enfrentam ao abordar as questões de fé com vizinhos que são cristãos nominais sem igreja ou pessoas seguidoras da Nova Era, "não religiosas, mas espiritualizadas". Esses amigos às vezes não reconhecem nenhuma distância significativa entre eles e a fé cristã. Às vezes, devemos gentilmente notar que apenas rotular a si mesmo como "cristão" não produz um relacionamento significativo com Cristo de forma automática. Às vezes, devemos sugerir gentilmente que nem todos os caminhos levam igualmente ao topo da montanha. Às vezes, os amigos precisam primeiro entender o problema do pecado, para que, então, possam ver a mensagem de perdão como uma verdadeira boa notícia.

Por vezes, encontro muçulmanos assim. Um importante líder sufi me disse: "Tudo é um porque Deus é um. Tudo o que existe realmente subsiste em Deus. Portanto, o cristianismo é verdadeiro, o islamismo é verdadeiro e todas as religiões são verdadeiras. Deus é um, e você é um com Deus e eu sou um com Deus, e esta garrafa de Coca é uma conosco em Deus. Tudo é Deus e Deus é tudo". Tive amigos muçulmanos liberais e ocidentalizados que disseram: "O cristianismo e o islamismo são essencialmente idênticos. Temos algumas pequenas diferenças em pequenas questões que podem ser ignoradas, mas concordamos em tudo o que realmente importa". Nesses casos, talvez seja necessário expressar aos amigos muçulmanos que a Bíblia faz importantes afirmações sobre a verdade sobre Jesus Cristo, e essas afirmações não podem ser ignoradas.

Mas essas são exceções. Quando a conversa se volta para a pessoa de Jesus Cristo, a maioria dos meus amigos muçulmanos percebe um enorme e intransponível abismo entre eles e essa Pessoa. Espero, contudo, que eles percebam que o abismo não é tão grande quanto pode parecer.

Isso não significa ignorar ou minimizar diferenças genuínas e reivindicações de verdades mutuamente incompatíveis em assuntos diretamente relacionados à salvação. Mas significa destacar onde existe um terreno comum genuíno. E significa mostrar que *parte* da largura desse abismo (não toda) se deve a mal-entendidos e mau comportamento.

Vemos excelentes modelos desse destaque de terreno comum na pregação dos apóstolos no livro de Atos. Em todos os exemplos de pregação apostólica em Atos, vemos os apóstolos destacando pontos em comum, com sua audiência antes de explicar a morte expiatória e a ressurreição de Cristo (e.g., "homens da Judeia e todos os que vivem em Jerusalém" [2:14; 3:12 et al.] ao falar com outros judeus, ou "Agora percebo verdadeiramente que Deus não trata as pessoas com parcialidade, mas de todas as nações aceita todo aquele que o teme e faz o que é justo" [10:34,35] ao falar com os gentios que adoram a Deus).

Uma reflexão ministerial

Atos 17 é um exemplo particularmente notável. Ao explicar sua fé aos filósofos pagãos atenienses, Paulo primeiro elogia sua religiosidade (v. 22,23) e cita com aprovação os filósofos e poetas pagãos (v. 28), destacando pontos de concordância, antes de proceder ao arrependimento e à salvação por meio da ressurreição de Cristo.

Como eu já disse, podemos mostrar que uma parte (não toda) do abismo se deve a mal-entendidos e mau comportamento. O mau comportamento é óbvio. É indiscutível que os cristãos se comportaram mal com os muçulmanos ao longo da história e até hoje. Podemos argumentar que os muçulmanos também se comportaram mal. Podemos falar de "quem começou". Mas não podemos negar que os cristãos pecaram contra os muçulmanos. E Jesus claramente nos disse para tirar a viga de nossos próprios olhos primeiro.

Um tremendo poder pode ser encontrado em um simples pedido de desculpas. Quando digo sinceramente a um amigo muçulmano: "Sinto muito por todas as coisas erradas que os cristãos têm feito e continuam a fazer aos muçulmanos", isso libera o poder de cura no relacionamento. De repente, o abismo parece ter apenas a metade da largura de antes. De repente, meu amigo muçulmano se sente menos na defensiva e menos ameaçado. Às vezes, meu amigo muçulmano até responde: "Eu também lamento por todas as coisas erradas que os muçulmanos fizeram aos cristãos e lamento que você tenha sido o primeiro a se desculpar".

Os mal-entendidos que alargam desnecessariamente o abismo são menos óbvios. Mas são extremamente importantes.

Quando afirmamos a Santíssima Trindade, a maioria de nossos amigos muçulmanos pensa que ouviu que adoramos três deuses separados. Alguns muçulmanos veem essas três divindades como Deus, Jesus e Maria (uma interpretação da Sura 5:116), enquanto outros pensam que adoramos o Pai, o Filho e o Espírito como três seres divinos separados. Poucos muçulmanos entendem – e poucos cristãos sabem como explicar – que adoramos um Deus que existe em três formas distintas de ser (*hipóstases*), e que o antigo termo *persona* pode não implicar todos os conceitos modernos pós-cartesianos e pós-freudianos de subjetividade radicalmente autônoma, mas, sim (seguindo a definição boethiana clássica), "uma subsistência individual de natureza racional". Poucos muçulmanos – e ainda menos cristãos – sabem que o islamismo tem a própria doutrina, a doutrina de *ṣifat al-dhāt* (qualidades da Essência divina), que é semelhante, embora não idêntica.[2]

Quando afirmamos que Jesus Cristo é o Filho de Deus, muitos de nossos amigos muçulmanos pensam que ouviram que Deus teve relações carnais com Maria, gerando descendência divina-humana bastarda. Não é de admirar que eles achem isso repugnante: nós também achamos.

Mal-entendidos semelhantes surgem com as afirmações cristãs sobre a encarnação, sobre as naturezas divina e humana de Cristo e sobre a cruz. O espaço neste capítulo não permitirá um exame detalhado de cada um desses mal-entendidos e como eles podem ser resolvidos, mas eu publiquei uma série de artigos sobre eles, e alguns podem ser acessados em meu site pessoal.[3]

Meu objetivo ao abordar esses mal-entendidos não é ignorar diferenças reais e irredutíveis entre os entendimentos islâmico e cristão sobre Deus. Em vez disso, visam remover os obstáculos que fazem essas diferenças parecerem maiores do que realmente são.

Outra maneira de colocar isso é que não procuro remover o que 1Coríntios chama de "pedra de tropeço da cruz". Em vez disso, procuro remover outros obstáculos artificiais e desnecessários que fazem os amigos muçulmanos tropeçarem muito antes de chegarem perto do próprio obstáculo da cruz. Atos 15:19 diz: "Não devemos pôr dificuldades aos gentios que estão se convertendo a Deus".

Conversas com crentes de origem muçulmana

Minha esposa e eu temos muitas amizades com cristãos que se converteram ao islamismo e também com muçulmanos que passaram a ter fé em Cristo. Os primeiros se descrevem como tendo "abraçado

---

[2]Para obter mais detalhes sobre esta doutrina islâmica, veja meu artigo "Ṣifāt al-Dhāt in Al-Ashʿarī's doctrine of God, and possible Christian parallels", in: Evelyne A. Reisacher; Joseph Cumming; Dean S. Gilliland; Charles Van Engen, orgs., *Toward respectful understanding and witness among Muslims: essays in honor of J. Dudley Woodberry* (Pasadena: WCL, 2012).

[3]O artigo Ṣifāt Al-Dhāt citado está sob o título "Muslim theologian Abu al-Ḥasan al-Ashʿarī's doctrine of God, and possible Christian parallels", disponível em: www.josephcumming.com/links.

o Islã" (em árabe: i'tanaqa al-Islam). Os últimos às vezes se descrevem como "crentes de origem muçulmana em Cristo" – abreviado em inglês como MBBs (Muslim-background believers in Christ).

A assimetria da terminologia é digna de nota. As palavras "abraçou o Islã" tornam centrais a adesão religiosa e a identidade: deixou a religião "cristã" e abraçou a religião "muçulmana". As palavras "crente em Cristo de origem muçulmana" tornam central o relacionamento pessoal com Cristo; a identidade religiosa é menos importante. Isso fica ainda mais claro com os judeus messiânicos que abraçam Jesus como o Messias, mas não se consideram abandonando o judaísmo ou "convertendo-se" ao cristianismo.

Ao longo de décadas de ministério, conheci pessoalmente milhares de MBBs (e centenas de convertidos ao islamismo e centenas de judeus messiânicos). Entre esses milhares de MBBs, posso contar nos dedos de uma mão aqueles que acreditam que adoraram um deus diferente e falso antes de conhecerem Cristo. Quase todos os meus amigos MBB concordam que não *conheciam* verdadeiramente a Deus antes de conhecerem Cristo. Alguns dizem que sua adoração a Deus era vazia antes de conhecerem Cristo, enquanto outros dizem que era significativa, mas incompleta. Mas quase ninguém diz que, em sua devoção islâmica, adorava alguma divindade ou ídolo falso.

Alguns estavam envolvidos em práticas ocultas fora do pensamento islâmico dominante – por exemplo, invocar espíritos demoníacos por meio de encantamentos e numerologia, ou repelir o mal por meio de amuletos, poções e veneração de santos. Esses MBBs, é claro, reconhecem que as práticas ocultas envolviam idolatria. Os muçulmanos tradicionais também denunciam essas práticas ocultas como idólatras. Mas MBBs que participavam da piedade islâmica dominante – buscando adorar o único Deus descrito no Alcorão – não acreditam que estavam adorando um deus ou ídolo falso. Eles acreditam, como Paulo diz em Atos 17:23, que estavam adorando Deus "em ignorância". Isso também é verdade para meus amigos judeus messiânicos. Nunca ouvi nenhum deles sugerir adoração a um deus diferente antes de conhecer Jesus como o Messias (a menos que, da mesma forma, estivessem envolvidos em práticas ocultas não convencionais).

Conheço um punhado de exceções entre meus amigos MBB. O exemplo mais notável, e talvez o mais admirável, vem do falecido Nabeel

Qureshi, que recentemente partiu para estar com Cristo. Nabeel e eu nos conhecemos quando participamos juntos de um diálogo público edificante sobre esse assunto em uma rádio da Grã-Bretanha.[4] Nós dois aprendemos um com o outro e saímos desse diálogo com respeito e afeto mútuos, mesmo que não concordássemos totalmente.

Mas, entre os milhares de MBBs que conheço, essas exceções podem ser literalmente contadas nos dedos de uma mão. Observo que cada um desses MBBs excepcionais (quero dizer "excepcional" em um tom genuíno de respeito – até de admiração) viveu no Ocidente e sofreu pressão dos cristãos para enfatizar o abismo entre o islamismo e o cristianismo. Cada um desses MBBs excepcionais, quando vieram pela primeira vez a Cristo, *não* pensava haver mudado de uma divindade para outra. Foi só com o tempo, por meio de reflexão e interação com os cristãos, que eles se convenceram de que não apenas mudaram de religião, como também de deuses.

Isso deve ser definido no contexto. Todos os MBBs que conheço e que viveram no Ocidente (sejam nativos ou imigrantes/visitantes) sofreram pressão da comunidade cristã para acentuar o abismo entre o islamismo e o cristianismo. Um amigo MBB me contou como – em sua primeira refeição com um ocidental – seu anfitrião ocidental trouxe uma enorme quantidade de carne de porco, dizendo: "Você deve comer isso para expulsar o demônio do islamismo de seu coração".

Muitos amigos MBBs me disseram que se sentem pressionados pelas igrejas a contar histórias de como o islamismo é mau, extremo e violento. Os cristãos costumam ver esses MBBs como "troféus" que validam os sentimentos dos cristãos de que temos uma religião superior. A propósito, ex-cristãos convertidos ao islamismo costumam ser tratados de maneira semelhante – como troféus – pela comunidade muçulmana.

MBBs sentem-se pressionados a exagerar qualquer leve tendência ao extremismo em sua própria história pessoal. De forma trágica, isso levou uma série de MBBs proeminentes a escalar esses exageros a ponto de fazer alegações públicas fraudulentas e bizarras de ter trabalhado pessoalmente com vários grupos terroristas – apesar do fato

---

[4] Uma gravação desse diálogo está disponível em: youtu.be/QqUDguFgd0g.

de que isso é virtualmente impossível, já que esses grupos se odeiam. Algumas dessas reivindicações dos MBBs foram desmascaradas publicamente, trazendo desgraça para eles e para as igrejas e instituições que promoveram tais declarações.

Felizmente, a maioria dos MBBs resiste a essas pressões, mostrando grande integridade, apesar das evidências de que obteriam recompensas financeiras se apenas exagerassem um pouco. Essa pressão é real e quase constante nas igrejas cristãs. Esse problema também está presente em contextos não ocidentais. Já ouvi relatos semelhantes de amigos MBBs em igrejas locais não MBBs na África Ocidental, Oriente Médio, sul da Ásia, sudeste asiático e em outros lugares.

Henoteísmo

Trabalhei entre os muçulmanos por dezesseis anos antes dos terríveis acontecimentos do 11 de Setembro. Antes do 11 de Setembro, a maioria dos cristãos contentava-se em ignorar os muçulmanos na maior parte do tempo e em vê-los como uma curiosidade exótica. Quando minha esposa e eu falamos em igrejas cristãs sobre nosso trabalho entre os muçulmanos, os cristãos nos fizeram muitas perguntas curiosas sobre o islamismo e os muçulmanos, mas ninguém nunca nos perguntou: "Você acredita que muçulmanos e cristãos adoram o mesmo Deus?". Nunca. Ninguém nunca perguntou isso.

De repente, em 11 de setembro de 2001, tudo mudou. Subitamente, *todos* queriam perguntar sobre o islamismo. Quando, alguns meses depois, voltamos aos Estados Unidos e falamos em igrejas, de forma inesperada, a principal pergunta que estava na boca de todos era: "Os muçulmanos e os cristãos adoram o mesmo Deus?".

O que mudou? Por que essa questão teológica foi repentinamente aquela que ardia nos corações cristãos? A doutrina islâmica mudou? Não. A doutrina cristã mudou? Não. O que mudou foi o contexto político e social no qual os cristãos pensam teologicamente sobre o islamismo.

Ao longo da história, quando os cristãos perceberam (com ou sem razão) uma ameaça existencial à sobrevivência de nossa sociedade e de nosso modo de vida, frequentemente nos sentimos tentados por uma heresia sutil conhecida como henoteísmo. O henoteísmo é definido como "adoração de um deus particular, por uma família ou uma tribo, sem descrer da existência de outros"[5] ou "adoração de uma divindade (entre várias) como o deus especial de uma família, clã ou tribo".[6] É uma teologia inerentemente tribal.

Em vez de reconhecer que Deus é o único Deus de toda a raça humana, o henoteísmo adora o deus de "nosso grupo". O henoteísmo efetivamente torna esse deus o agente de nosso grupo em nosso conflito com outros grupos. Oramos para que nosso deus derrote os deuses de nossos inimigos e, assim, conceda vitória aos nossos exércitos sobre os exércitos de nossos inimigos.

Os não cristãos são tentados da mesma forma a tribalizar ou nacionalizar o Deus único de todas as nações. Eu vi isso nos muçulmanos. No encontro de Paulo, em Atos 17, os filósofos atenienses criticaram o fato de que eles estavam "anunciando deuses estrangeiros" (v. 18). Embora Paulo destacasse um terreno comum (v. 22,23,28), também criticou o henoteísmo : "O Deus que fez o mundo e tudo o que nele há. [...] De um só fez ele todos os povos" (v. 24-26).

Talvez o exemplo mais chocante de henoteísmo da história tenha sido a adoção pelos nazistas do slogan "*Gottmit uns*" [Deus conosco]. Essas palavras são das Escrituras Sagradas (Mt 1:23). Nas Escrituras, a perífrase comunica que, em Cristo (Emanuel), Deus está com toda a humanidade. Mateus garante que entendamos isso ao seguir imediatamente a história dos magos gentios que vêm adorar o Rei recém-nascido. Mas, nas mãos dos ideólogos nazistas, essa mensagem de "Deus conosco – toda a raça humana" foi transmutada em "Deus conosco – a nação alemã – para garantir nossa vitória sobre os inimigos de nossa nação". O Deus cristão torna-se *nosso* Deus. Ele serve aos propósitos de *nossa* nação para nos conduzir à vitória sobre aqueles que ameaçam nossa existência.

Isso pode ser uma heresia sutil, mas é uma heresia com o sangue de milhões em suas mãos.

Os mesmos ideólogos nazistas que promoveram essa distorção henoteísta do cristianismo ressuscitaram simultaneamente a antiga

---

[5]"Henotheism", *Random House unabridged dictionary*, disponível em: www.dictionary.com/browse/henotheism.

[6]"Henotheism", *Collins English dictionary*, disponível em: www.collins dictionary.com/us/dictionary/english/henotheism.

adoração pagã germânica de Wotan, Freia e outras divindades. Como é que os cristãos alemães caíram no que agora parece um truque tão transparentemente pagão? Eles eram tão inteligentes quanto nós, tão sinceros quanto nós e, em muitos casos, tão devotos quanto nós. Pode ser em parte porque eles sentiram genuinamente uma ameaça existencial à sua nação e à civilização.

É fácil para os não alemães, com oitenta anos de retrospectiva, ver que a Alemanha não enfrentou nenhuma ameaça existencial real à sua sobrevivência em 1939. Pode ser mais difícil para os cristãos apanhados nas paixões pós-11 de Setembro reconhecer que, também agora, a civilização ocidental realmente não enfrenta uma ameaça existencial. E, mesmo que reconheçamos isso individualmente, não podemos escapar da rede social na qual estamos emaranhados. Essa rede social se percebe – com ou sem razão – enfrentando uma ameaça existencial do islamismo.

Nesse contexto, a antiga tentação do henoteísmo surge novamente. Não queremos que Deus pertença igualmente a toda a humanidade. Queremos que Deus seja o *nosso* Deus. Queremos que Deus seja leal ao *nosso* grupo. Queremos que Deus nos assegure que nosso grupo está certo, que o grupo que nos ameaça está errado e que nosso Deus garantirá nosso triunfo supremo. Queremos que o bíblico "*Gott mit uns*" signifique não que Deus está com toda a raça humana, mas que nosso Deus está com nossa civilização, nossa religião, nossa nação, derrotando o falso deus do islamismo e garantindo nossa vitória final sobre "bárbaros".

Em 2003, um general do exército americano relatou a uma igreja evangélica seu encontro com um inimigo muçulmano que acreditava que "Alá me protegerá". O general disse à igreja: "Eu sabia que meu Deus era maior que o dele. Eu sabia que meu Deus era um Deus verdadeiro e o dele, um ídolo".[7] Isso é um henoteísmo rastejante (de ambos os lados). Meu objetivo não é envergonhar esse general – um irmão sincero que repetidamente se desculpou depois –, mas perguntar o que há nas igrejas pós-11 de Setembro que faz com que os oradores

---

[7]William M. Arkin, "The Pentagon unleashes a holy warrior", *Los Angeles Times*, October 16, 2003, disponível em: articles.latimes.com/2003/oct/16/opinion/oe-arkin16.

JOSEPH L. CUMMING

visitantes sintam que é isso que queremos ouvir. Especialmente de líderes militares que são cristãos devotos.

Romanos 3:29,30a diz: "Deus é Deus apenas dos judeus? Ele não é também o Deus dos gentios? Sim, dos gentios também, visto que existe um só Deus". Se o Deus do apóstolo é o Deus dos gregos pagãos, então quanto mais dos muçulmanos? Como 1Coríntios 8:4-6 diz: "Portanto, em relação ao alimento sacrificado aos ídolos, sabemos que o ídolo não significa nada no mundo e que só existe um Deus. Pois, mesmo que haja os chamados deuses, quer no céu , quer na terra (como de fato há muitos 'deuses' e muitos 'senhores'), para nós, porém, há um único Deus, o Pai [...] de quem vêm todas as coisas e para quem vivemos; e um só Senhor, Jesus Cristo, por meio de quem vieram todas as coisas e por meio de quem vivemos". Não há espaço para henoteísmo na fé do Novo Testamento.

Alguns leitores podem se perguntar se eu sou ingênuo quanto à ameaça genuína que o extremismo islâmico representa. Para os leitores que não conhecem minha história, deixe-me compartilhar brevemente que fui pessoalmente alvo de linchamento de militantes islâmicos em mais de uma ocasião, e uma vez eles quase conseguiram me matar. Fui preso sob a mira de uma arma por causa da minha fé pela polícia muçulmana, que vasculhou minha casa sem mandado para confiscar Bíblias; fui interrogado sobre minha fé pela polícia muçulmana inúmeras vezes, numa delas em uma sala de tortura, cercado por instrumentos destinados a essa prática; tive amigos próximos que foram torturados com choques elétricos e espancamentos, e outros que foram assassinados por militantes islâmicos. Em um caso, o militante afirmou explicitamente que eu era seu próximo alvo. Portanto, conheço um pouco da violência militante islâmica.

Quando a turba do linchamento quase me matou, eu os ouvi gritar: "*Allahu akbar! Allahu akbar!*" ["Deus é maior"] repetidas vezes enquanto me batiam até eu perder a consciência e cair no chão, preparando-me para morrer. Acredito que um espírito demoníaco de henoteísmo animou esse canto – "Nosso Deus, o Deus de nossa religião islâmica, é maior do que este cristão infiel e seu falso deus". Quando os cristãos se reuniram em 1096 d.C. para lançar a Primeira Cruzada, as multidões agitaram-se em frenesi, gritando: "*Deus vult! Deus vult!*" ["Deus quer!"]. Eles também sentiram que o islamismo representava

Uma reflexão ministerial

uma ameaça existencial para a civilização cristã. Eu acredito que eles também foram animados por um espírito demoníaco de henoteísmo. Na verdade, acredito que foi literalmente o mesmo espírito demoníaco do henoteísmo que levou aqueles cruzados a gritar "*Deus vult!*" e que mais tarde levou uma multidão de linchadores islâmicos a gritar "*Allahuakbar!*" enquanto procuravam me matar.

Eu disse que essa heresia é sutil. A maioria de nós não chega a pensar conscientemente ou verbalizar tais ideias explicitamente henoteístas ou violentamente tribais. Mas a rede social na qual estamos inseridos significa que tais ideias, apesar de tudo, influenciam sutil e inconscientemente a maneira como pensamos teologicamente sobre o islamismo e os muçulmanos – e o tipo de perguntas que fazemos sobre o islamismo.

Quando falo em uma igreja cristã sobre o islamismo e os muçulmanos, que pergunta você acha que Jesus gostaria que as pessoas me fizessem depois do culto? Eu sugeriria que aquele que deu sua vida por amor, em prol da reconciliação de todas as nações, gostaria que as pessoas fizessem perguntas como estas: Como posso mostrar amor aos meus vizinhos muçulmanos? Como posso encontrar um amigo muçulmano? Como posso mostrar hospitalidade aos muçulmanos em minha comunidade? Como posso orar pelos muçulmanos? Como nossa igreja pode mostrar amor pelos muçulmanos de outros países ao redor do mundo?

Então, em última análise, minha resposta para a pergunta "Os muçulmanos e cristãos adoram o mesmo Deus?" é esta: "Essa é uma pergunta legítima e eu vou responder, mas primeiro, por favor, pense no que o levou a fazer essa pergunta antes de qualquer outra. Você deveria ter feito uma pergunta diferente? Que pergunta você acha que Jesus faria?".

CAPÍTULO ■ SEIS

Foco nas diferenças respeitosamente mantidas na relação entre cristãos e muçulmanos

Uma reflexão ministerial

DAVID W. SHENK

Era um dia tempestuoso de agosto de 1963. Minha esposa, Grace, e eu tínhamos acabado de chegar a Mogadíscio com nossas duas filhas pequenas (nossos dois filhos nasceram mais tarde, na Somália). Um pedaço de papel era meu direito de entrada legítima: meu diploma da University of New York. Nossa equipe era conhecida como Missão Menonita da Somália (MMS).

Um carregador atrás da multidão que se acotovelava me chamou: "Você estar com a Missão Menonita da Somália? A Missão ser gente boa. As pessoas da Missão gostam de orar". Nunca imaginamos ser recebidos assim de forma tão pública quando chegássemos à Somália. Apenas dois anos antes, o líder de nossa equipe na Somália havia perdido a vida por nosso Salvador.

239

Uma reflexão ministerial

Em nosso primeiro fim de tarde na Somália, vários alunos de nossas aulas de inglês da MMS me convidaram para tomar chá em um quiosque na calçada, cercado por arbustos de acácia. Depois de algumas brincadeiras bem-humoradas, eles perguntaram: "Por que você veio para a Somália?".

Eu respondi: "Viemos porque Deus nos designou".

"Isso é bom", exclamaram os alunos, "mas já adoramos a Deus. Você deve pregar na Índia, onde eles adoram milhões de ídolos".

Essa conversa foi precursora de muitos outros testemunhos de Jesus entre os muçulmanos. Esses fóruns eram geralmente espontâneos, pois a conversa sobre Deus se espalhava aonde quer que fôssemos. Não apenas os somalis tinham dúvidas sobre nossa missão. A equipe da MMS também. É incrível como o islamismo nos empurrou para mais fundo na teologia. Uma das perguntas mais frequentes que ouvíamos era: "Cristãos e muçulmanos adoram o mesmo Deus?".

Este ensaio responde a essa pergunta e se concentra em como os cristãos podem ministrar afetivamente aos muçulmanos enquanto se concentram em nossas diferenças respeitosas. Como demonstrarei, o compromisso com a pacificação no caminho de Cristo abre possibilidades surpreendentes, mas tais esforços não precisam minimizar as diferenças entre muçulmanos e cristãos. Frequentemente, nossas principais distinções têm levado a um diálogo frutífero e a oportunidades de ministério.

Ao explorar as principais diferenças entre cristãos e muçulmanos, este ensaio é estreitamente focado na busca muçulmana por *tawhid* – ou seja, a busca para conduzir tudo sob o governo de Deus, conforme revelado no Alcorão. Não digo quase nada sobre a *Shariah* ou Maomé, o selo dos profetas na teologia islâmica. Meu foco é *tawhid*.

Por que esse foco estreito? Esse compromisso unitário é o centro do islamismo. O Alcorão define esse centro, e os muçulmanos estão comprometidos em unir todas as coisas sob a autoridade do Alcorão. O evangelho é também um convite para unir todas as coisas sob Deus. Para os cristãos, o objetivo é unir todas as coisas sob a autoridade de Cristo. Mas que diferença faz se Cristo ou o Alcorão for o centro?

Quando os muçulmanos que estão comprometidos com o *tawhid* encontram os cristãos, costumam fazer quatro perguntas:

(1) Os cristãos alteraram a Bíblia? (2) Qual é o significado do nome *Filho de Deus*? (3) Como é possível que o Messias seja crucificado? (4) O que você quer dizer com *Trindade*? *Tawhid* está no centro de cada questão. Os cristãos devem, portanto, oferecer aos muçulmanos respostas satisfatórias a essas perguntas. Ao comentar sobre *tawhid*, darei atenção especial a essas quatro questões persistentes. Este ensaio deve ajudar a equipar o leitor para responder às quatro grandes perguntas que os muçulmanos fazem, ao mesmo tempo que destaca algumas diferenças importantes. Contudo, antes de considerar mais profundamente essas questões, examinarei primeiro a questão de muçulmanos e cristãos adorarem ou não o mesmo Deus, o que prepara o cenário para o foco principal deste ensaio – *tawhid*.

Os muçulmanos e os cristãos adoram o mesmo Deus?

Conforme mencionado anteriormente, uma das perguntas que frequentemente nos faziam era se muçulmanos e cristãos adoram o mesmo Deus. Nossa resposta não pode excluir a importância que Jesus desempenha em nossa compreensão de Deus. Êxodo 6:2,3 fornece o relato de Moisés na sarça ardente. Deus disse a Moisés. "Eu sou o Senhor. Apareci a Abraão, a Isaque e a Jacó como o Deus todo-poderoso, mas pelo meu nome, o Senhor, não me revelei a eles." Esse é o relato de Deus como Yahweh descendo para encontrar e salvar seu povo da escravidão no Egito. É também o relato de Deus como Elohim ou Elohai (o Deus) todo-poderoso criando o universo. Todos os muçulmanos, judeus e cristãos acreditam que o Deus de Abraão é o verdadeiro Deus.

No entanto, Deus como Yahweh tem sua distinção. Yahweh desceu para nos encontrar e nos salvar. No islamismo, Deus nunca desce até nós. O islamismo não tem nenhum relato do pai buscando o filho pródigo. No islamismo, Deus misericordiosamente envia instruções. No evangelho, Deus desce e sofre por nós e por nossa causa. Em Jesus, encontramos Deus como Yahweh, como Salvador! Em Jesus, também encontramos Deus como Elohim (o Criador todo--poderoso). Em Jesus, encontramos Deus em sua plenitude – como Elohim e Yahweh.

Uma reflexão ministerial

Compreendendo a Casa do Islã

As crenças e práticas dos muçulmanos são chamadas de Casa do Islã. A *umma* é a comunidade muçulmana que reside dentro da Casa do Islã. Dentro do movimento cristão, referimo-nos à congregação de crentes como a igreja. As crenças e práticas dos cristãos às vezes também são chamadas de ministérios da igreja. É por isso que a igreja tem pastores, enquanto a *umma* tem instrutores (imãs). Muito cedo em nossa jornada com os muçulmanos, começamos a convidar os imãs para se juntarem ao nosso círculo e conversar sobre a Casa do Islã ou explorar o compromisso cristão e muçulmano de dar testemunho. Frequentemente nos encontrávamos na mesquita, outras vezes em nossa casa ou em um restaurante.

Em geral, o imã começava recitando a *Fatiha* (esse é o início e o fim da oração formal obrigatória). Nessa oração, o suplicante implora a Deus que mostre o "caminho reto". Um imã em Java me disse que um dia ele entendeu que Jesus é o cumprimento da *Fatiha*, pois Jesus é o Caminho. O imã nunca mais voltou à mesquita. Em Jesus, ele conheceu o Caminho.

O Alcorão critica fortemente os hipócritas que se disfarçam de muçulmanos, mas na realidade não são verdadeiros muçulmanos. Portanto, temos de decidir com clareza com quem estamos comprometidos. Uma lealdade dividida não pode sobreviver. Se possível, é importante identificar claramente nosso compromisso de fé. Na Somália, éramos conhecidos como Missão Menonita da Somália. Nosso programa de ajuda e desenvolvimento foi "em nome de Cristo". Nossa identidade não era segredo.

Orações de cura testemunharam aos muçulmanos que Jesus é nosso intercessor e o Grande Médico. Quando se mostrava apropriado, compartilhávamos a oração que Jesus, o Messias, ensinou a seus discípulos. Embora os muçulmanos não se dirijam a Deus como um Pai amoroso, eu apreciava a oportunidade de apresentar aos nossos anfitriões muçulmanos a oração familiar. Frequentemente, a oração familiar abre o caminho para dar testemunho de Jesus, em quem encontramos Deus como nosso Pai celestial amoroso.

Depois que as orações rituais eram concluídas, o imã provavelmente descrevia os pilares que preservam a Casa do Islã. Em uma dessas

DAVID W. SHENK

ocasiões, o imã declarou aos cristãos os cinco pilares do dever. Ele começou com a confissão de fé de que não há Deus senão Alá e que Maomé é o selo de todos os profetas. Os muçulmanos acreditam que a confissão divide a humanidade em muçulmanos e não muçulmanos. Em seguida, o imã recitou os cinco pilares do dever:

1. confessar a fé;
2. dar esmolas aos pobres;
3. orar cinco vezes ao dia voltado para Meca;
4. realizar o *Hajj* a Meca, se possível;
5. jejuar durante o mês do Ramadã.

Alguns imãs incluirão um sexto pilar: *jihad* – a luta para defender a Casa do Islã quando ela estiver sob ameaça.

Esses pilares do dever são sustentados por cinco pilares da crença:

1. crença em Deus;
2. crença em anjos;
3. crença nos profetas de Deus;
4. crença nos livros de Deus;
5. crença no julgamento final.

Os muçulmanos acreditam que esses ensinamentos e práticas foram revelados ao profeta Maomé por meio do anjo Gabriel. O núcleo interno desses pilares é o *tawhid*: Deus é um e a vontade de Deus é uma.

Em uma ocasião, um imã passou quase duas horas expandindo a essência dos pilares da crença e dos pilares do dever. Então, ele disse: "Você pode adquirir o Paraíso se submeter-se a esses pilares". O imã continuou, explicando o conceito de uma balança em que os bons deveres e a prática vão para o lado bom e o que fazemos de errado vai para o lado contrário.

Em seguida, compartilhávamos o Novo Testamento, no qual a salvação eterna é assegurada em Jesus, o Messias (Jó 14:6). O imã ficou surpreso e nos encorajou a continuar no caminho cristão. Depois disso, o imã contou na aldeia que esses cristãos estavam a caminho do Paraíso. A certeza cristã de salvação é frequentemente convincente e atraente para os muçulmanos.

As quatro grandes perguntas

Agora, voltamos às quatro perguntas que os muçulmanos comprometidos com o *tawhid* costumam fazer aos cristãos:

1. Os cristãos alteraram a Bíblia?
2. Qual é o significado do nome *Filho de Deus*?
3. Como foi possível que o Messias fosse crucificado?
4. O que você quer dizer com *Trindade*?

Tawhid está no centro de cada questão.

Bíblia

As escrituras e tradições muçulmanas comunicam que judeus e cristãos foram ordenados por Deus para disponibilizar suas escrituras aos muçulmanos e também a outros crentes. Especialmente mencionados são a Torá, os Salmos e os Evangelhos.

No entanto, em todo o mundo encontramos muçulmanos que desprezam a Bíblia, pois a maioria dos muçulmanos acredita que a Bíblia foi corrompida. Examinarei apenas duas razões para a objeção muçulmana à Bíblia: (1) a Bíblia é principalmente história e (2) a Bíblia foi traduzida para outras línguas.

Um aluno meu declarou isso muito bem. Um dia ele pediu uma Bíblia. Na noite seguinte, ele voltou ao meu escritório, colocou a Bíblia na minha escrivaninha e saiu noite adentro dizendo: "Isso não é uma escritura. Isso é história". Em contraste, o Alcorão não é história. Os muçulmanos acreditam que o Alcorão é uma instrução sobre o que devemos fazer e aquilo em que devemos crer. Eles acreditam que o Alcorão foi enviado do céu, assim como está inscrito nas tábuas do céu.

No entanto, a Bíblia é mais do que instrução. Deus atua na história. É por isso que a Bíblia é história! A história bíblica descreve os atos de Deus na história, especialmente em Jesus, o Messias. A Bíblia revela que Deus é amor! A Bíblia descreve Deus procurando pecadores perdidos. A Bíblia também descreve nossa resposta a Deus – nosso sim e nosso não.

No Islã, Deus envia um livro do céu. Na Bíblia, o próprio Deus desce para nos redimir.

DAVID W. SHENK

Lembramos aos nossos amigos muçulmanos que tanto o Alcorão como a Bíblia proclamam que Deus nunca permitirá mudança nas Escrituras! No entanto, os muçulmanos ficam perplexos com a tradução da Bíblia para muitas línguas. Para os muçulmanos, o Alcorão está em árabe. Isso garante imutabilidade em outros idiomas além do árabe.

Procuramos explicar aos muçulmanos nossa crença de que a intenção de Deus é que sua Palavra esteja disponível a todos os grupos linguísticos ao redor do mundo. É por isso que a igreja traduz as Escrituras para muitas línguas.

Jesus, o Filho de Deus

A segunda pergunta é sobre Jesus. Pouco depois de nossa chegada à Somália, os primeiros rapazes a serem batizados me puxaram até a sombra de um arbusto de acácia para conversar sobre Jesus. Eles explicaram que Deus é desconhecido no Islã. No entanto, Deus deseja que sejamos seus amigos. Portanto, a única maneira de conhecermos Deus é ele tornar-se uma pessoa. Assim como uma formiga para conversar com formigas deve tornar-se uma formiga. Isso significa que encontramos Deus em sua plenitude no Messias. Aliás, os alunos deram uma boa explicação de Jesus como Filho de Deus.

A confissão cristã de que Jesus é o Filho de Deus abre portas para descrever o evangelho. Compartilhamos com os muçulmanos a informação de que o anjo Gabriel anunciou que Jesus seria chamado de Filho de Deus. O nome não é uma mistura humana, mas, sim, proclamado pelo anjo que anunciou a vinda de Jesus. O anjo apareceu e proclamou que o Messias é o Filho de Deus. Diversas vezes, Deus falou do céu anunciando a vinda do Messias e sua missão.

Jesus também é a Palavra de Deus! Os primeiros versículos da Bíblia proclamam: Deus falou! A terra foi criada. Deus fala e todo o universo é criado. Nunca podemos separar a Palavra de Deus, pois Deus e sua Palavra são um. Em Jesus, a Palavra viveu entre nós. As Escrituras dizem: "Aquele que é a Palavra se tornou carne e viveu entre nós. Vimos a sua glória, glória como do Unigênito vindo do Pai, cheio de graça e de verdade" (Jo 1:14). O Filho de Deus é a encarnação da Palavra de Deus. Esse é o mistério e o significado de Jesus como Filho de Deus.

No Alcorão, lemos que Jesus, o Messias, é a Palavra de Deus. Mas a Bíblia indica algo diferente. O Alcorão diz que Jesus foi criado, assim como Adão foi criado (Alcorão 4.171). Às vezes, em nosso zelo para encontrar pontes entre a *umma* e a igreja, distorcemos significados. Jesus, a Palavra no Evangelho de João, não é o mesmo que Jesus, a Palavra, do Alcorão. Semeamos confusão quando distorcemos o significado. É preferível convidar os muçulmanos a olhar para o texto do evangelho com um convite para ouvir o significado de Jesus como Filho de Deus, conforme revelado na Bíblia.

Durante uma visita a Bangladesh, meu anfitrião me levou para visitar a Madrassa mais próxima. A escola estava completamente lotada porque todos os alunos queriam ouvir os convidados. Então, veio a primeira pergunta: "Você acredita que Jesus é o Filho de Deus?".

Um dos motivos pelos quais essa pergunta é tão importante é um mal-entendido. Parece que Maomé perguntou a alguns de seus amigos que eram monges qual o significado de Jesus como Filho de Deus. Os monges sugeriram que o nome Filho de Deus significa que Deus deu à luz um filho. Deus tinha uma esposa, a Virgem Maria. Isso causa uma confusão trágica. Os cristãos precisam ser claros em seu testemunho de que seus fiéis não são politeístas. Há um capítulo no Alcorão que proclama o nascimento milagroso de Jesus à Virgem. Convidamos os muçulmanos a ler o relato bíblico proclamado pelo anjo Gabriel.

A CRUCIFICAÇÃO DE JESUS

A principal razão pela qual os muçulmanos negam a crucificação de Jesus é a percepção de que a cruz comunica um salvador fraco. Deus é todo-poderoso. Portanto, o Messias não pode sofrer na cruz. Embora o Alcorão pareça negar a crucificação, há espaço para considerar exegeticamente a possibilidade da crucificação. Mas, teologicamente, nunca! A morte e a crucificação de Jesus apontam para dois centros diferentes.

Em Meca, a Pedra Negra encontra-se no centro da Casa do Islã. Os muçulmanos acreditam que a pedra veio do céu. A oração e a peregrinação anual são dirigidas à Meca e à pedra, símbolo que lembra os muçulmanos a se submeterem fielmente à vontade de Deus na terra.

A jornada cristã não tem uma pedra negra. Em vez disso, a comunidade cristã recebe o pão partido e o vinho, lembrando aos cristãos o corpo partido de Jesus em sua crucificação e ressurreição. Nos Evangelhos, encontramos o Salvador que é nosso Redentor.

Em Apocalipse 21, lemos que Deus está construindo a cidade de Deus. Esta é a igreja, presença e sinal do Reino de Deus. É composta por doze pedras fundamentais e doze portões. Os portões são as tribos de Israel; as pedras, os apóstolos. Isso significa que Deus está construindo a cidade há muito tempo! Os portões da cidade nunca fecham. A cidade é redimida e formada pelo Cordeiro de Deus, que deu a vida pela nossa salvação.

A Casa do Islã é composta por pilares de dever e fé. No centro do mundo muçulmano, está a Pedra Negra, enquanto no centro da cidade de Deus está o Cordeiro morto e ressuscitado. Cristo, o Cordeiro crucificado, está no centro da igreja, redimindo pessoas de todas as tribos, línguas, nações e povos. Na visão bíblica, a igreja e o Cordeiro estão rodeados pelas Escrituras (os apóstolos e profetas). No Islã, a escritura também é proeminente. O ápice da crença do Alcorão é a Pedra Negra, o foco no que devemos saber e fazer. No centro da Casa do Islã, os muçulmanos beijam a pedra. O ápice da visão bíblica é o Cordeiro morto, Jesus crucificado e ressuscitado. Que diferença faz receber Jesus em nosso centro? Nossos amigos muçulmanos veneram seu profeta. Que diferença isso faz na vida deles?

Embora o Islã negue que Jesus foi crucificado, o Alcorão proclama que um filho de Abraão foi redimido da morte pelas intervenções de Deus em um tremendo sacrifício substitutivo. A igreja tem uma porta aberta para compartilhar nosso senso de que essa passagem é um sinal redentor, pois todos os anos os muçulmanos oferecem sacrifícios lembrando que Deus salvou um filho de Abraão.

Existe uma noção predominante de que, se explorarmos o Alcorão e a Bíblia, descobriremos que ambas as escrituras são essencialmente as mesmas. Isso simplesmente não é verdade. Existem áreas de convergência. Mas dentro de cada convergência encontramos divergências. Por quê? O islamismo e o cristianismo têm centros diferentes: o Alcorão e Jesus Cristo. Um movimento centrado em Cristo envolve a cruz. Um movimento centrado no Islã não conhece a cruz. Deus no Islã envia sua vontade. Deus no cristianismo desce para nos salvar.

Só a igreja sabe que Deus está em Cristo reconciliando o mundo. Os crentes em Jesus são emissários chamados a proclamar essas boas-novas, mesmo que o mundo não as compreenda.

Quando os galileus tentaram fazer de Jesus seu rei à força, ele os deixou imediatamente e retirou-se para o deserto, para uma noite de oração. Depois disso, Jesus voltou seu rosto para Jerusalém, onde encontrou a cruz. Nesses movimentos, Jesus e Maomé escolheram direções opostas. No devido tempo, Maomé derrotou os habitantes de Meca com dez mil soldados. Em contraste, Jesus entrou em Jerusalém com uma multidão de crianças cantando. Ele foi levado à cruz e crucificado. Pela crucificação e ressurreição, Jesus quebra os ciclos da violência e nos convida a receber sua nova criação de paz eterna.

Trezentos anos depois de Cristo, Constantino derrotou seus inimigos sob o sinal da cruz. Desde então, muitos cristãos passaram a perceber a cruz como um sinal para matar o inimigo. Que paródia do amor de Deus! Os braços estendidos de Jesus crucificado são o convite de Deus à reconciliação e ao perdão. Em vez disso, a cruz tornou-se símbolo da morte do inimigo. Não é surpreendente que, para muitos, a cruz signifique destruição; mas a intenção de Deus é restauração (2Co 5:11-21).

A objeção à cruz é muito profunda na *umma*. O legado das cruzadas continua vivo nas guerras modernas. Em tempos como o atual, nosso mundo precisa desesperadamente ouvir sobre o homem na cruz que clamou por perdão e amor reconciliador. A cruz de Constantino e as *jihads* muçulmanas trouxeram para a igreja e para o mundo um fardo trágico e pesado. Em contraste, Jesus oferece salvação! Ele é nossa paz nestes tempos tumultuados.

A TRINDADE

Deus como Trindade significa que ele é amor. A suposição errada é que a Trindade é uma trilogia de deuses. É muito importante apresentar com clareza a verdade de que a Trindade é nossa forma inadequada de expressar o mistério de Deus como criador, Deus como pessoal, Deus como Espírito. A Trindade é a diversidade dentro de Deus. A Trindade é a unidade amorosa dentro de Deus.

A abordagem final sobre a Trindade reúne os fios de nosso diálogo sobre as perguntas que os muçulmanos fazem aos cristãos. A história a seguir ilumina quão divisora a Trindade pode ser: quando vi Lugman chegando, abri a porta de nosso apartamento para recebê-lo. Algo terrível deve ter acontecido nas orações da manhã de sexta-feira na mesquita, do outro lado da rua de nossa casa. Lugman rejeitou minhas boas-vindas e gritou que o ensino da Trindade deveria parar.

Respondi que a Trindade significa que devemos amar uns aos outros como Deus ama. Ele ficou surpreso.

Os muçulmanos falam de Deus como criador. Os muçulmanos também falam do Espírito de Deus e da eterna Palavra de Deus. Convidamos os muçulmanos a ouvir o que a Bíblia revela a respeito de Deus como Trindade. Trindade não é uma palavra encontrada na Bíblia, mas é um termo que os cristãos usam para ajudar a expressar como eles experimentam Deus. Encontramos Deus como o Senhor ressuscitado. Todas essas dimensões de Deus significam que ele é amor. Ele nos amou tanto que veio à terra para morar conosco. Deus amou tanto que sofreu por nós e por nossa causa. Deus nos amou tanto que ressuscitou Cristo dos mortos para que pudéssemos viver com ele eternamente.

No Islã, Deus envia suas instruções; no evangelho, Deus desce. É por isso que dizemos "Trindade". A Trindade é nossa tentativa de expressar o mistério de que Deus em Cristo desceu para nos redimir. A Trindade é uma expressão de nossa experiência de Deus. Não podemos separar Deus de sua essência, pois Deus é amor. Não podemos separar Deus de sua Palavra, pois Deus e a Palavra são um. Não podemos separar Deus de seu Espírito porque Deus e seu Espírito são um. Deus, o Criador, Deus, a Palavra e Deus, o Espírito são amor e não podem ser separados.

"Isso é maravilhoso!", respondeu Lugman.

Em pelo menos uma ocasião depois, ele se dirigiu a mim como "querido irmão David".

Envolvendo os muçulmanos, em busca da paz

Nossa jornada com os muçulmanos

Ao longo dos anos, 140 professores e trabalhadores de desenvolvimento juntaram-se à MMS no compromisso comum com a educação e a transformação espiritual. Dez anos depois, uma mudança de governo nos obrigou a sair. Não foram as autoridades muçulmanas que nos excluíram. Em vez disso, foi o marxismo de estilo soviético.

Demos continuidade ao nosso legado educacional desenvolvendo um centro comunitário na área predominantemente muçulmana da cidade de Nairóbi, no Quênia. Desenvolvemos um centro multifacetado conhecido como Eastleigh Fellowship Center. (Esse centro ficou conhecido por seu time de basquete como os Menno Knights

[Cavaleiros Menonitas]!) O centro tornou-se um "sinal do Reino" em todas as comunidades muçulmanas no nordeste da África.

Mais tarde, os clãs somalis no Quênia e na própria Somália caíram na armadilha das guerras entre si. Os menonitas envolveram-se bastante na promoção da paz entre os clãs em nome do Messias. Em pouco tempo, os menonitas eram chamados de clã da paz. Foram anos frutíferos, primeiro na Somália e depois no Quênia. Surgiram pequenas comunidades de crentes.

Nos anos mais recentes, Grace e eu servimos de várias maneiras nas sociedades muçulmanas, com enfoque especial na promoção da paz em âmbitos global e local. Como emissários do Messias, ministramos nas comunidades muçulmana e cristã, dando testemunho do Messias e de sua paz.

Tragicamente, a cruz mantém seu legado dos cruzados para a maioria dos muçulmanos e os lembra da guerra contra os muçulmanos. Nossa equipe adota uma perspectiva bem diferente. Nosso chamado é dar testemunho de que os braços estendidos do Messias na cruz são uma revelação de Cristo que convida ao arrependimento e à reconciliação. A cruz é a revelação do amor sofredor de Deus. A cruz é o sacrifício expiatório de Jesus.

PROTEGENDO A CASA DO ISLÃ

Uma das realidades mais difíceis no envolvimento cristão com os muçulmanos é a restrição à conversão. Em nossos esforços de ministério para os somalis, encontramos duas crenças que restringiam a liberdade de escolha: (1) o Islã é a verdade e (2) os cristãos estão equivocados. Por causa dessas duas crenças, que formaram sua visão de mundo, muitos muçulmanos somalis acreditavam que o governo deveria proibir a propagação do cristianismo. Para eles, a noção de que uma pessoa tem o direito de se converter ou ser convertida é um absurdo, porque apenas o Islã é verdadeiro. Isso, entretanto, está em contraste com minha cosmovisão – eu confesso Cristo como Senhor, e estou preparado para dar conta da esperança dentro de mim com gentileza e respeito (1Pe 3:15).

Há vários anos, Grace e eu entramos em um conflito no qual uma jovem de um país asiático restritivo foi ameaçada por um membro da família porque passou a crer no Salvador. Seu pai e eu tínhamos quase a mesma idade e logo ficou evidente que nutríamos respeito mútuo.

DAVID W. SHENK

Nós nos encontramos com pastores e líderes muçulmanos, cerca de oito pessoas. A liderança muçulmana decidiu que deveríamos nos reunir em uma área pública de um hotel. Os clérigos muçulmanos explicaram que o Islã é a verdade e que uma dimensão de sua missão era me converter ao Islã.

Os clérigos muçulmanos também explicaram que a responsabilidade mais importante da comunidade muçulmana era protegê-la de qualquer influência que afaste uma pessoa do Islã. Quando um governo (ou uma família) desvia uma pessoa do Islã, esse governo está falhando em sua responsabilidade.

Após cerca de três horas de conversa teológica, recomendei que fizéssemos uma declaração de três pontos. Baseei minha sugestão nas Escrituras bíblicas.

1. O temor a Deus não deve ser imposto a ninguém, pois somos criados como humanos livres.
2. Jesus prometeu que todos que o seguissem estariam eternamente seguros.
3. O relacionamento de uma pessoa com Deus é pessoal entre essa pessoa e Deus.

Os líderes muçulmanos e cristãos concordaram! Dois anos depois, Grace e eu visitamos a família. O pai idoso garantiu-me que os três compromissos continuam válidos.

As decisões que tomamos têm potencial para transformar toda a região. Os participantes eram proeminentes em sua comunidade. Se os líderes religiosos encorajassem um espírito mais tolerante, seu conselho provavelmente prevaleceria. Se a MMS esperava um espaço cultural para a formação de igrejas e desenvolvimento comunitário, precisávamos construir confiança. Um funcionário disse assim: nós confiamos na MMS e pedimos que você não nos envergonhe. As reuniões que descrevi foram um compromisso precioso na construção de confiança em um contexto muito restritivo.

Fazendo amizade com os muçulmanos, encontrando o Paraíso

Um amigo e eu estávamos conversando em um quiosque de chá em Eastleigh. Um jovem apareceu. Ele tinha acabado de chegar a Nairóbi vindo de Mogadíscio, e viajara na traseira aberta de um caminhão por mais de uma semana. Correndo grande risco, ele atravessou regiões ocupadas pelo al-Shabab, um movimento jihadista no nordeste do Quênia. Ouvimos brevemente sua história como fugitivo refugiado.

Então, em certo momento, meu colega interrompeu-o: "Somos pessoas de oração. Existe alguma área de sua vida em que você precise de oração?".

Eu esperava que ele dissesse: "Ore para que eu encontre um lugar para dormir e comida ou para que eu encontre proteção".

Em vez disso, ele disse: "Diga-me como adquirir o Paraíso".

Quando nosso táxi chegou, o jovem refugiado somali confidenciou: "Há muito tempo procuro resposta à minha pergunta. Finalmente, minha oração para conhecer o Caminho foi atendida".

O adolescente refugiado somali em Eastleigh é o rosto de milhares de muçulmanos em todo o mundo que dão as boas-vindas aos cristãos para tomarem uma xícara de chá sob seu arbusto de acácia. O convite para tomar chá pode surpreendê-lo, como aconteceu comigo em Kampala, há alguns meses. Essa foi uma celebração do livro *A Muslim and a Christian in dialogue* [Um muçulmano e um cristão em diálogo], escrito há quarenta anos por mim e Badru Kateregga.[1] Mil pessoas estiveram presentes no evento de abertura. Eu perguntei: "Por que você nos convidou?".

Nossos anfitriões responderam: "Nós os convidamos porque vocês são amigos há quarenta anos. Sua amizade nos dá esperança de que muçulmanos e cristãos possam buscar a paz e encontrá-la".

Em Sarajevo, perguntei a uma gentil avó: "Você era muçulmana. Agora você é cristã. Por que você se tornou cristã?".

Com uma lágrima na face, ela disse: "Sou cristã porque um cristão se tornou meu melhor amigo".

Como pode ser visto nos exemplos citados, envolver os muçulmanos não exige que recuemos diante de nossas convicções e diferenças cristãs ao ministrarmos a eles. Em todas as coisas devemos procurar fazer de Jesus o Senhor e estar prontos para apresentar uma defesa para a esperança dentro de nós. No entanto, devemos sempre fazer isso com gentileza e respeito. Vamos, portanto, buscar a paz e encontrá-la (1Pe 3:11)!

---

[1]David W. Shenk; Badru D. Kateregga, *Muslim and a Christian in dialogue* (Herald, 1997).

Índice remissivo

A

Abbott, Walter M. 117
Agostinho 27, 28, 84, 85, 92
Alá. *Veja tb*. Deus.
  adoração a 11, 34, 55, 97, 126, 142,
    150, 178, 196, 208
  como amor 55, 102, 163, 166
  como criador 89, 200
  origem de 58, 61, 79

  transcendência 55, 101, 103, 121
al-Qaysiyya, Rabia al-Adawiyya (Alcaicia)
  121
Anderson, Norman 56, 101, 121
Aquino, Tomás de 27, 41, 42, 47, 52, 57, 75,
  77, 78, 82, 84, 85, 91, 92, 100, 101, 102,
  104, 112, 113, 129, 147
Arabi, Ibn 28
Ário 49, 87, 88, 201, 215
Atanásio 49, 87, 88, 201, 215, 216
ateísmo 45, 81
Avicena 74, 75, 77, 82, 88, 91, 93, 101, 102,
  103, 114

B

Bauckham, Richard 11
Beckwith, Francis J. 47, 71, 88, 94, 100,
  105, 112, 150, 200
bezerro de ouro 180, 181, 205
blasfêmia 12, 21, 185, 218
Bockmuehl, Marcus 128
Bogardus, Tomas 90, 171, 172, 193, 201
Boyarin, Daniel 138, 139
Brahman, Nirguna 40, 42
Brahman, Saguna 40, 42
Brown, Raymond 134
Burrell, David B. 93

C

Calvino, João 27
Campbell Jr., Ronnie P. 9
caráter divino 15, 34, 36, 38, 50, 63, 154

Casa do Islã 241, 242, 243, 246, 250
Cavanaugh, William 59
céu 22, 34, 36, 45, 54, 56, 68, 73, 86, 106,
  107, 116, 137, 159, 176, 180, 181, 182, 200,
  202, 205, 215, 216, 227, 237, 244, 245,
  246
"chauvinismo conceitual" 29, 51, 52, 54
Cobb Jr., John B. 14, 24, 28, 47, 54, 61, 67,
  70, 94, 114, 143, 194
conceitualidade/realidade 103, 143, 144
conversas com muçulmanos 227
Copérnico 99
Craig, William Lane 9, 50, 91, 92, 93, 112
crentes de origem muçulmana (MBBs)
  232, 233, 234
cristãos adoram o mesmo Deus
    réplicas 161
    revelação compartilhada 169
    tréplica 169
    explicação 28

cristianismo. *Veja tb*. cristãos adoram o
  mesmo Deus.
    cristãos ortodoxos 62, 104, 192
    o Deus do 23, 70, 126, 155, 166, 251
    explicação 36
cristologia 19, 216
crucificação
    encarnação 142, 159, 176, 225
    perspectivas sobre a 142, 159, 176,
      187, 207, 225, 249
    ressurreição 142, 159, 176, 207
    salvação 225
Cumming, Joseph 18, 231

D

Davies, W. D. 128
Dawkins, Richard 45, 151
D'Costa, Gavin 117, 129
Dennett, Daniel 151
Denny, Frederick 122
Deus

Índice remissivo

Alcorão 120, 122, 123, 150, 151, 166
amor de 35, 101, 108, 244, 249, 250
Bíblia 41, 120, 125, 137, 150, 151, 166
concepções diferentes sobre 149, 252
criador 22, 35, 110, 248
cristãos adoram o mesmo 28, 169
de Abraão 13, 21, 30, 31, 32, 33, 34, 38, 41, 42, 43, 62, 63, 86, 88, 126, 146, 147, 148, 149, 155, 158, 159, 164, 167, 168, 188, 189, 214, 241
do cristianismo 13, 14, 29, 31, 34, 50, 54, 62
do Islã 58
do judaísmo 13, 31, 32, 34, 54, 62, 63, 130
judeus adoram o mesmo 28, 169
misericordioso 15, 35, 36, 50, 55, 63, 117, 176, 181, 200, 205
misterioso 15, 36
paganismo 57, 146
pluralismo 59, 69
sábio 34
todos adoram o mesmo Deus 114
transcendência 103
trino e uno 13, 57, 58, 79, 80, 89, 109, 124, 126, 137, 153, 165, 167, 202, 203, 216
único 22, 38, 57, 98, 169, 238
universalista 22
vários deuses 12, 195
diferentes concepções de Deus
adoração 18, 205
importância 149
réplicas 211
tréplica 220
Dongell, Joseph R. 219
Dupuis, Jacques 117, 118

E

Eckhart, Meister 40, 41
encarnação
ressurreição 12, 16, 17, 21, 62, 63, 64, 104, 108, 113, 119, 127, 129, 137, 138, 150, 156, 157, 158, 159, 160, 161, 167, 182, 183, 184, 186, 188, 189, 190, 192, 199, 203, 217, 224, 229, 230, 246, 247
Trindade 63, 104, 184
Escrituras
conclusão 118
história 21, 88
lições 78, 120, 221, 222
tradução 244

Espírito Santo 11, 22, 23, 48, 62, 85, 90, 99, 107, 109, 124, 139, 146, 154, 157, 159, 164, 165, 175, 182, 183, 192, 197, 198, 202, 209, 210, 214, 220. *Veja tb.* Deus.

evangelicalismo 18
Evans, Gareth 173, 200
exclusivismo 14, 43, 53, 69, 70

F

falsos deuses 198
Filo 105
filosofia, estudantes de 81, 82
filósofos, Deus dos 91

G

Gager, John G. 132, 133
generosidade 44, 45, 46, 53, 59, 226
Gnanakan, Christopher 9
Greenberg, Irving 134
Griffin, David Ray 24, 40
Gril, Denis 122, 123
Guido, Frances 92
Gunton, Colin 107

H

Harris, Sam 151
Hartman, David 44
Hartshorne, Charles 28
Hawkins, Larycia 9, 10, 89
Heidegger 40, 41, 98
henoteísmo 235, 236, 237
Hexham, Irving 19
Hick, John 14, 24, 38, 95, 114
Hitchens, Christopher 151
Hofmann, Murad Wilfried 55, 122
Holocausto 128, 209
Hume, David 106
humildade 44, 53, 59, 60, 69
Hutchinson, Jack 40

I

identidade 28, 29, 47, 49, 50, 58, 65, 67, 69, 72, 96, 104, 124, 133, 142, 145, 153, 164, 165, 166, 167, 168, 210, 211, 215, 220, 232, 242
divina 164, 165, 167
religiosa 47, 49, 69, 232
idolatria
paganismo 120
importância do diálogo 45
inclusivismo 14, 210, 220
inferno 78
Ireneu 27

Índice remissivo

Islã
  Casa do 250
  compreendendo o 250
  pilares 33, 242

J

judeus adoram o mesmo Deus
  explicação 28
  réplicas 161
  revelação compartilhada 169
  tréplica 169
Justino Mártir 138

K

Kateregga, Badru 252
Keller, Catherine 27
Kelly, J. N. D. 87, 215
Khalaf, Ghassan 20
Kinzer, Mark 128, 131, 209
Kripke, Saul 172

L

Lerner, Michael 42
Levenson, Jon D. 138
Lewis, C. S. 10, 54, 108, 191, 192, 210
Lodahl, Michael 33
Lubarsky, Sandra 43, 44
Lumbard, Joseph 121
Lutero, Martinho 26, 27, 85

M

Maimônides, Moisés 75
Marti, Genoveva 13
McDermott, Gerald R. 54, 100, 115, 119, 120, 143, 150, 156, 162
McGrew, Lydia 9, 89
McKnight, Scot 128
mesmo Deus
  réplicas 66, 111, 161, 211
  tréplica 70, 114, 169, 220
missiologia 19
monoteísmo 13, 14, 20, 37, 42, 50, 52, 56, 57, 69, 90, 93, 146
muçulmanos adoram o mesmo Deus
  explicação 28
mudanças de referência 17, 194, 195, 212
múltiplos deuses. Veja tb. Deus.

N

Nanos, Mark 128, 133, 134
nenhuma das três religiões adora o mesmo Deus
  tréplica 220
Nirvana 24

Novo Testamento, revelação 17, 182, 187, 198, 199, 214

O

Oord, Thomas Jay 27, 45
Orígenes 27

P

paganismo
  falsos deuses 37, 72, 168, 198, 203
  idolatria 12, 115, 119, 146, 180, 232
panenteísmo 28
Panikkar, Raimundo 117
Papa Francisco 10, 89

Pickthall, Mohammed Marmaduke 79
Plantinga, Alvin 50, 92
pluralismo 14, 19, 24, 25, 38, 39, 40, 43, 44, 58, 59, 69, 95, 97, 198
pluralismo identicista 14, 24, 38, 39, 95, 97. Veja tb. pluralismo.
pluralismo profundo 14, 25, 39, 40. Veja tb. pluralismo.
pluralismo religioso
  réplicas 66
  tréplica 70

Q

Qureshi, Nabeel 233

R

Rahbar, Daud 55, 121, 122
realidade suprema 38, 40, 95
reflexões do ministério
  convicções teológicas 227
  ensaios 17, 252
  no Islã 252
  prioridades 223
  muçulmano 252
relações entre cristãos e muçulmanos
  diferenças 18, 252
  ensaios de reflexão do ministério 18
  evangelicalismo 23
ressurreição
  encarnação 16, 17, 21, 63, 64, 89, 90, 103, 104, 108, 117, 127, 137, 138, 150, 156, 157, 159, 160, 164, 167, 184, 186, 189, 190, 192, 193, 198, 199, 200, 202, 205, 213, 217, 225, 226, 231, 245
  judaísmo 127, 138
  Trindade 10, 184

Índice remissivo

ressurreição
  Trindade 11, 14, 16, 19, 21, 49, 57,
    62, 63, 64, 79, 85, 87, 89, 90,
    103, 104, 107, 108, 109, 110, 111,
    112, 113, 123, 127, 137, 138, 139,
    142, 145, 146, 156, 157, 160, 164,
    165, 182, 183, 184, 186, 190, 192,
    197, 198, 201, 202, 205, 213,
    214, 215, 216, 217, 225, 226, 230,
    240, 244, 248, 249
revelação compartilhada
  réplicas 161
  tréplica 169
revelação progressiva 17, 85, 98, 99

S

sábado 22, 127, 128, 130, 132, 133
salvação
  adoração 14, 193, 208
  diferentes crenças 193
Sanders, E. P. 128
Sanneh, Lamin 124
São Nicolau (Papai Noel), referência de
  171-5, 177-8, 194-6, 201, 202
Schwartz, Andrew 14, 24, 29, 47, 54, 61,
  94, 114, 143, 162, 194
sentido/referência 73, 95, 114, 143, 194
Ser em si 40, 41, 42, 52, 57, 84, 98, 147,
  148, 149. Veja tb. Ser supremo.
Ser supremo 40, 41, 42, 43, 52, 57, 69, 96,
  98, 148

Shah-Kazemi, Reza 183, 184
Shenk, David W. 239, 252
Sommer, Benjamin 137, 159
Stendahl, Krister 128
Suchocki, Marjorie 27
Swinburne, Richard 47, 92

T

tawhid 240, 243
Temple, William 19
terrorismo 126, 223
Tillich, Paul 40, 41
transformação mútua 44, 53, 58
Trindade
  crucificação 176

U

Urban, Mallorie 90, 171, 172, 201

V

Volf, Miroslav 120, 184

W

Walls, Jerry L. 61, 105, 156, 170, 194, 200,
  206, 212, 219, 220
Watts, Isaac 185
Wesley, Charles 185
Wesley, John 27, 191
Whitehead, Alfred North 41, 42, 96
Wyschogrod, Michael 132, 134, 137